世界金融百年沧桑记忆 1

姜建清 著

中信出版集团 | 北京

图书在版编目（CIP）数据

世界金融百年沧桑记忆 . 1 / 姜建清著 . -- 北京：
中信出版社 , 2018.7（2019.1 重印）
ISBN 978-7-5086-8641-7

Ⅰ.①世… Ⅱ.①姜… Ⅲ.①银行史－研究－世界
Ⅳ.① F831.9

中国版本图书馆 CIP 数据核字 (2018) 第 032150 号

世界金融百年沧桑记忆 1

著　　者：姜建清
出版发行：中信出版集团股份有限公司
　　　　　（北京市朝阳区惠新东街甲 4 号富盛大厦 2 座　邮编　100029）
承　印　者：北京通州皇家印刷厂

开　　本：880mm×1230mm　1/32　　印　张：13.25　　字　数：320 千字
版　　次：2018 年 7 月第 1 版　　　　印　次：2019 年 1 月第 7 次印刷
广告经营许可证：京朝工商广字第 8087 号
书　　号：ISBN 978-7 5086-8641-7
定　　价：68.00 元

版权所有·侵权必究
如有印刷、装订问题，本公司负责调换。
服务热线：400-600-8099
投稿邮箱：author@citicpub.com

序 言

时间如白驹过隙，当完成了《世界金融百年沧桑记忆》前两本的最后一篇文章，开始写这个序言时，我突然发现从执笔第1篇到杀青第40篇，已经整整六年过去了。记得《英雄失去了小红伞》是我写国外银行历史的第1篇文章，它是一则由花旗银行的一枚历史大铜章引发的花旗银行和旅行者保险集团的故事。当时恰逢次贷危机肆虐，读者对这样的银行历史札记比较喜欢。于是在《行家》杂志编辑的鼓励、催促下，聚沙成塔、集腋成裘地完成了这两本书。

初始文章由银行的纪念章做引子，导出该银行的历史，文笔较轻松，颇有可读、可观性。没想到由此给自己徒增了烦恼，因为此后编辑要求坚持这一风格，这大大增加了文章的写作难度。在撰文过程中，有章无史、有史无章、史多章少、章多史少，都成了写作的瓶颈。虽然全世界不少银行都曾在自身发展的重要时期为重大事件发行过纪念章，但是岁月蹉跎、时光荏苒，这些古旧的纪念章早已湮灭在悠悠岁月中。好在互联网的世界是平的，我费力地通过易贝（eBay）、淘宝等搜寻、购买，尽量满足写作需要。我恍然发现，尽管最早的银行纪念章发行至今已逾200年，且其银行已不复存在，被人们全然忘却，但铸造纪念章所用的坚硬的金属却为世人留下了难以磨灭的记忆。这是一个人们很少涉足的金融世界，我突然有了强烈的意识，去识别它们、读懂它们，重新了解它们用数十种文字记载的历史。在"阅读"这些精美绝伦的各国银行的古老币章时，我常常陷入沉思。然后我明白了，这是一部由金属币章编撰的世界银行史。币章中承载着诸多金融历史的沧桑记忆，也蕴含着不少可供借鉴的现实意义。这部独特的金属币章史书，是历史与艺术的完美结合。纵观人类文明进化历程，金文竹简已有3 000多年的历史，纸质书牍也有至少2 000年的历史。而金属币章的历史却只有数百年。因为1585年，法国才开始铸造纪念性金属币章，其中银行纪念币章的历史则更晚一些。但这丝毫不影响后者在世界金融业最精彩的时期散发出耀眼的光芒，铭刻在金属上的历史使它们显得格外厚重。

历史学是一门使人聪慧的学问。中国古人说："以史为鉴，可以知兴替。"英国首相温斯顿·丘吉尔说："你能看到多远的过去，就能看到多远的未来。"银行史学是一门使银行家警醒的学问。在长期的金融变迁中，陵谷沧桑、白云苍狗，多少曾经声名显赫的银行如流星划过夜空，在短暂的绚丽后消失在浩瀚的星际，湮没在金融历史的长河中，又有多少默默无闻的银行如涓涓细流汇成海，吹尽狂沙始到金，最终成为金融业的霸主。而由成功者和失败者共同谱写的银行史，延续了百余年的金融流脉，其中不少银行发行的纪念币章，还有不少尚存人间。拂去这些币章上覆盖的百年尘埃，释读上面的印迹，可以帮助我们回溯寻觅那些罕为人知的银行历史主流和各条支流，启发我们寻根探源那些熟悉和不熟悉、存在和已不存在的银行古老档案，引导我们涉足金融"密林"深处，回访那些金融"巨兽"之间弱肉强食、生死相搏的购并拼杀。回顾历史不是为了单纯怀旧，一些金融往事虽然不堪回首，但智者爱史，善于总结，是为了避免重蹈覆辙。

序 言

数百年来全球金融变幻的历史,深刻反映了全球政治格局、国家实力和经济地理等综合力量的变化。它像一面镜子,折射出经济霸主和金融强权走马灯般的转换。从葡萄牙、西班牙、荷兰、英国、法国、德国到美国的易位变化,都离不开刀兵相见、炮火相加。经济、金融的战场没有硝烟,却惨烈相仿。盛极而衰、百年轮回,大国经济、金融的变迁,折射出全球经济政治格局变迁的复杂深刻的背景。从一国金融演变的长期或根本性决定因素来分析,其与各自母国的政治经济金融实力以及国家在全球格局中的地位与影响的消长变化密不可分,英美两国由工业、经济到金融霸主地位的获取和丧失的先后次序排列,也反映了经济对金融的决定性。这是全球金融业产生、发展、强盛和衰落的一般规律。1913年的全球前二十大银行至今仅五家尚存,便是这个规律的最好佐证。三十年河东,三十年河西。我在文中感叹地写道:"冷观伦敦金融霸主终究拱手相让,笑看银行你追我赶难有武林至尊。多少金融强者笑傲江湖终成黄粱梦,然而金融赛场未至终了何言成败,唯有金属币章难以磨损。它们默默地见证着百年来全球政治的变幻无常、经济兴衰沉浮和金融风云激荡。"

凯恩斯曾经说过:"如果从货币的角度发掘历史,整个历史将会被颠覆。从金融史的角度观察、解读世界,可以对世界史有更多维、更立体、更深刻的认识。"世界经济快速增长的分水岭出现在1820年左右。美国著名学者威廉·伯恩斯坦在经济史著作《繁荣的背后》一书中,将西方列强经济的增长比作蛋糕的制作过程,将成功的四要素即财产权、科学理性主义、资本市场和通信运输技术创新比作面粉、鸡蛋、酵母和砂糖。确实,没有财产权则没有储蓄,资本市场难为"无米之炊"。没有科学理性主义,金融还在中世纪宗教的阴影下挣扎。而创新、创意的商业化需要金融的转化。资本市场则给经济发展亟须的基础设施建设提供资助。金融与资本推动着经济的发展，从而推动着世界的前进，金融的滞后发展必然拉扯社会经济发展的后腿。但经济是本，金融是末，皮之不存，毛将焉附？决定世界发展的主要力量并不是金融，因而对金融的作用不能过分夸大。我在文中写道："金钱不能抵挡枪炮的威力，银行无力承担政治兴衰的重任。如果将法国巴黎公社的失败归咎于没有及时占领法兰西银行，那么创立并掌控法兰西银行的拿破仑为何会失利于滑铁卢？因此，金融在这里只是催化因素，它与政治之间没有因果关系。"

　　金融如水，水能载舟，亦能覆舟。人类社会近百年来的快速发展得益于金融的发展，但危机也源于此。金融活动自出现以来，无论是古罗马的货币危机、中世纪的借贷禁锢、欧洲早期的"郁金香泡沫"和"南海泡沫"，还是1929年的美国证券危机、20世纪90年代的拉丁美洲金融危机、1997年的亚洲金融危机、2007年之后的次贷危机和欧洲主权债务危机，金融危机就像海浪一样，一波一波地冲击着社会经济稳定的礁石，而且从未消亡。所有的金融史都是一部风险史——风险如同影子一般无所不在、相伴而行。风险与效益如同毕加索立体画中同一人像的两张脸，当银行家在看到庆贺盈利的笑脸时，侧眼一看，风险的狰狞一面也在阴笑。百年间，银行业多少沉痛往事，告诫后来者莫忘风险，莫蹈前车之覆辙。银行体系本身具有脆弱性和高风险性，让许多知名的银行家折戟于此，因而把控风险是优秀银行家的底线，稳健经营是打造百年老店的不二法门。银行家俱乐部不欣赏百米短跑选手，其尊重的是马拉松冠军。历史总是惊人的相似，然而人类总是健忘。风和日丽的年代往往使金融家忘记了以往的灾难，前天悲惨的金融故事，一次次成为

序言

昨天的残酷事实，金融家今日仍在书写明天的历史。假若不敬畏市场规律，不敬畏金融法则，那么所犯的金融错误又会演变为明天的悔恨。历史环境不断变迁，今天的金融迈过的不再是昨天的"河流"，但"邯郸学步"的失败可能依然不少。我们无法预知未来，也确实不知道下一场更大的金融海啸来自何时、何地，以及不知道其因何爆发。但历史是"聪明学"，相信读史能帮助我们深入思考、领会精髓，把握金融的常识和规律，理性地进行比较并做出决策。

我在书中也对世界银行业及其制度发展的轨迹做了阐述，进行了研究、思考，并留下了许多有待进一步研究的课题：古希腊和古罗马的神庙所起到的银行的作用，宗教对金融业发展和遏制的重要作用；金本位的沿革过程，以及对当时中国的影响；证交所的诞生经历和几次重大的股票市场危机；在比特币又在甚嚣尘上的时候，讨论中央银行制度是否需要，货币发行是否要垄断。从近代储蓄银行的诞生、演变到分化或消亡，信用合作运动及机构的产生、成长到改革来看，为什么扶持小微企业的合作银行和储蓄银行制度在许多国家日渐式微？纵观非主权货币欧元的过去、现在和将来，能让人们看到欧元区的忧患有哪些？在"大而不能倒"的批评声和监管政策趋严的同时，全球银行业却背道而驰，银行集中度在继续增强，以色列、加拿大、美国及全球主要国家呈现了相同趋势，只有中国孤独地逆向而行，谁是谁非呢？为何贪婪与恐惧，欺诈与轻信，一场场相似的大剧周而复始地上演？为什么金融监管的松严过度都会带来严重后果？在写作中，众多的历史和现实问题，至今仍困惑着我。人类社会经历的多次金融危机，带来经济崩溃、社会动荡、贫富分化和道德沦陷，给国际社会造成了巨大伤害。尽管遭受了无数次的政治抨击，经历了无数次的监管整治，金融业在不断发展壮大。因为资本是推动近现代历史发展的动力，它对人类社会、经济和实体企业的推进作用是无可替代的。假如没有金融的推动，人类可能还停留在中世纪的"黑暗时代"，资本主义萌芽也不可能生长，人类历史肯定要重新书写了。历史是一种价值观，历史的消逝并非单纯地随风而去，它留下了深刻的印记，甚至植下了基因。我曾与一位欧洲的资深政治家聊过，他认为应该理解德国人在欧洲主权债务危机后，执着地坚持欧洲各国财政紧缩的做法，这是因为第一次世界大战后德国因战争赔款，面临恶性通货膨胀，人们处在水深火热之中，对金融危机有特别难忘的记忆，而欧洲其他国家就没有这样的经历。同样，英格兰银行自创立至今300余年，老而弥坚，英国的金融制度和金融市场之所以领先全球，是否因为有其金融基因的遗传？苏格兰银行家的节俭天下闻名，留下了许多脍炙人口的逸事。这或许与苏格兰遍布着荒芜峡谷的地理环境有关，劣势和窘境往往也是炼就银行家自尊、自立、勤俭的责任品格的"熔炉"。

　　世界上成功的银行各有各的成功故事，失败的银行却体现出相似的失败经历：政治、社会、经济危机的殃及，政府融资的干预，过度的信贷增长，发展理念的扭曲，盲目地向国外扩张，风险内控的失灵等。在阅读及写作过程中，我愈发对经营银行感到敬畏。您要赚大钱，您就开银行。您要亏大钱，您也开银行。本书详述了众多国外银行从小到大、从弱趋强变化或相反的轮回：法国巴黎银行、兴业银行、松鼠储蓄银行的兴盛故事；两个欧洲"老妇人"银行的相异道路；美国波士顿银行的海外传奇及与中国的渊源；希腊、西班牙、以色列和罗马尼亚等银行的起源成长；澳门发钞银行的前世今生……时势造英雄，亦造银行。书中还阐述了众多国际银行业的购并，收购兼并或使成功者更加成功，或使成功者失败和失败者更加失败。西班牙对外银行（Banco Bilbao Vizcaya Argentaria，简称 BBVA）仅有 150 年历史，却经历了 150 多次购并，至今仍在拉美市场称雄。汇丰银行也是金融购并的王者，成就了跨国银行霸业。然而其近年悄然从"全球的地方银行"改为"全球的领先银行"，这是否也反映了其全球化战略的转向？花旗收购旅行者集团的世纪购并最终留下了保险集团收购银行是否诸事不宜的疑问。富通集团庆贺世纪购并成功，却不幸地倒在庆祝酒宴上。德意志银行先行收购后又出售了德国邮政储蓄银行，也许当初就犯了战略导向错误。美国富国银行哀叹金融优等生，却在操作风险上栽了跟头。金融开放是一把双刃剑：运用得好可以促进金融部门效率的提高，促进经济增长；反之则会使金融体系出现不稳定因素，对经济产生负面影响。如果在外部条件不具备进行金融改革的时期激进推进，还会酿成巨大的金融风险。金融改革必须和其他经济与监管领域的改革配套进行。金融过度放任自流，缺乏监管能力，缺乏公共参与和市场约束，就可能导致社会经济、金融的震荡和危机。众多银行的兴衰故事都给予了案例证实。

  金融的诞生、发展和消亡与金融家分不开。对此，书中讲述了意大利美第奇家族传奇及欧洲的银行复兴时代；讲述了苏格兰人威廉·佩特森为英国战争融资而造就了世界中央银行的鼻祖；讲述了法国里昂信贷创始人亨利·热尔曼的成功故事，他将一家为纺织业服务的小银行发展为在 20 世纪初就已跻身世界银行业之最的大银行，他创立并影响至今的银行分业经营理论，依然为今天的银行家所感受。书中讲述了高盛公司卑微的起源，德裔移民高曼和萨克斯怎样创造了一个伟大的公司和一个分裂的家庭；讲述了瑞典北欧斯安银行打破魔咒，富过五代；讲述了梵蒂冈上帝的银行家的惊骇故事；讲述了希特勒辉煌的"金融成就"及其掠夺金融、毁于金融的历史；讲述了美国中央银行创始人汉密尔顿和美国总统杰斐逊生死相斗的事实真相，两人的分歧源于美国建国路线的异同，并非阴谋论披露的内容；讲述了空想社会主义信用合作理论的践行者德国人赖夫艾森和鼓励贫困农民通过小额储蓄自助自立的英国人亨利·邓肯的感人故事；讲述了"劣币驱逐良币"的提出者格雷欣其人其事及万有引力定律的提出者牛顿的金融生涯；讲述了创建法兰西银行的拿破仑及其侄子的金融才能。虽然金融和金融家的兴衰沉浮离不开时代的政治环境，但这也与金融家的性格、努力密不可分。讲述金融家的故事，可以使略显枯燥的金融史变得有血有肉，使惊心动魄的金融战凸显了其背后人的因素。通过这些讲述，人们或许更能了解历史发展的偶然性和必然性。

书中还介绍了另外一个群体，他们在艺术设计史、在雕塑或币章领域成就辉煌，赫赫有名。他们中的许多人曾获罗马艺术大奖，他们是维纳斯神庙的常客，受到艺术女神的眷顾，然而，他们却无意识地来到莫奈神庙（据称是最早罗马货币铸造地，货币名称 money 的来源）。在古希腊时代神庙曾充当银行，而最早的艺术展示也在神庙，看来艺术和银行是殊途同归了。在古希腊、古罗马时代，银币打制和雕塑造型艺术已经十分发达。经过历史的传承和发展，第一次工业革命时期，仿形雕刻机的发明，使得币章艺术成为浮雕艺术和金属压印技术的最佳结合。币章雕铸材质丰富多样，包括金、银、铜、铁、铝及其不同比例构成的合金，而题材选择也十分广泛，表现视角异常多元，艺术手法相当自由，吸引众多大师参与设计铸造。大师们在方寸的币章世界表述着他们的艺术志趣、品位和情感。当时的欧洲正处于世界艺术发展的中心，出现了新古典主义、浪漫主义、印象派、后印象派、现代派、立体派、超现实主义等各种前卫艺术流派。不断涌现的各种艺术思潮，促使绘画和雕塑艺术得到极大的发展，也对从事纪念币章创作的艺术家产生了巨大的影响。雕刻家们在币章上精美的设计刻模作品，在新艺术运动中扮演了重要的角色。许多雕塑艺术的先锋，驰骋在方寸币章之间，尽情地发挥着天才的想象力，调动油画、素描、版画、雕塑等一切艺术表现形式，把金属的坚硬、柔韧、延展、色彩、光泽等物理特性发挥到极致。雕塑艺术中的虚实、疏密、阴阳等方面形神具备，美轮美奂，从而使银行币章展现出丰富的文化、历史、现实、哲学的深厚内涵，最大限度地展现出它的艺术魅力，展示了浪漫的艺术气质，表现了艺术家永不懈怠的追求。近 200 年来，币章艺术被推至巅峰，作品具有巨大的艺术价值，出现了大量并永恒的艺术珍品，是西方国家设计水平和铸造工艺的集中体现。其中，金融币章不仅以其绝妙的艺术和技术的结合征服了世人，而且以金属难以磨灭的特性，用实物形态将百年金融沧桑凝固在方寸之间，为银行史留下了永存的历史佐证和实物档案。这些名留史册的艺术大师包括：法国的丹尼尔·杜普伊斯、路易斯·亚历山大·伯顿、路易斯·奥斯卡·鲁迪、查尔斯·皮勒、弗雷德里克·威尔侬、兰贝尔·杜马莱斯、阿贝尔·拉弗勒，英国的本杰明·怀恩，西班牙的安立奎·蒙霍德，美国的尤里奥·吉兰尼，俄罗斯的珀戈柴尔斯基等。虽然艺术币章精品林立，但金融专题币章还是极少的。无心插柳柳成荫，不知不觉我悄悄地汇聚起 1 500 枚银行专题纪念章，涉及五六十个国家的几百家银行。待三本书的写作目标实现后，我设想成立一个小小的金融币章博物馆（室），想到今后世界上不少国家的银行家来到中国，惊讶、感叹地看到他们的银行或其前身发行的众多币章聚集在此时，我的心中便油然自喜。寻根历史、抚今追昔，相信这会成为银行家进行金融追思的神圣殿堂，会使大家感受到一种金融文化的震撼。格"物"致知，有"博"乃大。在这里，历史已不仅仅是教科书上的文字，而是真情实景的重现。伫立其间，仿佛站在了银行发展历史的源头，看到其前进潮流的涌动。

本书写作费时耗力，加上肩负银行经营管理的重任，时间成为最大的制约。于是发现古人"三上"的可行。出差途中，尤其是远程航行，特别容易凝神聚意。每次在飞机上少看几部电影，少睡若干小时，在万里高空中"空思遐想""远思漫想"，远离人世间的繁杂，沉湎在金融史的追忆和埋头于键盘的敲打中——我尤其享受这样的时刻。

与日新月异的经济学科相比，与相对不繁荣的经济史对照，银行史尤为"冷门"。目前，中国出版的银行史著述很少，尤其在外国银行史方面更是如此。历史学的研究、史料考据、理论分析及综合考察是研究银行史常用的方式，而写银行史又要涉及当时的政治、经济、文化，交叉性较强。由于断断续续地写作，这本书更像银行史的札记，内容比较"碎片化"。本书以讲述银行的故事为主，有时在文中也做些理论归纳或评说，但在史料的考证上努力论证寻据，力求精准无误。在撰写此书的过程中，我深感关于世界各国银行史的中文资料的匮乏，好在互联网使世界变小了，我日积月累存下了几百部国外英文版银行史著作。这也是无心插柳，为未来的国外银行史学研究创建了小小的专题图书馆。

百年世界金融的沧桑变化，为中国银行业的发展提供了宝贵的经验。今天，中国银行业已经跻身世界金融业之林，中国工商银行更是跃居全球银行业鳌头。鉴往知来，现代金融的发展离不开历史、文化底蕴的支

序　言

撑。忘记银行业的历史，就不可能深刻地了解现在，以及正确地走向未来。整理世界珍贵的金融文化遗产，发掘前人创造的金融文明成果，回顾金融的兴衰成败及经验教训，对于中国更好地推进现代银行业发展具有十分重要的意义。希望此书能对银行从业人员、金融管理者和金融历史研究学者等有所启迪。

是为序。

姜建清

2018年3月

目 录

—1
英雄失去了小红伞 · 001

—2
高盛：
一个"高贵"名字的"卑微"
起源 · 015

—3
英国针线街上的"老妇人" · 027

—4
拿破仑亲手缔造的银行 · 043

— 5
以色列银行体系中的"工农中建" · 061

— 6
波士顿银行的前世今生 · 081

— 7
谁是全球最大的银行 · 103

— 8
松鼠的家园 · 129

目 录

— 9
松鼠的觅食 · 149

— 10
100年前的世界银行"巨无霸" · 167

— 11
"胜利女神"折翼 · 189

— 12
富得过五代 · 213

— 13

压倒骆驼的不是哪一根草 · 231

— 14

3 000 年的金融荣耀今何在 · 257

— 15

上帝的银行家 · 281

— 16

银行的诞生之地:神庙还是板凳 · 301

目 录

— 17 优雅的"老妇人"去向何处 · 325

— 18 在中国澳门发钞的葡萄牙大西洋银行 · 347

— 19 源出一体、殊途同归的银行博物馆 · 365

— 20 终结的货币 · 383

英雄失去了小红伞

花旗银行和旅行者保险公司的早期大铜章探究

·FIRST·NATIONAL·CITY·BANK·

1 英雄失去了小红伞

我从网上买到了一枚稀有的大铜章(如图 1-1 所示)。买下的时候没有去查资料,以为它就是美国一家名为"第一国民城市银行"的金融机构为纪念该行成立 150 周年(1812—1962)发行的大铜章。

我喜欢这枚铜章的硕大,其直径达 78 毫米,经过 50 多年的岁月打磨,大铜章上覆盖了一层美丽的包浆。铜章是高浮雕的,正面为一位裸体英雄的塑像,他张开双臂,庇护着其下的妻子、女儿和拉手风琴的艺术家、正在操作的工人、怀抱麦穗的农妇。在英雄背后帷帐的上方是两位天使,像是卫护着履职的英雄。铜章顶端是河流和轮船,应该就是纽约的哈得孙河,代表该银行的所在地。

图 1-1 美国第一国民城市银行成立 150 周年(1812—1962)纪念铜章

大铜章的背面是一棵根深叶茂、枝叶繁多的大树。大树根指向其下的"1812—1962",大树中段的缎带上有"服务150周年"字样,表明了这是该银行成立150周年的纪念大铜章。铜章周边的一圈文字"农业、工业、交通、商业、文化、家庭",强调了银行广泛的服务领域,与铜章正面的人物像互相呼应。大树的枝叶环抱着一个椭圆的地球图案和一个辐射图案,以及"城市银行·纽约"字样。

该铜章上有刻模艺术大师——西班牙人恩里克·蒙乔(Enrique Monjo)的签名。蒙乔被誉为世界伟大的艺术家,他先后就读于西班牙、法国和比利时,后来成为艺术系教授,是西班牙和美国旧金山艺术研究机构,以及美国艺术研究会的成员。他的艺术作品多次在国际上进行展览并获得诸多奖项,众多雕塑作品至今仍竖立在美国的一些城市广场和教堂内。

花旗的前世今生

是什么银行有如此大的抱负,把自己表现为庇护众生的"英雄",毫不掩饰其俯视全球的野心?我查了一下资料,才恍然大悟,这家银行就是花旗银行的前身,大铜章上的银行名称也就是花旗银行早期的名称。

尽管花旗银行(Citibank)的英文直译应该为"城市银行",但在中国,人们习惯称其为"花旗银行"。花旗银行是在中国开办业务的第一家美国银行。1902年5月15日,花旗银行的前身之一"国际银行公司"(International Banking Corporation)就在上海开设了分行,这也是花旗银行在亚洲的第一家分行。同年12月8日,国际银行公司在中国香港地区分别开设了另外四家分行。1995年,在离开中国大陆45年后,花旗银行重新在中国大陆开设了分行。

在中国大陆和台湾地区,Citibank为何被译作"花旗银行"?据说Citibank最初在上海外滩附近开设分行时,银行门口总是插着很多美国国旗,上海人觉得"Citibank"的英语读法太别扭,美国国旗又好像一块蓝红相间的碎花布,久而久之,大家就干脆把这家美国银行叫作"花旗银行",并且一直延续至今。以前在中国香港与美国纽约的华人社区,花旗银行被称为"万国宝通银行"(可能源自International Banking的名字)。2001年年底,该银行在香港地区使用的中文名统一改为与中国大陆及台湾地区相同的"花旗银行"。

花旗银行曾经有许多名字。在花旗银行成立前一年,纽约市只有六家银行。其中一家银行——美国国家银行——即将结束营业,这就为一家新银行的诞生创造了条件。1812年6月16日,花旗银行诞生了,其最早的名字是"纽约城市银行"(City Bank of New York),资本金是200万美元,其中三分之一由美洲银行持有,三分之二由曼哈顿银行和技工银行等持有。共和党领袖、曾担任过华盛顿政府第一任财政总监的塞缪尔·奥斯古德(Samuel Osgood)为花旗银行的首位总裁,银行的办公楼就是原来美国国家银行纽约分行的办公楼。

当时,纽约城市银行还是一家在纽约州注册的银行,在创建之初主要从事一些与拉丁美洲贸易有关的金融业务。1865年,它在加入美国国民银行体系时,改称为"纽约国民城市银行"(National City Bank of New York)。1955年,纽约国民城市银行收购了纽约市的"第一国民银行",又在其名字中加入了"第一",变成"纽约第一国民城市银行"(The First National Bank of New York)。1962年,在银行庆祝成立

150周年之际，它更名为较短的和简化的"第一国民城市银行"（First National City Bank），原名称中的"The"和"of New York"被去掉了。

图1-1所示的这枚铜章正是1962年发行的。我们看到的是简化后的银行新名称。但可能因为改名不久，该银行对原名还有些依依不舍，地球图案上的行名仍未舍弃"纽约"字样，形成了新旧行名并存的有趣图景，透露出新旧行名更替的痕迹。

1968年，第一国民城市银行又成为新成立的单一银行控股公司"第一国民城市公司"（First National City Corporation）的子公司。1974年，控股公司改名为"花旗公司"（Citicorp）。因此，第一国民城市银行的名称也成为花旗银行至今还在使用的"Citibank"。

1998年，花旗公司与保险集团——旅行者集团（Travelers Group）合并，改称为"花旗集团"（Citigroup）。

百年花旗的辉煌

在图1-1所示的这枚大铜章发行时，花旗银行已经走过了150年的历程，它也是首家诞生150周年的美国全国性城市银行。经过"大萧条"的历练和战争的洗礼，花旗银行生存了下来。1959年，花旗银行首先开始介入欧洲美元业务。1961年，花旗银行首创了可转让存款单，极大地促进了业务发展。1962年，花旗银行的总资产为92亿美元，贷款为43.8亿美元，存款为80.2亿美元，当年净利润为6 800万美元。花旗银行在海外共有83家分行。

在总裁沃尔特·瑞斯顿（Walter Wriston）的推动下，花旗银行的海外业务也成为美国银行业中最强大的。在1961—1970年的10年中，花旗银行的总资产年平均增长率为 8.1%，而美国全部银行的总资产年平均增长率仅为 5.5%。当时的花旗银行总裁乔治·S. 摩尔（George S. Moore）说："在 1960 年前后，花旗银行有了一个新的位置，站在了一个新的起点上。它不仅仅是一家银行，还变成了一家金融服务公司。我们在寻找为社会提供任何有价值的、值得一做的金融服务，我们在世界上的任何地方都提供这种服务，我们提供凡是法律允许我们提供的一切服务，我们提供我们相信能够创造出利润的所有服务。"

正是这样的远大愿景，使花旗集团在 20 世纪和 21 世纪初的相当长的一段时期，成为全球金融业的老大和全球金融业市值、利润第一的银行。直至今天，当我们凝视这枚大铜章时，它还强烈地散发着花旗银行当初的那种自信，那种"英雄"气概，这种自信和气概就像坚硬的金属一样难以磨去。

早在 1919 年，花旗银行的总资产就达到 10 亿美元，成为美国资产最多的银行。1929 年，美国开始经历"大萧条"，股票市场崩溃，社会一片恐慌，但花旗银行的状况依然不错。1929 年年末，其利润创历史新高，总资产达 22 亿美元，超过了英国的米特兰银行（Midland Bank），成为全球最大的银行，之后又成为世界上资产规模最大、利润最多、全球连锁性最高、业务门类最齐全的金融服务集团。

1998 年 4 月 6 日，国际金融界发生了一件大事——美国花旗公司和旅行者集团宣布合并了。这次合并之所以引人注目，不仅仅是因为其涉及 1 400 亿美元资产而成为全球最大的一次合并——合并后的花旗集团总资产达到近 7 000 亿美元，净收入为 500 亿美元，营业收入为 750 亿美元，在 100 个国家拥有 1 亿名客户（包含 6 000 万张信用卡的消费类客户），在《财富》杂志的世界 500 强排名由 1997 年的第

58位跃升至1998年的第16位——更重要的是，合并后的花旗集团成为世界上规模最大的全能金融集团公司之一，成为集商业银行、投资银行和保险业务于一身的金融服务的超级集团，从而使其"金融一条龙服务"的梦想成为现实。此后，花旗集团通过全球业务整合，确定了三大业务板块，即全球零售业务、全球资产管理业务与全球公司业务的集团组织结构。这充分体现了花旗集团积极参与国际金融市场竞争的目标与雄心。

与旅行者集团牵手并非花旗规模扩张欲望的产物，而是其在美国国内与国际金融市场内忧外患的形势下做出的选择。20世纪80年代，美国逐步放松了对非银行金融机构的管制，但对商业银行的分业管理却没有大的改变。非银行金融机构抢走了商业银行的许多业务，并通过兼并银行形成"金融百货公司"，这使商业银行的压力越来越大。同时，按照当时的法律框架，外国银行享有许多优惠，比如可以跨州设立分支机构，经营证券业务，持有美国和外国企业的股票等，因而发展迅猛。在国际金融市场上，美国商业银行还不断受到来自欧洲国家和日本的竞争压力，通过合并对抗竞争自然成为花旗银行的迫切需求。

它给花旗送来了小红伞

旅行者保险公司（The Travelers Companies）成立于1864年，由美国康涅狄格州哈特福德市的一个设计师和大理石商人詹姆斯·古德温·巴特森（James Goodwin Batterson）创办。这家公司是美国老字号保险服务公司，前身是旅行者人身及事故保险公司。该公司最早从事铁路旅行保险业务,包括投资服务、客户金融服务、商业信贷和财产人寿保险四大领域。它曾经创造许多业界第一,包括第一个汽车保单、第一个商业航空公司的保单,也是第一家推出太空旅行保险的公司。

我买到了一枚古老的旅行者保险公司的大铜章(如图1-2所示)。这枚于1925年11月发行的铜章非常罕见,其直径达100毫米。铜章的一面是旅行者保险公司的大厦,周边环绕着绿叶,下端有桥梁和计时沙漏;另一面是一棵枝繁叶茂的大树,浓密的树冠中烘托出旅行者保险公司、旅行者赔付公司、旅行者火险公司的名称,还有在路易斯·F. 巴特勒(Louis F. Butler)任旅行者保险公司总裁10周年时,他为公司的成功(或可能是他的成功)对客户的支持与帮助表示感谢的文字。

图 1-2　美国旅行者保险公司纪念铜章

大铜章的设计师是胡里奥·基伦尼(Julio Kilenyi,1885—1959),他是美国著名的雕塑大师和国际著名的勋章刻模师。他为爱迪生、马克·吐温等做过肖像,并设计过美国总统就职典礼奖牌。这枚精美的手工刻模大铜章也是他留下的为数不多的精美艺术品中的一件。在今天看来,传世量不大的这几枚艺术大师手工刻模的古典大铜章,实质上是精美的古典艺术雕塑,但其价格却十分低廉,与艺术雕塑的价值相比真是天壤之别。

此外,在花旗银行发行纪念成立150周年大铜章后不久,1964年4月1日,旅行者保险公司也发行了成立100周年的纪念铜章(如图1-3所示,重120克,直径为65.33毫米)。若认真观察,旅行者保险公司相隔39年发行的两枚铜章是略有不同的。第一枚大铜章上并没有那把著名的小红伞,而在1964年发行的铜章上,小红伞却出现了。正是这把著名的小红伞,庇护了旅行者保险公司平安走过了100年。

图1-3 美国旅行者保险公司成立100周年(1864—1964)纪念铜章

旅行者保险公司平静的日子在20世纪90年代中止了,"旅行者"经历了一系列的兼并和收购。这里不得不说起后来成为花旗集团董事长的桑迪·威尔(Sandy Weill)。1986年,离开美国运通后,雄心勃勃的桑迪·威尔和杰米·戴蒙（Jamie Dimon）创建了美国商业信贷公司（Commercial Credit Company）。他们给美国商业信贷公司的定位是"（服务于）那些到麦当劳买汉堡包的（客户）"，将银行业的服务对象由生产者（企业客户）转变为消费者（个人客户）。这改变了当时美国社会流行的以摩根大通为代表的银行服务理念。1993年，美国商业信贷公司以小吃大，收购了旅行者保险公司，并将其更名为旅行者集团。1996年，美国商业信贷买下了安泰（Aetna）财产险业务。1997年，美国商业信贷公司又以90亿美元兼并了美国第五大投资银行——所罗门兄弟公司（Salomon Brothers），新组建的所罗门·史密斯·邦尼公司（Salomon Smith Barney）一跃成为美国第二大投资银行。

直至1998年4月，花旗银行与旅行者集团合并，组成"花旗集团"。花旗集团的新商标为旅行者集团的小红伞和花旗集团的蓝色字标的组合。然而，购并的成功只是第一步，整合的成功才是购并成功的关键。当时，花旗集团的麻烦在于，购并后的整合效应并不显著。因此，2002年花旗集团将财产保险公司分拆为子公司，开始独立经营，并在2004年将其出售给一家于1854年成立的圣保罗保险公司（St. Paul Fire and Marine Insurance Company），并组建成美国圣保罗旅行者保险公司（St. Paul Travelers Companies, Inc.），该公司成为美国第二大保险公司，仅次于美国国际集团（American International Group, Inc.）。2005年7月，花旗集团又将旅行者寿险年金公司及其大部分国际保险业务出售给美国大都会人寿保险公司（Metlife）。

美国大都会人寿保险公司具有140年的历史，是寿险行业的领先者。实现收购后，美国大都会人寿保险公司按承保额计算成为北美最大的人寿保险公司。花旗集团与大都会人寿保险公司就后者的产品在花旗集团网点销售一事达成为期10年的协议。2007年，花旗集团的小红伞标志也被出售给美国圣保罗旅行者保险公司，花旗集团改用"Citi"为商标。美国圣保罗旅行者保险公司则捡起了"旅行者"的名字，将公司改名为"旅行者保险公司"。2009年6月8日，旅行者保险公司取代前母公司花旗集团纳入道琼斯工业平均指数。

小红伞终于挡不住金融风暴的肆虐

21世纪初的那场金融危机对花旗集团的伤害太重了。20世纪末，花旗集团主要靠不断并购而壮大，但是来不及进行消化磨合。美国监管机构因而禁止其再行并购，督促其先做好内部管理。对利润的无止境渴求已让花旗集团不满足于靠基础业务赚辛苦钱，花旗要寻找其他增长引擎。它选择在资产定价和风险管理模型的掩护下涉足高风险业务，将按揭贷款包装成衍生产品进行出售，这为花旗集团带来不菲的回报。但始料不及的是，这些衍生产品在金融海啸时，由增长亮点变成"死亡陷阱"，由"蜜糖"变成了"毒药"。

金融风暴没完没了，股价狂跌不止，这使得花旗集团濒临绝境。巨额亏损、股价暴跌，花旗集团市值从2006年年末的2 740亿美元跌至2008年年末的200亿美元左右。当时，全球最大的银行——中国工商银行的市值相当于13个花旗集团。由于花旗集团属于那种"大而不能倒"的机构，它在全球106个国家和地区拥有约2亿名客户，35万多名员工，如果倒闭，后果不堪设想。美国政府不能"见死不救"。因此，花旗集团获得了美国政府为其提供的约3 060亿美元的资产担保，得以苟延残喘。此外，美国政府还从7 000亿美元的金融救援方案中先后拨出450亿美元用于购买花旗集团的股份。

有人拿花旗集团的广告语"花旗从不睡觉"（Citi never sleeps）开玩笑，说花旗集团的高管们这下真的该睡不着了。金融危机迫使花旗集团大量裁员，并开始拆分出售旗下资产。2009年1月，花旗集团与摩根士丹利公司同时宣布，旗下经纪业务部门正式合并。花旗集团出售的美邦是其全球理财业务的两大组成部门之一，也是该集团旗下难得的"健康"资产。摩根士丹利将向花旗集团支付27亿美元现金，拥有合资公司51%的股份。摩根士丹利有权在3年后将持股比例增至65%，4年后可增至80%，5年后则可以100%控股。花旗集团还出售了其在德国的零售银行。这仅仅是花旗集团"瘦身"计划的开始。

花旗集团还有一项将自身规模缩小三分之一的业务剥离计划。美国《纽约时报》披露，当时以潘伟迪（Vikram Pandit）为首的花旗集团管理层在酝酿更广泛的资产分拆计划，公司可能会出售旗下消费金融部门以及自有品牌信用卡业务，并且打算大幅缩减自营交易业务，而只保留更为核心的企业批发银行业务和富人零售银行业务。

当花旗集团发展至顶峰期时，2002年，花旗集团在北京举行了盛大宴会，庆祝花旗集团立足亚洲100周年（花旗银行在旧中国发行的纸币如图1-4所示）。花旗集团董事长桑迪·威尔带来了一个庞大的董事会和管理层的团队，包括投行、保险、资产管理和商业银行的高层。而当时的花旗银行董事长在团队中只能排第八位，在星光灿烂的明星银行家中黯然失色。

当喧嚣归于平静、辉煌落入平常后，花旗集团剩下的也只有花旗银行的部分了。我们可以看到，历史开玩笑地画了一个大圆圈，一切又回到了原点，一切曾经得到的又全部失去了。虽然今天花旗集团行徽中的弧形红线还在，但是旅行者集团被出售，美邦被出售，而由旅行者集团带来的在 1870 年就在保险公司使用的意在为旅行者集团遮风避雨、保吉避难的小红伞也未能挡住金融风暴的倾盆大雨。今天，花旗集团已经将小红伞黯然收起，仅留下一弯红色痕迹。当初的这场收购是福是祸，就留由后人评说了。

图1-4　花旗银行在旧中国发行的纸币

2

高盛：一个『高贵』名字的『卑微』起源

罕见的投资银行高盛公司大银章

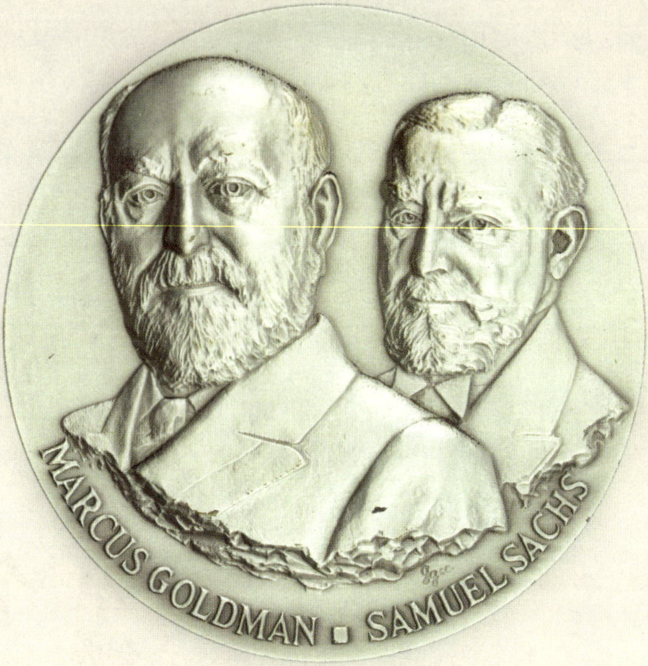
MARCUS GOLDMAN ■ SAMUEL SACHS

—2 高盛：一个"高贵"名字的"卑微"起源

外国品牌进入中国，往往会起个中文名。许多成功的品牌在取中文名时不仅仅是把英文翻译成中文，而且会在原名基础上进行再创造。但是，起一个符合"信、达、雅"要求的中文名也不容易。一个好名字能给公司或产品品牌带来极大的增值。例如，"可口可乐"这个名字一直被认为是广告界翻译得最好的品牌名之一。简简单单的四个字，不仅使中文读音和英文读音几乎完全吻合，而且中文也非常巧妙地包含了英文的音译，比英文更有寓意。"可口可乐"四个字生动地暗示了产品会给消费者带来的感受——好喝、清爽、快乐，可口亦可乐。奔驰是人们公认的翻译颇为妥帖的又一中文品牌，"Mercedes-Benz"在中国的名称"奔驰"既有飞奔的含义，听上去又与"Benz"谐音。谷歌在 2006 年设立中国分部后所取的这个官方中文名，比起之前的诨名"古狗""狗狗"更为优雅大气了。"Hewlett-Packard"是由两个创始人的姓名组合而成的，中文译为惠普（HP），恩惠普泽，境界顿出。汇丰的英文名称"The Hongkong and Shanghai Banking Corporation"（香港和上海银行公司），既冗长又包含中国地名，有悖于汇丰原来的广告语"全球性的地方银行"的含义，因此其英文名索性改为按英文首字母缩写——HSBC，这虽简洁但不如其中文名"汇丰"有意义。"汇丰"两字取自"汇款丰裕"的意思,汇丰银行刚创立时以国际汇兑业务为主,起名"汇丰"寓意汇兑业务昌盛繁荣。"汇丰"两个字结合在一起又有好运的寓意。"汇丰"这个中文名由何人提出、在何时启用已经难以考证,但1881年曾国藩之子曾纪泽为该行钞票题词时,就已有中文"汇丰"俩字,然后一直沿用至今。

美国投资银行高盛(Goldman Sachs)的名称原本也是两个人的姓名组合,对于公司的中文名,他们则选择了按英文首字母G、S的中文拼音直译,听上去颇像原有品牌,但又赋予了特别的含义。高盛,含"高度兴盛"之意,这是一个在中文里十分吉利的名称,也是一个有助于增进其品牌形象的中文名。这家美国投资银行很早就将中文名注册并认为面向中国市场推出本地化品牌是正确的策略。这个中文名甚至好过它的英文名,尤其是"Sachs"这个词的发音,不了解的人经常误认为是"Sex"。高盛在140多年的历史中有100多年是合伙人制公司,从1998年才开始改成股份制公众公司。在100多年的合伙人制公司时代,主要由三个家族对公司进行控制和管理,这三个家族分别是高曼家族、盛克斯家族和文伯格家族。高盛的英文名称"Goldman Sachs"就是前两个家族高曼(Goldman)和盛克斯(Sachs)的姓氏组合。这两个家族的发家、兴盛、挫败的过程,就是一部资本主义发展史,也是一部华尔街的兴衰史。这两个家族曾互相通婚,关系密切,后又彼此反目,形同陌路。两个家族之间的恩怨情仇、谁是谁非,至今仍是一个谜,这也成为社会历史学家和传记作家考证研究的一个方向。

— 2 高盛：一个"高贵"名字的"卑微"起源

高盛的首位创始人——马库斯·高曼

图 2-1 是一枚高盛公司的大纯银章，重 246 克，直径为 72 毫米。高浮雕银章铸造精美至极，美轮美奂。大银章由美国马里兰州伊斯顿的一家珠宝公司精心铸制。银章的一面有两个人物，左边在前的"大胡子"双眼炯炯有神，他就是高盛公司的创始人马库斯·高曼（Marcus Goldman），高盛公司的名称有一半来自他的姓。银章的另一面是高盛公司的大楼图案，大楼门牌上的"松树街 30 号"的标牌以及"高盛公司创立于 1869 年"的文字清晰可见。其实马库斯·高曼的原名是马克·高曼（Mark Goldmann）。他在 1853 年取得美国公民身份时，因移民局官员的笔误，他的名字被改成马库斯·高曼。马库斯·高曼出生于 1821 年 12 月 9 日，原是德国巴伐利亚一个做牲口贩子的犹太人的儿子，为摆脱犹太人在德国的不佳境遇和追求美国梦，

图 2-1 高盛集团创始人纪念银章

他在1848年来到美国。一开始他为了谋生,通过拉马车做流动商贩赚到了一些钱,并娶了一位德国姑娘为妻。后来,马库斯夫妇贷款买了缝纫机,开了一家裁缝店,成衣和衣帽的生意不断扩大,他们赚到了第一桶金。随着纽约日渐成为美国的商业中心,1869年他们举家搬到纽约。在美国南北战争后,银行利率很高,马库斯·高曼也模仿德裔银行家的经营模式,于1869年在纽约曼哈顿南部松树街创建了马库斯·高曼公司(Marcus Goldman & Co.),开发了一项小型商业票据贴现业务。每天早晨,马库斯·高曼(见图2-2)穿上礼服式外套,戴上丝绸礼帽,去商人集中的女人街[1],从一些皮革商人和珠宝商人那里低价买入本票,积少成多,随即或稍后坐马车赶往银行,将票据销售给银行,从中收取0.5个百分点的手续费。他就用这种最不起眼儿的方法经营着最不起眼儿的生意,处在金融业"食物链"的末端。但是通过他的中介渠道,小商人获得了融资,银行节省了办理琐碎业务的成本,而马库斯·高曼则得到了一些辛苦佣金。他的公司是微不足道的,票据并不多,马库斯常将收购来的票据或现金藏在他的黑色高檐礼帽里,当时有人戏称,银行家的财富多少可以从他的礼帽高度来衡量。

马库斯·高曼的公司也十分简陋,初创时,公司坐落在松树街一间紧靠煤矿滑道的狭窄的底层建筑里(巧合的是,20世纪30年代,高盛公司又搬回松树街,即银章中的

图2-2 马库斯·高曼

---

[1] 纽约联合广场北侧的百老汇有很多商店和时装店,那里曾一度被称为"女人街"。

大楼)。尽管如此,他对外可以自称为"银行家及经纪人马库斯·高曼",他也有了一位兼职的会计人员和一位职员。马库斯工作勤奋,公司业务蒸蒸日上,早期的时候一年可以完成价值500万美元的贸易商业票据交易(图2-3所示为1860年左右的美国商业票据交换场所)。到1890年,公司的年商业票据交易额达到3 100万美元,1894年上升至6 700万美元。高盛公司逐渐成为美国最大的商业票据交易商,其主导地位在超过一个世纪的时间里不可动摇(在20世纪60年代,高盛公司处理着全美国50%的商业票据交易)。马库斯一家的生活也幸福美满,他有两个儿子和三个女儿,公司成立以后约50年里,高盛公司的合伙人全部是互通婚姻的高曼和盛克斯这两个家族的成员。

图2-3　1860年左右的美国商业票据交换场所

其中，小女儿路易莎·盛克斯（Louisa Sachs）的丈夫塞缪尔·盛克斯（Samuel Sachs）、小儿子亨利·高曼（Henry Goldman）以及他们的后代，又将高盛的事业推向了新的高度。马库斯·高曼直至1900年退休时，才把高盛公司交给儿子亨利·高曼和女婿塞缪尔·盛克斯共同负责经营。1904年7月20日，马库斯·高曼去世，享年83岁。一直到去世前，他都是高盛公司的合伙人之一。他大概永远不会想到，他创建的这家简陋的公司最终会成为全球投资银行界的翘楚。

高盛的首位合伙人——塞缪尔·盛克斯

图2-1的银章上的另一个人物，即在马库斯·高曼右边靠后的那一位是高盛的首位合伙人塞缪尔·盛克斯，他卑恭地站在马库斯·高曼身后。银章下面还有马库斯·高曼和塞缪尔·盛克斯的英文全名。塞缪尔·盛克斯是马库斯·高曼的小女婿，马库斯·高曼心爱的小女儿路易莎嫁给了他。不仅如此，马库斯·高曼与塞缪尔·盛克斯的父亲在德国就是亲密的好朋友，到美国打拼后一直保持着密切的关系。路易莎的姐姐嫁给了塞缪尔·盛克斯的哥哥，两家是亲上加亲。

塞缪尔·盛克斯为人沉稳，十分懂事。因父亲突然病故，他高中就辍学，经营一家小干货店，承担起家庭责任。马库斯·高曼很欣赏塞缪尔·盛克斯的为人，加上公司经营也日渐顺利，规模不断扩大，人手比较匮乏，因此马库斯·高曼在60岁生日将临之际，宣布邀请塞缪尔·盛克斯加入高盛公司。一年多后的1882年，他决定邀请塞缪尔·盛克斯成为公司初级合伙人，并且从此把公司更名为高曼和盛克斯公司（M. Goldman and Sachs）。马库斯·高曼还慷慨地借给了塞缪尔·盛克斯 15 000 美元,让他尽快结清原本从事的干货生意,全身心地投入高盛公司的工作中。塞缪尔·盛克斯仅还清了这笔 3 年期的 15 000 美元融资的三分之二,后来,由于塞缪尔·盛克斯的儿子沃尔特·盛克斯(Walter Sachs)的出生,兴奋的外公写下了免除余债的信函。1885 年,马库斯·高曼又把他的儿子亨利·高曼和另一位女婿带入公司,并使他们成为初级合伙人。1888 年,公司更名为高曼·盛克斯公司(Goldmam Saches & Co.)。1900 年,马库斯·高曼退休时,又指定塞缪尔·盛克斯为唯一的高级合伙人。塞缪尔·盛克斯怀揣理想,他是把高盛这家原本很小的短期票据融资公司发展成世界一流公司的主导者。他是与其他外国银行和金融中心创造良好关系的第一人,是一位伟大的保守派银行家。他和亨利·高曼一起发展了高盛的铁路债券、外汇套期交易、证券包销等业务,极大地提升了高盛公司的规模和影响力。1934 年春季,塞缪尔·盛克斯去世,享年 84 岁。

高盛的合伙人几乎都是家属姻亲。后来,塞缪尔·盛克斯的弟弟和三个儿子也陆续加入了高盛公司。其中尤为突出的是,在 1929 年美国金融大危机后,高盛选择了哈佛大学毕业的马库斯·高曼的外孙、塞缪尔·盛克斯的儿子——沃尔特·盛克斯与悉尼·文伯格(Sidney Weinberg)一起领导处于破产边缘的公司,拯救了频临危机的高盛,延续了塞缪尔·盛克斯家族在高盛的权力与影响。沃尔特·盛克斯就是一出生便使其外公免除了他父亲 5 000 美元债务的那位,因此,沃尔特·盛克斯在回忆时自豪地说:"我出生的第一天就做成了我在高盛的第一笔生意。"

1929 年,美国金融危机的阴影一直沉甸甸地压在一生谨慎的塞缪尔·盛克斯的心头上。对于盛克斯家族来说，他们一家为高盛的成长倾注了无以计数的时间和精力，而这次危机最大的伤害莫过于对高盛公司名声的伤害。

在塞缪尔·盛克斯人生中的最后几年里，他总是反复地问他的儿子沃尔特·盛克斯："现在人们是如何看待高盛的？"当然，那时高盛公司头顶的乌云已经散去，沃尔特的回答能让塞缪尔·盛克斯含笑离去。但是，如果塞缪尔·盛克斯在天堂俯瞰华尔街，看到今天的高盛公司受到如此多的恶评，心中不知会作何感想。

两大家族——高与盛的分裂

马库斯·高曼夫妇十分宠爱小女儿路易莎，但他们对于小女婿塞缪尔·盛克斯的喜爱并不仅仅是由于爱屋及乌，塞缪尔·盛克斯做事谨慎、一丝不苟的态度也是深受马库斯·高曼夫妇欣赏和信任的。盛克斯不仅是高盛公司的第一个合伙人，而且在马库斯退休的1900年成为高盛公司第一个高级合伙人。甚至盛克斯入股高盛公司的股本投资也是马库斯给的，且没有全部归还。高盛公司的名称上也赫然列有盛克斯的姓氏。但是，两大家族之间还是产生了裂痕。当塞缪尔·盛克斯在公司的地位与日俱增的时候，马库斯·高曼的儿子亨利·高曼还在作为游商到处兜售纺织品，他的生活品质与社会地位当然远不如盛克斯。1884年，亨利·高曼进入高盛，当时只是一个初级合伙人。虽然1900年马库斯·高曼在退休时使儿子亨利·高曼在高盛公司与盛克斯具有同等的地位和权利，并在1904年去世时的遗嘱中明确亨利·高曼也被列为高盛的高级合伙人和联席领导人，但这两位姻亲兄

—2 高盛：一个"高贵"名字的"卑微"起源

弟间的不愉快已经存在很多年了。

塞缪尔·盛克斯和亨利·高曼的个性也差异甚大。塞缪尔·盛克斯内敛沉稳、谨慎保守且多疑，而亨利·高曼则思路活跃，敢于创新和冒险。两个人如能互补，会是最好的搭档。但事与愿违。他们在个性和经营思路上的差异，在马库斯·高曼去世后升级为矛盾，导致交锋常常发生，他们甚至争论得面红耳赤，不欢而散。两个家庭也因此刻意疏远，亲情日渐被仇怨替代。

第一次世界大战中，两人的政治分歧使矛盾进一步激化。同为德裔，亨利·高曼旗帜鲜明地支持德国发动的战争，而塞缪尔·盛克斯却明确地支持英、法。而后，亨利·高曼又拒绝参加美国所有银行都参加的支持英、法的贷款，因此使高盛公司的声誉和海外业务受到了严重的影响。塞缪尔·盛克斯和亨利·高曼的分歧也变得不可调和，1917年，亨利·高曼正式提出离开高盛。他的离去，不仅使高曼家族完全退出了高盛公司，也对当时高盛公司的创新能力产生了重大的影响，同时也带来了两个家族的悲剧。从此以后，亨利·高曼再也没有和塞缪尔·盛克斯讲过一句话，甚至和他的亲妹妹路易莎也是如此。在此后的近百年中，两家的后人也互不往来，仿佛互不相识。

马库斯·高曼在弥留之际留下了这样一段话："我死后最大的愿望，就是我的子孙后代能像我在世时一样和谐相处，希望他们能时刻准备着相互安抚，相互征询意见，相互帮助，如果需要的话，提供必要的物资帮助。"是不是老高曼在当时就已经看到了些许端倪，或有所预感？但他是无力改变了，他留下了一个伟大的公司和一个分裂的家庭，对他而言，孰轻孰重呢？

3

英国针线街上的『老妇人』

英格兰银行的金银纪念币章一览

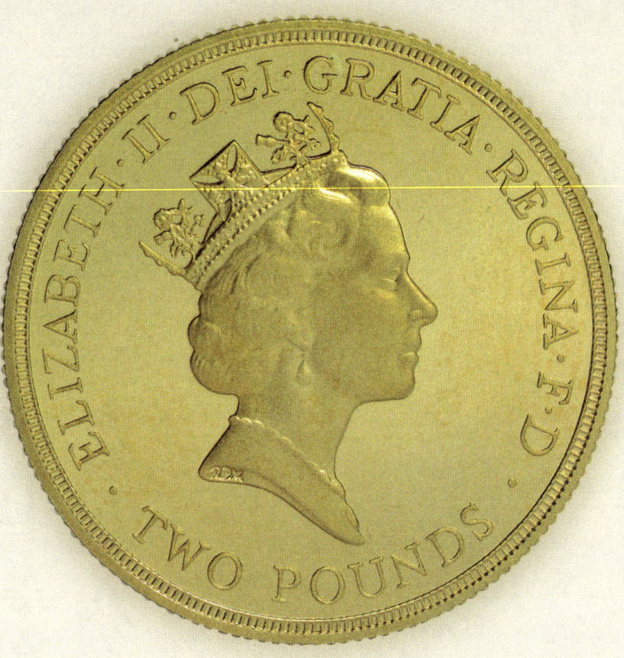

ELIZABETH · II · DEI · GRATIA · REGINA · F · D
TWO POUNDS

—3 英国针线街上的"老妇人"

去过伦敦金融城的朋友都知道,金融城中心有一座类似城堡的古老建筑,这就是英格兰银行的总部。1994年6月,全球各国100多名中央银行行长、财政部部长以及国际金融组织和知名大银行的负责人在此云集,祝贺英格兰银行成立300周年。1994年7月27日,即英格兰银行成立300周年纪念日,英国女王伊丽莎白二世又专程前往祝贺。图3-1、图3-2所示的两枚金银币就是同年为纪念英格兰银行成立300周年而发行的。不妨让我们打量一下这两枚金银币的模样:金币重15.98克,直径为33毫米,发行量为3 500枚;银币重15.98克,直径为33毫米,发行量为40 000枚。两枚币章的一面均为英国女王伊丽莎白二世的侧面像及名字,下方都是面值"2英镑"的文字。两枚币章的另一面上方均是王冠,中部为英格兰银行成立时间(1694—1994),中间则是英格兰银行的行徽,下方镌刻着英格兰银行的英文名称。

这种为了银行创立周年而发行的纪念币章,在全球已数以千计了,并且也已形成一个丰富的收藏专题。然而,为银行创立300周年发行纪念币章的,仅见英格兰银行一家。百年金融沧海桑田,多少银行已湮灭在历史长河中,而英格兰银行却历久弥坚,至今依然在全球金融业中发挥着极其重要的作用。

图 3-1　英国英格兰银行成立 300 周年（1694—1994）纪念金币

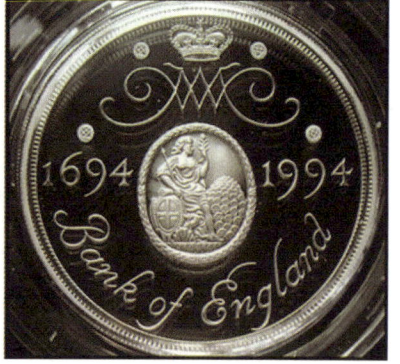

图 3-2　英国英格兰银行成立 300 周年（1694—1994）纪念银币

政府融资平台的先行者

在北京搭乘出租车的外地游客，经常会听到"的哥"向你神侃中国地方政府的监管机构也不时出台关于政府融资平台的最新监管要求。追本溯源，政府融资平台完全是英国人的创造发明，英格兰银行就是这项"专利"的拥有者。

—3 英国针线街上的"老妇人"

17世纪的欧洲，战争成为所有国家面临的最严峻的考验。每一个欧洲国家都面临着来自其他国家的战争威胁，而军队的建设和军费开支都必须依靠真金白银。16世纪，打一场战争需要几百万英镑；到17世纪末，则需要几千万英镑；而到拿破仑战争末期，据说一年开支要上亿英镑。当时最富裕的国家都无法靠平时正常的税收来应付战争开支，于是只能盘算借款打仗了。

17世纪末的英国，还没有什么像样的银行。当时，欧洲的大多数学者都反对新式银行制度，认为其偏于理想而不实际。不过，由于经济的发展，社会已有财富积累，常见的储蓄方式是货币窖藏。例如，英国商人曾将现金寄存于伦敦塔，1640年突然被英王查尔斯一世强借12万英镑，经强烈抗议才迟迟返还。当时的金业商人也部分起到银行职能，如代人保管现金给付利息，具有存款性质。到英王查尔斯二世继位时，因战事屡向伦敦金业商人借款，但皇室信用极差，只借不还，屡催不理，令金业商人叫苦不迭。至1672年，英国王室拖欠的贷款已达132万英镑。这场早期的欧洲主权债务危机，牵涉1万多名伦敦居民，他们的存款泡汤，其中许多人倾家荡产。债权人无奈提出诉讼，最终解决方案是债务纳入国债但无现金归还。从此以后，金业商人再也不愿借款给政府。在威廉三世与法国交战时，政府向商人借款无着，只能横征暴敛，从而民不聊生。

1691年，当时的一位苏格兰人威廉·佩特森（William Paterson）灵机一动，向英国下议院建议创立银行，愿出资100万英镑贷款给政府，每年收取6.5万英镑利息，但要求政府给予其货币发行权。政府不同意将其发行的纸币认定为法定货币，因而此方案一度搁浅。1694年，该方案经修改后再次提交，引发激烈辩论，仍有不少人强烈反对，但当时英法激战正酣，庞大的战争开支已将英国政府的财政收入消耗一空。为筹集更多军费，急需用钱的英国国王和议会终究感觉到没有钱是万万不能的，成立英格兰银行的方案终于以43∶31票经上议院通过，数小时后又经英王迅速批准而生效。于是，全球最大的政府融资平台横空出世。1694年7月27日，英格兰银行正式成立，在此后的短短12天内，如同"点石成金"，金融城中1 208位股东只用了两周时间就为英国政府筹集到了120万英镑的巨款，为英国在欧洲大陆的军事活动提供了极大的支持。据说，这笔资金的一半是用于重建海军。

图3-3是一枚英格兰银行成立的纪念银章。此章由英格兰银行博物馆定制，美国富兰克林铸币厂制造。银章重20克，直径为39毫米。银章中的图案显示了英格兰银行得到批准时的场景。

图3-3 英国英格兰银行博物馆纪念银章

众所周知，英国当时的对手法国，无论是国土面积还是国家经济实力，都在英国之上，但为什么英国在战争中总能获胜呢？当时，欧洲有一句名言："在战争中，获胜的一方往往拥有最后一个金币。"意思是，战争的胜负往往取决于财富，谁在最后还比对手多一枚金币（财富），可能就决定了战争的结局。这样的说法虽然有些夸张，但在一定程度上表明了一个国家的财政金融能力对于现代战争的重要性。英国通过英格兰银行筹集到了足够多的战争经费，其战争机器得以维持运转。这场战争也是一场货币战争，通过金钱来战胜对手，从而获取最大的利益。正是这股金融的力量，使英国在直至 20 世纪上半叶前的世界占据了霸权地位，其中英格兰银行发挥了巨大的作用，功不可没。

英格兰银行出借的这笔贷款可谓真正意义上的政府融资，没有现金流覆盖，没有任何其他有形物品的抵押，只以税收作为担保。英格兰银行根据贷款协定而享有货币发行权，这笔融资占英国当时 GDP 的 4% 左右。不过英国政府也不亏，融资年息为 8%，每年的管理费为 4 000 英镑，以全民税收做抵押，由英格兰银行来发行基于债务的国家货币，这样每年政府只要花 10 万英镑就可以立刻筹到 120 万英镑的现金，而且短期也无须考虑归还本金。这样就可以用"远水"来解"近渴"。

通过这段历史可以看到，18 世纪英国的发展，就是建立在"政府→银行→贷款→货币→国债→军事→工业"的循环链条上。政府需要贷款，因此建立了英格兰银行，银行的货币发行与国债紧密相关，而国债的发行又依赖于政府的税收担保。这个机制使政府有足够的金钱支持战争，战争的开支又反过来刺激英国工业的发展，而战争的获胜又给英国提供了几乎是"钱"景无限的海外市场。上述因素的共同作用，最终引发了工业革命，工业革命在提升了英国经济实力的同时，又给政府提供了巨大的税收来源。可见，300多年前英国的政府融资平台模式，在今天仍似曾相识，不断旧剧新演。

当然，英格兰银行充当政府的融资平台，与以前的金业商人不同。它将政府融资平台规范化，譬如要求以货币发行权作质押，发行商业票据，这实质上是将政府融资债务证券化，可谓一举三得。为了避免英国王室滥用这笔资金，英格兰银行制定了非常严格的规定，还建立了督监察使兼审计长制度。在对英国政府债务的管理当中，督监察使兼审计长是完全独立的，他不能参与政治，也不能出任上院和下院的议员，而且即便犯了很大的错误，两院也不能撤销他的职务。1811年发生的一件事，就证明了这项制度的作用。当时英法战争激战正酣，英国政府急需100万英镑军费，这笔军费已经过议会的法案批准，按当时的惯例，财政部可以拿着议会的这个法案以及银行的支付券到英格兰银行去提钱。但时任审计长的格伦威尔[1]审查后发现，法案上没有国王的印章。据说国王因为肠胃不适病休在家，无法盖印。在这种情况下，按照规定，如果国王出于种种原因无法履行职责，审计长会让议会通过一个摄政法案，让他人来代替国王行使某些职责。可当时议会没有通过摄政法案，又没人敢擅作主张在法案上盖章，所以尽管军队正在前线打仗，急需这笔钱，但是由于严格的规章制度，审计长格伦威尔最终并未把这笔钱付给财政部。从中可以窥见，英格兰银行在建立政府融资平台后，通过建立一系列的规章制度来规范运

---

[1] 格伦威尔：Lord Grenville，他的全名为 William Grenville（1759—1834），爵位是 Lord，因此一般称为 Lord Grenville；他的官职为 Auditor of the Exchequer，其实应为"财政部审计长"，而不是"英格兰银行审计长"。

营。同时，英格兰银行成立之后，其职能也并不仅限于给国王贷款，而是逐步发展与现代银行有关的所有业务，并最终在英国成为第一个工业化国家的过程中发挥了重要作用。

商业银行是中央银行的"催生婆"

英格兰银行成立于1694年，虽然不是最早的中央银行（1656年成立的瑞典国家银行是欧洲第一家发行银行券的银行，被认为是中央银行的鼻祖，该银行由私人创办），但它被公认为中央银行成功的典范。而且，几乎所有早期的中央银行在其诞生时都不是现代意义上的中央银行，其中央银行功能是在商业银行的基础上发展起来的。英格兰银行在成立后的很长一段时间内，都是一家不折不扣的私有商业银行，其主要业务范围包括发行钞票、吸收存款、发放贷款、买卖金银、国内商业期票贴现、外汇期票贴现、货物和不动产抵押贷款等，与其他商业银行的业务功能并无差别。不过，英格兰银行自诞生之日起，就与政府维系着一种特殊而密切的关系，即向政府提供贷款，负责筹集并管理政府国债，因而英格兰银行掌握了绝大多数政府部门的银行账户，逐渐具备了"政府的银行"的性质。到了19世纪初，英国政府的国债已达8.5亿英镑，其中五分之一由英格兰银行负责管理。正是凭借这一关系，英格兰银行的实力和声誉迅速超越了其他银行。至1837年，英格兰银行不但安然挺过了当年的银行危机，还拿出大笔的资金，帮助那些有困难的银行渡过难关。19世纪后期，羽翼渐丰的英格兰银行采取适当提高贴现率的办法来打击投机，而其他商业银行也十分信赖英格兰银行的信用，并通过它进行银行间支票清算，这也使其逐步具有了"银行的银行"功能。英格兰银行还开始承担维护英国金融市场稳定和监督其他商业银行的职责,这也是英格兰银行充当"最后贷款人"角色的开始。

尽管英格兰银行自1695年起就发行钞票,但当时其他的银行也可以发行钞票。不过,由于银行业危机的频繁发生,英国议会于1844年通过了《银行特许法》,将英格兰银行的功能一分为二:"发行部门"和"银行部门"。"发行部门"使英格兰银行成为政府的财政代理人,管理全国的债务,而且在英国发行钞票方面具有优于其他银行的特权,明确它的公共责任;"银行部门"则只对股东负责,以法律维持了英格兰银行民间、私有机构的地位(1857年英格兰银行的硬币库版画如图3-4所示)。1921年,英国其他私人银行完全放弃钞票发行权,使英格兰银行基本成为唯一的"发行的银行"。1928年,英国议会通过《通货与钞票法》,从法律上明确英格兰银行是在英格兰和威尔士地区唯一有权发行货币的机构。由于历史原因,直至今天,苏格兰银行和北爱尔兰银行仍保留在本地区发行货币的权利。然而其发行规模极小,只是象征意义上的,其发行的纸币一般也仅供收藏。

从历史上来看,中央银行制度的形成和发展,存在着从以私有为主向以国有为主的转化趋势。从私有到国有的转化,是中央银行法律地位的转化,也就是从最初的特权商业银行,发展到准国家机关,最终成为国家机关。英格兰银行自建立之日起,就开始了其逐渐演变成英国中央银行的漫长道路。当然,一开始它并没有想充当英国的中央银行的意图,当时世界上也没有中央银行的理论和模式。英格兰银行是从小到大,在弱肉强食中幸存和发展起来的。虽然英格兰银行一直与政府紧密合作,但是这未改变其私营商业银行的身份。尽管英格兰

—3 英国针线街上的"老妇人"

图 3-4　1857 年英格兰银行的硬币库版画

银行一直在逐渐退出一般性的商业银行业务，不过这种私有商业银行的身份还是保持了 252 年。在此期间，英格兰银行的董事由股东选举，而非由政府任命。直至 1946 年 2 月，英国工党政府颁布《英格兰银行法》，将英格兰银行的全部股本收归国有，英格兰银行也由此名正言顺地成为中央银行。其业务也发生了根本的变化，不再像私营银行那样只为谋利，也不再与商业银行进行竞争。政府赋予英格兰银行更为广泛的权利，使它可以按照法律对商业银行进行监督和管理。1997 年，政府剥离英格兰银行的银行监管职能，将银行业监管与投资服务业监管并入新成立的全能金融监管机构——金融服务局。2009 年，政府又规定了英格兰银行作为中央银行在金融稳定中的法定职责和所处的核心地位，强化了相关的金融稳定政策工具和权限；在英格兰银行理事会下面成立金融稳定委员会，全面负责监控金融业的风险和稳定。2013 年，原来的金融服务局又被拆分为审慎监管局和金融行为监管局。英格兰银行还负责利率的制定和修改。政府成为英格兰银行的大股东后，其董事由政府提名，女王任命。在英国，英格兰银行除总部在伦敦外，在全国还有5个分行和4个代表处负责地区的管理业务。在全球，各国中央银行一般都以国家名命名。有趣的是，因为英格兰银行的成立比英格兰与苏格兰合并早13年，出于尊重历史的原因，英国仍以联合王国的一地——英格兰这一地名来命名中央银行而没有更改。

针线街的英国"老妇人"

英格兰银行大楼（如图3-5所示）位于伦敦市的针线大街（Threadneedle Street），因此，它有时候又被人称为"针线大街上的老妇人"（the old lady of Threadneedle Street）或者"老妇人"。在英格兰银行成立初期的1694—1732年，银行的运作是在首任行长约翰·霍布伦爵士（Sir John Houblon）位于格劳斯大楼（Grocers' Hall）的家中进行的。在成立40年后的1734年，它才搬迁到现在的位置，号称世界上第一座银行专用建筑。它的外观看起来有点像城堡，最早建成的部分只有卫墙，而没有窗户。现在的银行大楼已经经过多次重建，其中最重要的一次重建由新古典主义建筑设计师约翰·索恩爵士（Sir John Soane）负责。图3-6所示的这枚银章就是为了纪念英格兰银行大楼重建而发行的。银章重34克，直径为39毫米，正面图案就是英格兰银行大楼。银章背面的文字记载的内容是："英格兰银行于1788—1833年由约翰·索恩爵士重建。之后再次新建部分由赫伯特·贝克尔爵士（Sir Herbert Baker）于1930—1940年完成。"今天的英格兰银

―3 英国针线街上的"老妇人"

图 3-5 英格兰银行大楼

图 3-6 英格兰银行大楼重建纪念银章

行是一栋新古典主义式的华丽建筑,在地理位置上,它占据着金融城的中心地位。大楼的一侧是闻名遐迩的英格兰银行博物馆,在博物馆中央的天井里,种着一棵英国很少见到的中国桑树。究其缘由,中国北宋时期的地方官张咏在约1 000年前发明了世界上最早的纸币"交子",而交子的原材料就是桑树叶。600多年后才开始印制英镑纸币的英格兰银行,倒没有忘却这段金融历史,保留桑树以示纪念。

英格兰银行成立后经历了种种坎坷,屡遭重挫。它在成立两年后,受到金融危机牵连,银行股票大跌,还面临失去政府信任、市场压力等多重困难。雪上加霜的是,英王威廉三世见市场充斥劣质货币,决意整顿,责令银行必须对那些缺斤短两、残缺不全的铸币回炉重铸。然而,英国铸币厂生产能力有限,银行又短缺完好铸币,最终导致市场挤兑。加之金业商人火上浇油,乘机筹集3万英镑纸币向英格兰银行兑现。英格兰银行虽没有对金业商人兑现,但仍承诺对普通市民兑付。时任英格兰银行总裁兼任伦敦市长也出面调停稳定人心,股东也承诺放弃多年股息。

风潮稍平,又遇英国财政部8万英镑政府融资平台贷款还款违约事件,这使得英格兰银行的处境更加风雨飘摇。于是,1696年秋季,英国财政部出面宣布英格兰银行停兑,法院也不受理此类诉讼。这又导致英格兰银行发行的货币大跌,最低仅为面值的七折。1697年,英国政府要求英格兰银行增加资本,同时又授予其较大的特权,准许银行按政府新借款额增加货币发行额;规定纸币见票即付,若不兑付则由财政部承兑。此后,政府金库空空如也,政府便令英格兰银行增加资本额,并代国库发行国债。到17世纪末,英国政府为保障对法战争时黄金的需求,迫使英格兰银行停止钞票兑换黄金,这一限令长达

―3 英国针线街上的"老妇人"

42年,被市井讽刺成"一位上了年纪又不幸与人同流合污的老妇人"。有一幅漫画如是描摹:一位穿着用英镑制成裙套的老妇人,正被时任英国首相小威廉·皮特(William Pitt the Younger)搂住并亲吻着(如图3-7所示)。老妇人愤怒地呼喊:"谋杀!强暴!流氓!我的一世英名毁在你的手里……"于是,这一丑名一直流传至今。不过,英格兰银行对此还有另一种解释,作为市场的守护者和最后的贷款人,老妇人代表着"谨慎、安全和护家"。

图3-7 1797年关于英格兰银行的漫画:一位上了年纪又不幸与人同流合污的老妇人

4

拿破仑亲手缔造的银行

从百年法兰西银行的几枚古币章谈起

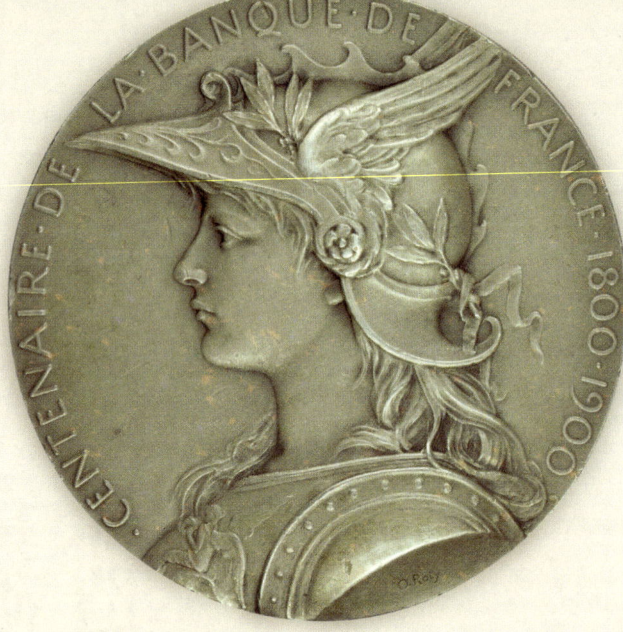
CENTENAIRE·DE LA·BANQUE·DE FRANCE·1800·1900·
O. ROTY

—4 拿破仑亲手缔造的银行

我从网上购入了一枚法兰西银行古铜章（如图 4-1 所示）。卖主标出了千余元的高价，还错把铜章标成银章，虽然他自己发现并主动更正，但宁可退钱也不降价。心痛之余，我还是将其归入囊中。很凑巧，不久后我又买到同样题材的一枚银章（如图 4-2 所示），价格居然更为便宜。这两枚币章的直径都是 68 毫米，铜章重 130 克，银章重 136 克，均于 1900 年发行。近 120 年的历史积淀在铜章的表面形成了极其美丽的琥珀色包浆，在阳光下还隐隐折射出五彩光芒，银章的包浆同样呈现出近乎完美的风韵。两枚币章品相一流，高浮雕的图案，近似镜面的抛光，精细的做工，反映了 200 年前法国铸币的先进工艺，堪与现今铸币最高技术相媲美。

两枚币章的一面为法兰西共和国的象征——戴着礼帽的玛丽安娜（Marianne）像，美丽优雅，上有"法兰西银行 1 世纪（1800—1900）"的法文，玛丽安娜的左肩处刻有"O. Roty"——币章雕刻大师的姓名。两枚币章的另一面是智慧女神和幸运女神，她们凝视着蜿蜒的巴黎塞纳河，人物上方的法文意为"信任和职责"。雕刻师鲁迪（O. Roty）精湛的雕刻艺术，从女神们的披纱可见一斑，坚硬的金属绝佳地展现出丝绸的柔软与皱褶，甚至还有透明质感，隐约透视出女

图 4-1　法国法兰西银行成立 100 周年（1800—1900）纪念铜章

图 4-2　法国法兰西银行成立 100 周年（1800—1900）纪念银章

神的肌肤，令人不禁为这百年前法国登峰造极的雕刻艺术赞叹不已。

　　这两枚堪称艺术绝品的币章的雕刻者鲁迪，全名为路易斯·奥斯卡·鲁迪（Louis Oscar Roty，1846—1911），这两枚币章是他在 54 岁时雕刻的。鲁迪是新艺术运动时期法国最著名的币章雕刻家。在维基百科上留下记录及肖像的币章雕刻家凤毛麟角，但却有鲁迪的肖像，由此可见其不同凡响。鲁迪出生于巴黎，最初学习的是绘画和雕塑。

19世纪末，法国在币章艺术领域进行了大量的革新，鲁迪的老师在1867年设计的金属纪念币章上第一次去除了边沿，这使币章的图案和背景融为一个雕刻整体。受新艺术运动及老师的影响，鲁迪也参与了推动币章设计艺术的发展，尤其是鲁迪最先进行了方形章的创作，他用实践证明了在方寸金属币章上可以实现天才的艺术创作。鲁迪于1872年获得罗马大奖的二等奖，于1875年获得罗马大奖的一等奖。之后，他的创作生涯就迎来了一系列的辉煌，其中包括在1889年巴黎世博会上获得金奖。鲁迪于1888年成为法兰西艺术院的院士，1889年被授予法国荣誉军团勋章第四等勋章，1897年成为法兰西艺术院的院长。鲁迪设计了数以百计的艺术币章，他的作品在欧洲各个博物馆几乎随处可寻，今天人们常见的法国古邮票和银币上的播种女神就是由鲁迪设计的，前文提到的这两枚法兰西银行纪念币章的设计和雕刻，堪称他艺术生涯的巅峰之作。

军事天才拿破仑的金融实践

虽然法国人在艺术上的天赋与生俱来，但在金融方面却差得很多。早在1694年，英国就知道利用英格兰银行的政府融资平台建立起的强大海军大败法国，而法国在一败涂地后却依然找不到北。法国国王甚至没有想到效仿他国国王"耍无赖"，而是更多地开动纸币印刷机，通过通货膨胀获得金钱。法国不知道货币政策的妙用，也没有中央银行发行纸币或信用创造的手段。当战争急需用钱时，国王别无他法，唯有横征暴敛，同样的财政政策一用再用。1780年以后，法国财政收入的20%要用作债务利息支付，加上法国的税收制度不公平、社会不平等、新货币制度推行失败等诸多因素，人民的怒火终于喷发了。路易十六的头颅落地和法国大革命的恐怖专政，成就了拿破仑（如图4-3所示）的伟业。

然而，今人虽然熟知拿破仑是军事天才，却很少有人知道他在金融方面的成就。通过波旁王朝的失败原因，拿破仑深知金融对政治的重要性。他决定建立一家银行来恢复因1789年法国大革命而导致的混乱的货币流通秩序，帮助法国摆脱大革命带来的经济萧条。1800年1月18日，法兰西银行由时任第一执政官的拿破仑·波拿巴建立。银行成立的文件由拿破仑亲自签署——据说该签署文件还一直被珍藏至今，这标志着法国银行制度就此诞生。尽管当时银行资本尚未缴足，但法兰西银行还是如期开业了。1803年4月14日，法兰西银行收到了第一个正式官方许可，赋予它在巴黎享有独家纸币发行权15年。法兰西银行开业时的资本金为3 000万里弗尔，3年后重新规定为3 000万法郎。法郎的前身相应产生，其被称为"芽月法郎"，该名称源于法国革命时期使用了一段时间的特别公历制度。拿破仑在执政期间，又将法兰西银行的垄断权延长了13年，将该银行的资本金增加至5 000万法郎，后又增加至9 000万法郎。创立法兰西银行是拿破仑非常得意的一件事，但在法兰西银行成立之初，法兰西银行的机构和业务都集中在巴黎，在法国其他地方没有分行。因此，拿破仑一直坚持要求法兰西银行向法国各地（尤其是重要的工业城市）延伸分行。他认为，只要向巴黎以外提供

图4-3 拿破仑

更便宜的信贷，就能将法国从危机中解脱出来。拿破仑在访问法国各地时，经常走到一个地方就允诺在当地建立一个经营贴现业务的法兰西银行分行，作为他访问的纪念和成果。此外，拿破仑还经常与时任法国财政部长通信，兴趣盎然地询问有关银行业务的知识。不过，虽然拿破仑借助法兰西银行使他的战争获得了有力的资金支持，但是法兰西银行并没能挽救他短暂的执政期，拿破仑的失败证明了银行无力承担政治兴衰的重任，金钱不能抵挡枪炮的威力。直至今天，巴黎塞纳河旁法兰西银行的镀金穹顶和拿破仑的纪念碑一样，吸引着游客的关注目光。不过差别在于，法兰西银行至今仍在全球金融业中发挥着重要作用，而滑铁卢的地面上已经找不到拿破仑的战争痕迹了。

百年金融沧桑，留下了它的金属记忆。图4-4是1808年拿破仑登基4年后，为法兰西银行成立8周年发行的一枚银章。银章的一面，身着戎装、带着佩剑和盾牌的智慧女神及幸运女神正在向案台上倾倒着钱币，这不由得让人浮想联翩：倾囊而出的钱币难道是给

图4-4　法国法兰西银行成立8周年（1800—1808）纪念银章

拿破仑的战争之资吗？银章的另一面为法兰西银行的法文名称和成立期1800年的拉丁文字。这枚八边形银章，重24.8克，直径为36毫米。古银章凝结了200多年前的法国铸币技术，高浮雕的图案及细致入微的人物雕刻，令人赞叹。为拿破仑设计雕刻币章的当然不是等闲之辈，他是法国著名的雕刻家和章牌设计师兰贝尔·杜马莱斯（Rambert Dumarest，1760—1806），他还是法兰西艺术学院院士。

巴黎公社和法兰西银行的故事

图4-5是一枚于1871年发行的法兰西银行大铜章，重136克，直径为68毫米。铜章的一面呈现的是手持月桂草的女神安坐于宝座上，上方为法兰西银行的法文，铜章上有雕刻家J. P. Droz[1]的大名。

图4-5　法国法兰西银行巴黎公社起义纪念铜章

1　全名应为Jean-Pierre Droz，翻译为让-皮埃尔·德罗兹。

4 拿破仑亲手缔造的银行

铜章的另一面花瓣环绕,外圈文字为"捍卫法兰西银行",下方有1871年的字样。那一年就是巴黎公社起义的年份。

有趣的是,巴黎公社起义和失败与法兰西银行也有着不解之缘。1870年,普法战争爆发后,在民族存亡的危急时刻,法国资产阶级政府却采取了一系列措施对外卖国投降,对内反对无产阶级并预谋解除以工人为主体的国民自卫军武装。1871年3月18日凌晨,梯也尔政府派军队偷袭蒙马特尔高地的国民自卫军,遭到巴黎工人、市民和各阶层劳动者的迎头痛击,从而揭开了巴黎公社革命的序幕。当天,巴黎人民和国民自卫军便向市中心推进,占领了所有政府机关,夺取了政权。1871年3月26日,由人民普选产生的86名委员组成了公社委员会。同年3月28日,巴黎公社正式宣告成立,它是人类历史上第一个新型的无产阶级政权。但是,由于受历史局限性的制约和公社领导者主观的失误,以及没有一个以科学理论武装的无产阶级政党的领导,其未能建立起工农联盟,更没有在巴黎起义胜利后继续扩大战果,甚至没有没收仍在不断资助梯也尔政府逃亡的法兰西银行。因此,资产阶级反动政府勾结普鲁士当局对巴黎公社展开疯狂反扑。1871年5月28日,坚持了72天的巴黎公社革命失败了。马克思在巴黎公社失败后的第二天发表了名著《法兰西内战》,全面、深刻地总结了巴黎公社的经验教训,也指出巴黎公社失败的重要原因之一就是没有占领法兰西银行。

巴黎公社起义前的法兰西银行表面上是一家私人银行,实际上却执行着国家银行的职能。这家银行不仅在资金周转上控制或影响着法国大型企业,还办理小额业务,因此它与国民的关系十分密切,对法国社会、经济发挥着重大作用。然而,巴黎公社却没有认识到这一点。就在这短暂的两个多月时间里，梯也尔政府凭借对法兰西银行的控制，轻易筹到了20亿金法郎的巨款用于内战。也正是因为控制了法兰西银行，梯也尔政府向普鲁士承诺了50亿金法郎的巨额赔款，才得以换取"铁血宰相"遣返战俘的慷慨和保持"中立"的配合。当梯也尔政府正在肆无忌惮地利用法兰西银行，迅速为自己聚集起几乎整个法兰西的财富之时，巴黎公社的革命者们却浑然不知。于是，悲剧就这么不可避免地发生了。拿破仑和巴黎公社的正反案例教训似乎可以印证这样一句俗话："钱不是万能的，而没有钱是万万不能的。"

"银行"这个词，法国人心中之痛

英格兰银行成立后，法国也想"依样画葫芦"进行金融改革。当时，欧洲经济中心也开始变迁，从13世纪到18世纪，欧洲金融中心逐步从意大利向法国里昂转移，而后又向巴黎转移。法国最早的中央银行不是法兰西银行。早在1716年5月5日，法国国王路易十五及其摄政王就同意成立劳公司（Law Company），劳公司成立时的资本金为600万里弗尔，发行1 200股股票。劳公司后来改名为法国中央银行，1718年又改名为皇家银行。由于滥发纸币和参与"密西西比公司"的股票投机，1720年4月，金融泡沫破灭了，法国及其民众陷入了灭顶之灾。当时法国缺乏金融人才，故而相信引入的"洋外援"。在法国主导金融改革的很多是外国人，其中对法国金融改革影响最大的是苏格兰人约翰·劳（John Law），他是"货币理论家"，在法国创立了通用银行和其后身皇家银行，他也是"密西西比泡沫"的制造者，担任过法国财政部长，并主持了法国的金融改革。约翰·劳给法国造成了有着切肤之痛的伤害，金融泡沫破灭导致法国的银行和银行券事业倒退了1个多世纪，以致在今后很长的时间里，法国人伤心地不愿提及"Banque"（银行）这个词。当然，拿破仑毫无禁忌，1800年成立的法兰西银行就用了"Banque"一词作为名字（图4-6所示为1809年发行的法兰西银行纪念铜章），不过法国其他银行机构一般被称为Caisse（金库、钱柜）、d'Epargne（储蓄）、Crédit（信贷）、Société（公司、会社）及Comptoir（柜台）等。1875年，法国工业银行也使用了"银行"这个词。

图4-6　1809年发行的法国法兰西银行纪念铜章

19世纪上半叶，法兰西银行作为中央银行，其作用在法国金融领域并非处于核心位置，私人银行的影响力在很大程度上凌驾于法兰西银行之上，特别是罗斯柴尔德银行。这一状况直到1848年之后才有所改变，从1848年起，法兰西银行吞并9家省级发行银行，取得了在全国发行银行券的权利。法兰西银行最初是私人商业银行，随着活动范围的扩大和政府控制的加强，它一步一步地由私人商业银行转变为官方的中央银行。图4-7所示为1933年的法兰西银行大楼，1937年，该银行成为半官方金融机构，1945年12月2日被收归国有。1946年1月1日，法兰西银行完成国有化。1993年，国家通过立法强化了法兰西银行的独立性，保证法兰西银行在发行货币、维持货币政策的连续性和稳定性方面不受国家政治变化的影响，避免货币政策目标短期化。根据建立欧洲经济和货币联盟的《马斯特里赫特条约》，法国在1993年还修改法律，使法兰西银行于1994年成为独立的中央银行。1998年，法兰西银行加入欧洲中央银行体系，参与欧洲统一货币政策的制定和执行。随着欧元的问世，法兰西银行同欧元区其他成员国的中央银行一样，于1999年1月1日将其货币政策决策权移交欧洲中央银行。

图4-7　1933年法兰西银行大楼

图 4-8 是另一枚法兰西银行大铜章，重 152 克，直径为 68 毫米。铜章发行于 1950 年，为纪念法兰西银行成立 150 周年，那时的法兰西银行已经是一家真正的中央银行了。这枚铜章的一面也采用了 1808 年法国著名雕刻家兰贝尔·杜马莱斯设计雕刻的女神倾倒金币的图案。铜章的另一面为两位女神背靠背而坐，她们手持的工具蕴含着法兰西银行对工农业的支持，还有法兰西银行的法文及拉丁文"MDCCC—MCML"（1800—1950）。这枚铜章品相完好，大师设计雕刻之卓越、技艺之精湛，跃然"章"上。

图 4-8 法国法兰西银行成立 150 周年（1800—1950）纪念铜章

法兰西银行"寿命"最长的当家人

法兰西银行在成立时是一家私人股份银行，创立时共发行 182 500 股股份，每股的票面价值是 1 000 法郎。它虽然号称有 3 万多名股东，但只有最大的 200 名股东拥有投票权，他们才有资格选出 12 名董事会成员。这 200 名最大的股东大多拥有政治和经济权力，被称为法国最有影响力的"200家族",其中包括78名公司或机构股东,以及122名个人股东。据称拿破仑不仅推荐了一些人成为法兰西银行的股东,而且他的一些随从和亲戚也成为股东。在200名最大的股东中,如果详加分析,可以发现他们基本属于同一类人,即都来自控制着法兰西银行的44个主要家族。股东中的一些核心成员,系1799年秘密资助拿破仑"雾月政变"的瑞士银行家族。这些家族所拥有的席位是可以继承的,其中有三个家族的席位在100年间一直保持不变,它们是马利特(Mallet)、霍廷格(Hottinguer)和米腊博(Mirabaud)家族。这些银行家族在拿破仑上台之后,得到了慷慨的回报。经过70多年的苦心经营,马利特家族成为法国银行业的巨头。即便是在大革命时代,马利特家族的银行也照样营业。1799年,纪尧姆·马利特(Guillaume Mallet)和其他瑞士银行家族联手策划支持拿破仑发动雾月政变。拿破仑上台之后,纪尧姆·马利特被拿破仑封为男爵,占据法兰西银行董事会的第三把交椅,直到1826年去世。然后,他的儿子、孙子、重孙子继续坐在这把交椅上,直到1936年法兰西银行国有化。图4-9所示为1920年法兰西银行发行的债券。马利特家族是从头至尾参与法兰西银行董事会的唯一家族,时间长达136年之久。罗斯柴尔

图4-9　1920年法兰西银行发行的债券

德家族在 1800 年时就是法兰西银行的第三大股东。1855 年，阿尔方斯·罗斯柴尔德（Alphonse James de Rothschild）当选法兰西银行的董事长，罗斯柴尔德银行成为法兰西银行的最大股东。

法兰西银行在成立之初经历了一些困难，包括其黄金储备下降限制了银行票据赎回等。因此，拿破仑决定实施改革，赋予政府在法兰西银行管理方面更大的发言权。1806 年 4 月 22 日，拿破仑颁布了一项新的法律，该法律取代了法兰西银行管理委员会任命行长和副行长的权利，规定行长、副行长等 3 名管理者都要由皇帝任命。1808 年 1 月 16 日，拿破仑又使这一法律成为"基本法"。

在拿破仑宣布法兰西银行的行长要由官方任命的 3 天后，第一任行长上任了，他是伊曼纽尔·奎迪（Emmanuel Crétet），不过他仅出任了 1 年 4 个月的行长，离任后任法国的内政部长，他也是法国历史上最为"短命"的法兰西银行行长。图 4-10 所示的这枚铜章是为另一位法

图 4-10　法国法兰西银行行长乔治·帕莱恩纪念铜章

兰西银行行长专门发行的铜章，这位行长是法兰西银行成立120年来产生的30位行长中任职时间最长的行长。该枚1920年发行的长方形大铜章很罕见，尺寸为64毫米×44毫米，重74.4克。铜章的一面是时任行长乔治·帕莱恩（Georges Pallain）的头像，头像周围是"法兰西银行行长乔治·帕莱恩"的法文和任职期的拉丁文，下方为"法兰西银行员工向其致敬"的法文以及他的任职期（1898—1920）。铜章的另一面是两位女神在书房内，其中一位在书写，另一位手执萱草和法兰西国旗，下方是乔治·帕莱恩行长的语录，内容是："无论是和平还是战争时期，法兰西银行始终服务于各阶层，为法国的繁荣和伟大做出贡献"。在任职期内，乔治·帕莱恩放松了法兰西银行的分支机构的增设，这使从拿破仑时代开始政府要求法兰西银行分支机构增设而多位前任行长消极对抗的矛盾得以缓解，他也放弃了法兰西银行一直坚持但在整个19世纪始终有争议的要求商业承兑汇票上要有第三方签字的做法。因此，《西欧金融史》一书中写道："有人称乔治·帕莱恩为19世纪法兰西银行14位行长中第二优秀的人。"但从历史的角度来看，由于拿破仑的设置分行偏好和19世纪法国历届政府对银行的干预，也因乔治·帕莱恩坚持不够，法国形成了一个拥有庞大分行机构的中央银行体系（图4-11所示为1889年法兰西银行用马车运送黄金的版画）。到了1966年，法兰西银行仍有260家分支机构。这给后任行长实施机构精简带来了诸多麻烦，因为他们削减分支机构的种种努力，总是遭到法国银行工会的阻扰。

值得一提的是，此枚长方形铜章的雕刻师是大名鼎鼎的阿贝尔·拉弗勒（Abel Lafleur，1875—1953）。阿贝尔·拉弗勒出生于法国西南部的比利牛斯地区，他曾就读于巴黎高等美术学院，毕业后多次获奖。在制作这枚铜章的同一年，他获得等级骑士的荣誉勋章。当然，令他声名大振的还是他曾雕塑、设计及制作了国际足联世界杯奖杯。该奖杯也称雷米特杯，高35厘米，重3.8千克，纯银镀金，并有天青石蓝色底座，在奖杯底层的四边有金板用于书写获奖者的名字。雷米特杯金光耀眼，举世瞩目，铸就了一段段风起云涌的绿茵传奇。

图4-11　1889年法兰西银行用马车运送黄金的版画

5

以色列银行体系中的『工农中建』

以色列四大银行币章欣赏

Together in harmony כאיש אחד בלב אחד
CINQUANTE FIFTY חמישים
FÜNFZIG CINQUENTA
ПЯТЬДЕСЯТ
50
1948-1998 תש״ח-תשנ״ח

—5 以色列银行体系中的"工农中建"

经常听到关于银行"垄断"的话题,其焦点就是少数银行资产规模太大,不利于银行业的发展。例如,中国银行业中的"工农中建"四大银行,常引发世人的争议。

多年前,我曾与一位经济学家讨论过银行规模庞大是否涉嫌"垄断"的问题。他坦言对此也曾有过疑惑,并接受国际金融组织的委托,对有关国家银行业垄断与竞争的情况进行调查。譬如,他去了加拿大,发现那里也有与中国的四大银行类似的五大银行——加拿大皇家银行、多伦多道明金融集团、加拿大丰业银行、蒙特利尔银行和加拿大帝国商业银行,其总资产占加拿大银行业总资产的 90% 以上。经过调研和思考,他发现尽管世界各国的银行业资产集中于少数几家大银行的现象比较普遍,但这些银行之间的竞争模式还是相对充分和有效的,也是有利于金融业正常运行的。此后,我也一直比较关注这个课题,下面列举 2010 年一些国外银行业中前 4 家商业银行的资产占全国银行业总资产的比例:美国前 4 家银行占比 42%,日本前 4 家银行占比 53.7%,意大利前 4 家银行占比 51.8%,德国前 4 家银行占比 41.7%,西班牙前 4 家银行占比 61.2%,英国前 4 家银行占比 49.5%,葡萄牙前 4 家银行占比 61.3%,新西兰前 4 家银行占比 57.7%。在新兴市场国家中，少数国家的银行总资产占比较高，比如南非前4家银行的总资产占比达85%。但银行总资产占比更高的还要数以色列，其前4家银行的总资产占比在90%以上。

以色列实行银行导向的金融体制，全能银行居于金融市场的主导地位。以色列共有23家商业银行、3家外国银行分支机构、2家商人银行、8家抵押银行、1家投资金融银行、6家金融机构和2家联合服务公司。其中有4家主要的银行集团：工人银行（Bank Hapoalim）、国民银行（Bank Leumi）、贴现银行（Discount Bank）、米拉特和银行（Mizrahi Tefahot Bank）。我有幸收集到了上述四家银行的纪念章，容我慢慢道来。

以色列工人银行——咱们工人有力量

图5-1是一枚以色列最大的银行——以色列工人银行为庆祝以色列建国40周年于1988年发行的铜章。铜章重41克，直径为45毫米。铜章的图案反映了工人银行服务于以色列的工农业、交通和城市建设的情况，特色鲜明，一目了然。

以色列工人银行是以色列总工会自办的金融机构。以色列总工会的前身为犹太工人总工会，成立于1920年。犹太工人总工会是以色列最大的社会经济组织，与基布兹（集体农业社团）和国防军并列为以色列的三大支柱。以色列工人运动形成了一个由犹太人自己履行一切经济职能和组织职能的社会，犹太工人总工会成为移民发展的动力之一，它为希伯来语的复活传播、犹太学校的建立、犹太专业技术人员的培养以及以色列建国奠定了基础。犹太工人总工会创立的哈加

图 5-1　以色列工人银行庆祝以色列建国 40 周年（1948—1988）纪念铜章

纳，成为以色列建国后国防军的主干力量。

　　1921 年 11 月 20 日，以色列总工会、以色列工会代表大会和世界犹太复国主义组织创立了工人银行，银行建立在总工会财务部门的基础上。当时，该银行的性质好比工人信用社。不过，银行成立后备受冷落。1921 年，工人银行前往美国招股，仅筹得资本 35 000 美元，为原定目标的 14%，因为富有的美国犹太人感兴趣的是犹太复国，而不是工人运动。1925 年，工人银行脱离以色列复国主义组织，成为以色列总工会所属的银行。20 世纪 30 年代，受希特勒和反犹太主义的迫害，大量犹太移民涌入巴勒斯坦，其中许多人身无分文，工人银行则给予新移民小额贷款。随着犹太移民总人口的增长，犹太工人总工会迅速发展。在犹太工人中，加入犹太工人总工会的人数在 20 世纪 20 年代初仅占 50%，而到 1939 年已达到三分之二。随着犹太人在巴勒斯坦的人口大增和资本流入,银行业市场十分繁荣,但工人银行还是专注为工会的农业、工业和商业企业提供廉价信贷。正所谓投桃报李,在其后的银行业危机中,工人的帮助也使工人银行摆脱了危机。第二次世界大战后,工人银行的业务得到了较快的发展。1948年5月14日,以色列建国,工人银行忙于为羽翼未丰的新政府和各产业提供投资与融资,以及解决交通航运方面的困难,俨然成为以色列经济中的主角。1950—1961年,工人银行先后三次合并了以色列的工人储蓄和贷款社,这给它带来了大量的客户和业务。工人银行成为以色列最大的三家银行之一,之后一举超越了国民银行,成为以色列最大的银行。1971年起,工人银行开始向海外扩展,成为一家国际性银行。2011年,以色列工人银行按一级资本排在全球银行业第135位,总资产达904亿美元。图5-2所示为以色列工人银行重建耶路撒冷城纪念铜章。

由于生存环境、历史遭际及文化习俗的不同,不同民族对群体的概念有着不同的领悟与感受。从公元前135年暴虐的罗马军团血洗犹太圣殿到1948年以色列在炮火中诞生,犹太人的历史充满了灾难。这个饱经离散之苦的民族,比其他民族更为真切地体会到"一根筷子易折,十根筷子难断"的道理,集体主义成为犹太人求生存与保发展的传世之宝,成为他们"文化疆界"的基本内涵,也成为犹太民族凝聚力的集中体现。工会成了群体的载体,工会运动演变为一种综合的社会和文化力量,从工人银行的诞生和发展就可见以色列工会组织的强大。以色列工会还拥有许多企业,这些企业被统称为准国有企业。工会联盟的准国有企业共有1 100家之多,经营范围包括工业、建筑、交通、金融、商业和社会服务行业等。1987年,工会联盟企业及其附属

图 5-2　以色列工人银行重建耶路撒冷城纪念铜章

企业所雇用的工人人数占全国总劳动力的 18%，创造了以色列国民生产总值的 21%。1988 年，工会联盟控制了全国 50 家最大企业中的 12 家，这 12 家企业雇用的工人人数占 50 家最大企业工人总数的 24%。

以色列国民银行——复国主义运动的钱箱

如图 5-3 所示，以色列国民银行的这枚铜章系 1977 年该银行成立 75 周年时由以色列政府币章公司发行的，铜章重 96 克，直径为 59 毫米。铜章的一面是以色列钱币图案及"诚信于家庭和国家"的以色列文和英文；另一面可见银行的徽记及"国民银行"的希伯来文、英文，上端还有"1902—1977""银行建立 75 周年"等字样。图 5-4 所示为以色列国民银行成立 100 周年（1902—2002）纪念铜章。

以色列国民银行在以色列银行中排行第二，该银行 1902 年成立于伦敦，原名为盎格鲁-巴勒斯坦公司（Anglo-Palestine Company）。

图 5-3 以色列国民银行成立 75 周年（1902—1977）纪念铜章

图 5-4 以色列国民银行成立 100 周年（1902—2002）纪念铜章

2010 年年末，该银行总资产达 924 亿美元，略高于工人银行。但按一级资本排列，则低于工人银行。以色列国民银行系以色列国民银行集团的核心成员，集团还包括 2 家商业银行、1 家商人银行、1 家抵押银行、1 家投资金融银行和 1 家金融机构。该银行现拥有 300 余家分支机构。

以色列国民银行的建立和发展，与犹太复国主义运动密不可分。

犹太复国主义又称锡安主义，是指犹太民族复国还乡的思想。犹太复国主义即"zionism"，此词的词根为"zion"，意为锡安山。锡安山位于耶路撒冷，希伯来先知们把它作为耶路撒冷城的精神象征与别称，传递了犹太人对故土耶路撒冷的怀恋之情及回归之愿。

犹太复国主义运动是19世纪末在欧美等地掀起的犹太民族复兴运动，其最终目标是在犹太人的古代故乡巴勒斯坦，重建一个犹太人自主的民族国家。纵观犹太复国主义运动百年的发展历程，"犹太复国"从一个虚无缥缈的梦想如愿变为现实，乃至以色列国民银行的诞生，都归功于政治犹太复国主义的创始人西奥多·赫茨尔（Theodor Herzl，1860—1904，见图5-5）。1896年，他发表了一本小册子《犹太国》，提出用政治手段解决犹太问题。赫茨尔的《犹太国》可谓现代犹太复国主义诞生的标志。1897年，他又发表了一篇题为《犹太殖民信托》的文章，这也成为现代以色列银行业诞生的标志。赫茨尔在文章中提出，犹太复国主义运动需要自己的金融机构来支持在巴勒斯坦的犹太定居者。1897年，他在巴塞尔召集的第一次犹太复国主义大会上宣布了"犹太复国主义的目的是在巴勒斯坦为犹太人民创建一个受公共法律保障的家园"。次年，在第二次大会上他提出了创立一个在伦敦注册登记的银行——犹太殖民信托公司，将其作为犹太复国运动的金融机构。尽管富有的犹太人没

图 5-5　西奥多·赫茨尔

有支持赫茨尔的想法，但他还是从热心的14万名支持者中募集了25万英镑，如愿成立了犹太殖民信托公司。1902年2月27日，犹太殖民信托公司的子银行盎格鲁-巴勒斯坦公司在伦敦建立，后又两次更名，直至被称作国民银行。该银行的初始资本为5万英镑，银行的首任董事会主席为大卫·沃尔夫森（David Wolffsohn），他是继赫茨尔后犹太复国主义运动的领袖，也曾是犹太殖民信托公司的首任总裁。1901年，隶属犹太殖民信托公司的犹太国民基金会成立，开始在巴勒斯坦购置作为犹太人移居的土地。1903年，该银行在巴勒斯坦设立办事处，到1914年，分支机构发展到5家，从事的业务主要是商业银行短期融资等。

如同赫茨尔所愿，这家银行被外界称为"移民者银行"。该银行支持犹太移民发展经济，并在第一次世界大战后参与了巴勒斯坦的所有主要经济项目。到1945年，这家银行拥有大约一半的巴勒斯坦银行存款，一度成为以色列最大的银行。该银行的发展与移民所带进的资本密切相关，据统计，两次世界大战期间，犹太人将约1.25亿英镑带进巴勒斯坦，其中约有五分之一是海外犹太人团体的自愿捐赠，供犹太复国主义公共机构，特别是供土地基金会和犹太国民基金会自由支配。这些慈善捐款的最大部分来自美国和其他英语国家的犹太人。

1948年，以色列独立建国后百废待兴，并没有自己的货币，以色列人只能尴尬地使用英镑作为国内货币。当时，由于盎格鲁-巴勒斯坦公司成为新政府唯一的银行和金融中介机构，在1954年以色列中央银行成立之前，该行被特许授权印制以色列独立后的早期货币，并任政府财政代理。为摆脱盎格鲁-巴勒斯坦公司是一家英国公司的尴尬局面，以色列国民银行（Leumi Le'Israel）于1950年在特拉维夫成立，并于 1951 年接受并承担了前者的全部资产和债务。1954 年 8 月 24 日，以色列中央银行成立，标志着国民银行跨入商业银行历史新阶段，恢复了其正常的商业银行业务。这与 1984 年 1 月 1 日中国工商银行从中国人民银行中分离出来，工商银行独立行使商业银行职能的情况相似。自此，以色列国民银行得到了快速发展，分行数从 1954 年的 14 家剧增至 1975 年的 307 家，部分原因是收购了其他银行和信贷合作社，包括以色列联合银行（Union Bank of Israel）、阿拉伯和以色列银行（Arab Israel Bank）、银行人民基金（Bank Kupat-Am）。该银行的国际化程度也很高，其在欧洲、北美、拉美、澳大利亚、南非和中国香港地区设有 40 家分支机构。不过，还是"工人阶级有力量"，以色列国民银行作为最大的商业银行的地位，后来被以色列工人银行取代。

以色列贴现银行——莱昂·雷卡纳蒂家族梦想的终结

我们再来看一枚为纪念以色列贴现银行成立 50 周年而发行的大铜章（如图 5-6 所示）。铜章重 98 克，直径为 50 毫米。铜章的一面是以色列贴现银行的创始人莱昂·雷卡纳蒂（Leon Recanati，1890—1945）的头像及相关英文和希伯来文，另一面是以色列城市、硬币、贴现银行名称及时间（1935—1985）等元素。

以色列贴现银行创始人莱昂·雷卡纳蒂曾是希腊萨洛尼卡犹太社团的主席，也是希腊犹太复国运动的主席。他从希腊移民到巴勒斯坦后，与其他两位合伙人于 1935 年 4 月 5 日在特拉维夫创立以色列贴

图 5-6　以色列贴现银行成立 50 周年（1935—1985）纪念铜章

现银行的前身——Eretz Yisrael[1] 贴现银行。这家刚成立的银行强调对私人客户服务。因为其深知，大批新移民和亟待重振的经济需要金融助力。经过艰辛发展，这家银行的业务很快开始腾飞，它抓紧增设分行，收购了 2 家中型银行，并提出了为中小企业服务的经营方针。不幸的是，当它在 1945 年日益发展并成为当时以色列第三大银行时，55 岁的创始人莱昂·雷卡纳蒂撒手人寰。他 26 岁的儿子哈利·雷卡纳蒂（Harry Recanati）子承父业，担任贴现银行行长。这位年轻的行长已经跟随父亲在银行工作了 8 年，他将银行的业务发展带入了一个新的阶段。1952 年，这家银行更名为以色列贴现银行，跃居以色列第二大银行。随后，贴现银行逐步推进海外战略，在国外设立分行，公开上市。此后，哈利又邀请他年轻的弟弟丹尼尔·雷卡纳蒂（Daniel Recanati）加入贴现银行，并任命他的另一位弟弟拉斐尔·雷卡纳蒂（Raphael Recanati）担任该银行在纽约机构的负责人。

1　"Eretz Yisrael" 的意思是 "以色列的土地"。

或许是感应到了某种预兆，哈利于1969年告别了以色列贴现银行，之后经营着法国和瑞士的两家小银行，最终功成身退，渐渐成为一位收藏家，过上了闲云野鹤的生活，之后寿终正寝。而他的两位弟弟丹尼尔和拉斐尔，背离了父亲和哥哥经营银行的谨慎原则，过度扩张，导致资本不足，还违规大量交易该银行股票，给银行及投资者造成巨大损失。为防止给以色列银行体系带来危机，1983年，以色列政府花费20亿美元接管了这家银行。拉斐尔·雷卡纳蒂被银行扫地出门，并被起诉罚款，但因其年事已高、身体不佳而幸免被判入狱。至此，莱昂·雷卡纳蒂家族建立以色列一流银行的梦想，终成泡影。

如今，以色列贴现银行稳居以色列第三，2010年年末总资产为523亿美元，在本土及欧美设有260多家分支机构。值得一提的是，中国国家开发银行曾与以色列贴现银行共同出资3.5亿美元，建立了华亿创业投资基金。

米拉特和银行——以色列最大的按揭银行

在我收藏的金属币章里，还有一枚由米拉特和银行（Bank Mizrahi-Tefahot）的前身——以色列联合密兹拉银行（Israel United Mizrahi Bank）在其成立50周年（1923—1973）时发行的纪念铜章（如图5-7所示）。近观细赏，它很有意思。铜章的一面中间有一座七烛台。《圣经》中记载，首座七烛台由以色列匠人比撒列（Bezalel）用黄金锤打而成。七烛台代表一周七天，中间一枝代表安息日，其他六枝代表上帝创造天地的六天。此图案自古以来就是犹太教的徽号，之后又成为以色列国徽的中心图案。铜章的另一面铸有"50周年纪

图 5-7　以色列联合密兹拉银行成立 50 周年（1923—1973）纪念铜章

念"字样，以及绿叶图案、联合密兹拉银行名称的希伯来文和英文。

密兹拉银行的成立与犹太复国主义的密兹拉运动有关。密兹拉运动组织在 1902 年成立于维尔纳。早在 1923 年 6 月 6 日，密兹拉银行就已破土而出。但不知为何，直至 1924 年 5 月 13 日，该银行才正式开业并得到营业执照，银行的职能也是服务于新移民的需求。1969 年，密兹拉银行收购哈密兹拉银行（Hopoel Hamizrahi Bank）后，更名为联合密兹拉银行（又称联合东方银行，因为密兹拉在希伯来语中意为东方）。1983 年，以色列遭遇金融危机，联合密兹拉银行的股份被以色列政府收购，1995—1997 年又被政府出售转为私营。2004 年，联合密兹拉银行并购以色列特和银行（Tefahot Israel Mortgage Bank，以色列最大的一家抵押银行），于 2005 年 11 月 7 日更名为米拉特和银行，并沿用至今。收购的成功使该银行占据了以色列抵押贷款市场份额的三分之一。米拉特和银行目前是以色列第四大银行，2010 年年末总资产为 375 亿美元，拥有 166 家分支机构。

图 5-8 是 1998 年联合密兹拉银行为纪念银行创建 75 周年（1923—

1998）和以色列建国 50 周年（1948—1998）发行的大铜章。铜章中间的立体小六芒星可以转动，十分奇特。

图 5-8　以色列联合密兹拉银行成立 75 周年（1923—1998）
和以色列建国 50 周年（1948—1998）纪念铜章

图5-9是以色列特和银行的铜章,重39克,直径为45毫米,其发行日期应该是在2005年该银行被收购并更名之前。铜章的一面是以色列的古城,上方有希伯来语"搬迁至耶路撒冷",另一面是特和银行大楼外景。

图5-9 以色列特和银行纪念铜章

夜阑卧听风吹雨——改变中的以色列银行体系

与许多发展中国家一样,以色列曾建立一种以国家干预为核心的经济体制,直到 20 世纪 90 年代,以色列国家拥有重要行业的净资产比例在 80%~100%。政府通过控股公司或以股东身份拥有金融企业并主导价格,为相关企业或机构提供价格补贴,同时严格管制金融。虽然特拉维夫证券交易所成立于 1950 年,但是直到 20 世纪 70 年代,其主要交易品种还是政府债券,股票交易量非常少,且所有长期社会储蓄资金,特别是机构退休金储蓄、养老基金、人寿保险基金等,必须投资于政府债券,政府决定银行高管的任免,干预银行业务,决定信贷的投向及条件,实行信贷配给或定向贷款(1977—1987 年约三分之一的短期银行贷款是定向信贷),规定银行利率及收费标准等。以色列法定存款准备金率一度高达 60%~80%。政府统包解决国有企业资金问题,商业银行定向信贷无须按商业原则操作,并不考虑企业的经营和偿债风险。这种政府过度干预的做法严重扭曲了资源配置机制,成为经济增长的桎梏,损害长期社会福利,影响了经济增长的可持续性,也增大了银行体系风险。

20 世纪 70 年代后,以色列经济逐渐滑坡,爆发了严重通货膨胀。1950—1953 年,以色列通货膨胀率平均为 26%;1959—1972 年为 36.2%;1977—1983 年,通货膨胀率超过三位数。1983 年 10 月,由于恶性通货膨胀的影响,市场预期谢克尔(以色列法定货币)将贬值,公众大量抛售银行股票,造成银行股票价格大幅度下跌,不良资产率急剧上升,银行业危机爆发。加之四家大银行的资产占以色列商业银行总资产的 90% 以上,它们几乎是所有非银行金融机构的主要股东，以色列的经济形势因此更加恶化。为挽救银行，稳定金融局势，同时也迫于银行股东的压力，1983年以色列政府大量购买商业银行的股票，从而成为四大商业银行（工人银行、国民银行、贴现银行和联合密兹拉银行）的主要股东，实现了对这四家商业银行的国有化。然而，危机还在延续，1984年以色列通货膨胀率达到444.9%，经济增长率仅为2.8%。

为了应对银行危机和经济形势恶化的挑战，1985年以色列政府宣布实施"经济稳定工程"，拉开了以色列经济金融改革的序幕。以色列金融经过了从金融抑制到金融深化的发展过程，其中包括禁止政府向中央银行借款来弥补赤字，完善银行业监管法律和制度，要求商业银行准备金降到平均10%以下，实现汇率自由化，彻底取消外汇管制，货币谢克尔成为完全可兑换货币，放松信贷管制，将定向贷款占比从最高峰1985年的68.4%降至1996年的3.5%，并逐步实现银行私有化。

以色列银行的私有化风云变幻。20世纪90年代末，银行开始大规模兼并和私有化。1997—1998年，以色列政府出售工人银行43%的股份，出售联合密兹拉银行25%的股份；1998年，出售国民银行8亿谢克尔的股权；2004年，将贴现银行私有化；2010年，再出售11.69%的贴现银行股份给花旗银行。政府决心退出在银行业的持股，至2002年，以色列政府已经减持国民银行42%的股份。据称，国民银行的民营化是以色列最成功的民营化案例之一，为国有财产带来破纪录的利益。

不过，以色列银行私有化也带来了一些小插曲。2006年10月，以色列警方就国民银行私有化案件对时任总理埃胡德·奥尔默特

（Ehud Olmert）展开刑事调查，称其在 2005 年担任以色列代理财政部长期间，试图帮助他的朋友澳大利亚地产大亨弗兰克·洛伊（Frank Lowy）收购国民银行。不过该指控没有成功，因为国民银行最终出售了 9.99% 的股份给一家与上述指控没有任何关系的美国投资公司，这也成为以色列有史以来最大的一宗银行私有化交易。2006 年 1 月 4 日上午，以色列总理阿里埃勒·沙龙（Ariel Sharon）出席了为国民银行这场出售交易举办的庆贺仪式（如图 5-10 所示）。可悲的是，这却成为他的最后一次公开露面，他在当天突患中风紧急入院，后因病重无奈地挥别了他的政治生涯。

图 5-10　以色列总理阿里埃勒·沙龙接受国民银行捐款

6

波士顿银行的前世今生

由币章讲述波士顿银行的历史及其与中国的渊源

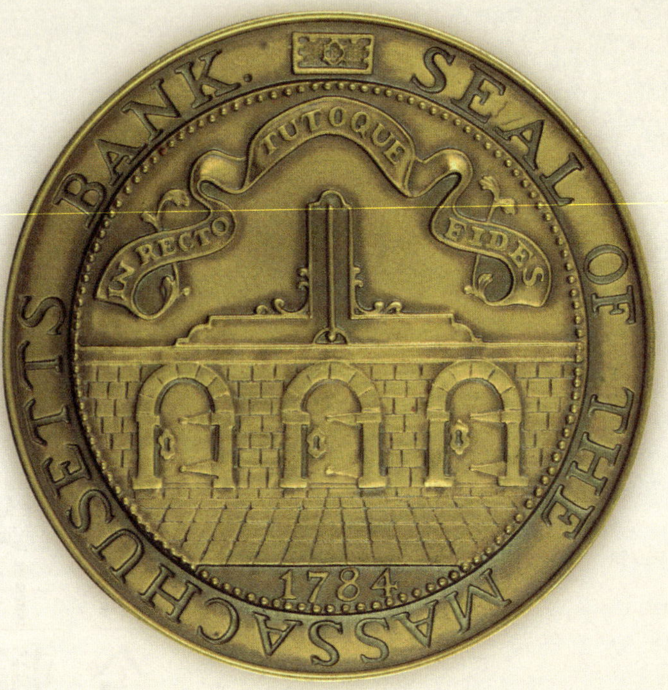
SEAL OF THE MASSACHUSETTS BANK.
IN RECTO TUTOQUE FIDES
1784

—6 波士顿银行的前世今生

俗话说,"一山难容二虎",但图 6-1 所示这枚大铜章的正背两面竟然是不一样的银行名称和图案,真是令人啧啧称奇!且看铜章的一面,外圈为马萨诸塞州银行印章的英文,银行古建筑上方的飘带上有体现银行宗旨"诚实信任"的拉丁文字样,古建筑的下方是银行的创立年份 1784 年。铜章另一面的外圈却是波士顿银行成立

图 6-1 美国波士顿银行成立 200 周年(1784—1984)纪念铜章

200周年（1784—1984）的英文，中部呈现出一个凸起的地球仪，表明了波士顿银行的国际性，地球仪椭圆框中是波士顿银行的老鹰徽标及创立年份（1784年）。这枚精美的大铜章重207克，直径为76毫米，由美国著名的麦达里克艺术公司于1984年设计并发行。

然而，在耐心读过一些银行史料后，我逐渐解开疑惑：原来这两个银行名称是指同一家银行，在超过200年的漫长历史中，它曾有过许多名字。1984年，铜章发行时，该银行的名称为"波士顿银行"，而铜章的另一面是该银行1784年诞生时的名字"马萨诸塞州银行"。在铜章揭示的历史信息之外，鲜为人知的故事还有很多：这是一家在200多年前就与中国建立航运关系的银行，而最终又因被购并与中国的银行建立了密切关系；这是一家在200多年中经历了几十次收购兼并的银行，兼并中涉及瑞士信贷、美国银行、中国工商银行等全球重要银行。通过对这家银行200多年购并史的深入了解，我还诧异地发现，中国和外国的银行间竟然存在着如此错综复杂的联系，而且这家银行在弱肉强食的金融业"丛林"中，曾多次吞并弱者，又多次被强者吞食，它的历史就是一部生动的银行购并史。这家银行从贸易起步，最早在美洲设立，并成功推进了南北美洲的贸易，最终它又在与美洲、亚洲和非洲的贸易与金融合作中发挥了重要的作用。我们从美国波士顿银行这家古老银行1784年的历史起点出发，寻根探源，溯流寻觅其历史主流和各条支流，竟然能发掘出诸多尘封多时、一度轰轰烈烈的金融历史传奇。

美国最古老的银行——马萨诸塞州银行

波士顿是美国东部的一个港口城市,属于马萨诸塞州,最早的欧洲移民搭乘"五月花号"船从这里登上美洲大陆,著名的哈佛大学也坐落于此。波士顿银行的历史可以追溯到 1784 年 1 月的第一个周四,它的前身马萨诸塞州银行(The Massachusetts Bank)于当天成立。尽管有几家美国商业银行的成立日号称早于马萨诸塞州银行,如北美银行、纽约银行,但马萨诸塞州银行被认为是根据美国联邦特许批准的美国第一家股份制国有银行,并且是第二家根据美国宪法成立的银行。银行的首任行长詹姆斯·鲍登(James Bowdoin)后来也曾任马萨诸塞州州长。银行的章程由约翰·汉考克(John Hancock)签署,他是《美国独立宣言》的第一个签署人,时任马萨诸塞州州长。最早在该银行开户的名人有著名革命家及银匠保罗·里维尔(Paul Revere)、美国开国元勋之一、曾任马萨诸塞州州长的塞缪尔·亚当斯(Samuel Adams)和美国将军亨利·诺克斯(Henry Knox)等。这家银行的创始人大多是美国东部的制造商,与外国有大量的贸易往来,他们的共同愿望是通过一家美国的银行汇款结算来替代英国的银行。马萨诸塞州银行正式的开业时间是当年的 7 月 5 日,当时的营业资本是 30 万美元,它是波士顿市当时唯一的一家银行。1784 年马萨诸塞州银行的版画如图 6-2 所示。

1784 年前后,由于在独立战争中举借了大量债务,刚刚成立的美国邦联政府国库空虚,财政金融处于十分困难的境地。正所谓"穷则思变",为摆脱这种困境,美国政府决定大力发展经济。但是,当时的英国为了报复美国,取消了对北美地区原 13 个殖民地的一切贸易优

图 6-2　1784 年马萨诸塞州银行的版画

惠。鉴于英国的势力，大多数国家也不愿意与美国接近，美国与欧洲的贸易变得困难重重。于是，美国把目光投向了东方的中国。1783 年 12 月，美国第一艘单桅帆船"哈里特号"满载货物自波士顿港出发，准备驶往中国。但碍于航程艰险，"哈里特号"在好望角与英国商人交换了一船茶叶后匆匆返航。首航中国的桂冠被 1784 年 2 月 22 日从美国费城出发的"中国皇后号"摘取。一年多之后的 1785 年 12 月下旬，马萨诸塞州银行资助了该州第一个美国贸易商团前往中国，这艘排水量为 84 吨的"土耳其皇帝号"满载美国土特产漂洋过海，于 1786 年初到达广州，成为第一艘到达广州港的来自马萨诸塞州塞勒姆市的船只。自此以后，马萨诸塞州银行与中国的贸易关系越来越紧密。1791 年，马萨诸塞州银行又资助了美国军舰至阿根廷的第一次航行，建立了与阿根廷及拉丁美洲的商贸联系。这也为马萨诸塞州银行在百年之后的 1917 年于阿根廷开业以及之后成为美国在拉丁美洲的最大外资银行奠定了基础。日月蹉跎，斗转星移。谁能想到，90 多年后,原阿根廷波士顿银行又被中国工商银行收购。

话题回到 1864 年,马萨诸塞州银行改名为马萨诸塞州国民银行。1903 年,马萨诸塞州国民银行和波士顿第一国民银行合并。且说波士顿第一国民银行,其成立于 1859 年,起初名称为安全基金银行(Safety Fund Bank),开业时资本金仅为 60 万美元。首任行长亚伯拉罕·汤普森·洛威(Abraham Thompson Lowe)是个医学博士,他出生于 1786 年 8 月 15 日,任职 22 年,直到 88 岁才退休。1864 年,安全基金银行加入美国国民银行系统,并改名为波士顿第一国民银行。1903 年,其与马萨诸塞州国民银行合并后更名为马萨诸塞州波士顿第一国民银行。1904 年,该银行删繁就简,去除了马萨诸塞州名,银行名称改为第一国民波士顿银行。

梦想开始启航——第一国民波士顿银行

第一国民波士顿银行在合并改名后的次年又收购了救赎国民银行(National Bank of Redemption),其银行资本金陡然增至 200 万美元。第一国民波士顿银行开始乘风启航,尤为值得关注的是其经历的两次重要的业务扩展和分离。

先说第一桩。1917 年 12 月 24 日,第一国民波士顿银行在阿根廷布宜诺斯艾利斯开设了分行,即阿根廷波士顿银行,1924 年在该市建造了标志性的银行办公大楼(如图 6-3 所示)。当时,阿根廷经济十分繁荣,第一国民波士顿银行成为阿根廷最重要的外资银行,有着广泛的社会影响力。其分支网络从阿根廷一直延伸至巴西和乌拉圭。图 6-4 所示的这枚大铜章系为纪念第一国民波士顿银行在布宜诺斯艾利斯分行成立50周年而发行的。大铜章制作精美,上面环绕一周的文字是"第一国民波士顿银行,1917—1967年7月"及"布宜诺斯艾利斯分行";正中的雄鹰爪下踩着椭圆形帆船图,两端缀以橄榄枝和箭矢,反映了马萨诸塞州银行资助美国军舰阿根廷首航之举。铜章重195克,直径为70毫米。此铜章发行至今已有50年,其间,第一国民波士顿银行多次易主,而它的名称也已湮没于历史长河里,但这枚难得的大铜章却为第一国民波士顿银行曾经驻足拉丁美洲的辉煌历史留下了无法磨灭的金属记忆。

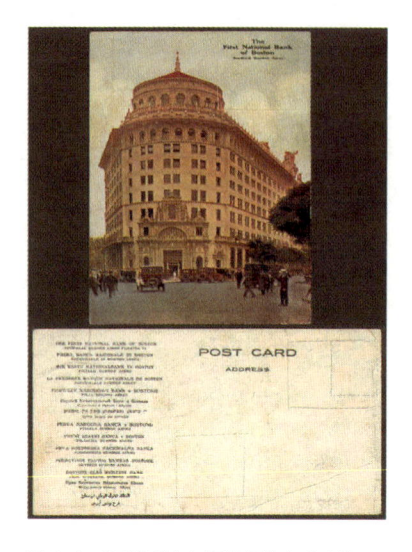

图6-3　阿根廷波士顿银行的办公大楼老明信片

再说第二桩。当时,第一国民波士顿银行十分热衷于投资银行和证券领域。尽管1929年美国爆发了金融危机,该行还是逆势收购了1928年成立的旧殖民信托公司(Old Colony Trust Company),迅速扩大了该行的证券业务。但是,"人算不如天算",1933年美国《格拉斯-斯蒂格尔法案》出台,规定商业银行不得从事投资银行业务和证券业务。于是,第一国民波士顿银行被迫分离了它的投资银行业务和证券业务,并为此成立了第一波士顿公司。这家公司在以后的岁月里又将掀起一场金融兼并波澜。

第一国民波士顿银行是美国最老的垄断财团之一的波士顿财团(Boston Financial Group)的核心成员。波士顿财团则是马萨诸塞州和新英格兰北部工业区的金融资本集团。波士顿地区的几个英国移民后裔，包括洛威尔、劳伦斯、亚当斯和洛奇等家族，因19世纪经营奴隶贸易而致富。几个家族同新兴的肯尼迪家族联合，将从海外殖民地贸易中积累起来的巨额资金投资于商业银行、保险事业和投资公司，并依靠这些金融机构，经营纺织、制革、制鞋、服装、食品和化工等轻纺工业。从20世纪50年代起，波士顿财团利用麻省理工学院的科研成果发展新兴技术工业，从轻纺工业转向电子、光学、导弹等方面，成为拥有70多家子公司的多样化公司。它既制造航空和宇航产品、电子部件、飞机部件，又经营钟表发条、家具和家禽等行业。它的子公司贝尔宜升飞机公司是一家军火出口商，为五角大楼制造直升机并出口国外。波士顿财团在发展新兴技术工业方面具有优越的技术力量，它有效地运用哈佛大学、麻省理工学院等著名学府的科研成果，有力地推动了波士顿地区尖端工业的发展。在政治上，波士顿财团与肯尼迪家族有着密切的关系。约瑟夫·P.肯尼迪是肯尼迪家族的缔造者，曾担任过波士顿

图6-4 第一国民波士顿银行布宜诺斯艾利斯分行（阿根廷波士顿银行）成立50周年（1917—1967）纪念铜章

银行总裁,他的妻子是波士顿市市长的女儿。波士顿财团曾联合洛克菲勒财团支持肯尼迪担任总统,肯尼迪入主白宫后"投桃报李",替波士顿财团争取到大批军火订单,这引起摩根财团的强烈不满。1963年11月,肯尼迪遇刺身亡,这给波士顿财团带来沉重的打击,使它在与其他财团的竞争中地位不断下降。

舰队波士顿风驰电掣——跃居美国第八大银行

进入20世纪70年代,第一国民波士顿银行立志做大做强,成为一家银行控股公司。1982年,该银行将其名称简化为波士顿银行(Bank of Boston),并在十余年里进行了一系列对地区小型银行的购并。1985年,它收购了美国康涅狄格州的殖民银行(Colonial Bancorp),又收购了于1867年在美国罗得岛成立的医院信托国民银行(Hospital Trust National Bank),但医院信托国民银行的名称被保留至1998年。1987年,波士顿银行再接再厉,又收购了佛蒙特银行(BankVermont Corporation)。

图6-5所示的银条是医院信托国民银行于1981年发行的1盎司银条。银条上有银行名称、徽标等,还有该银行的成立时间(1867年)。

20世纪90年代初期,波士顿银行度过了兴奋、动荡、不安的忐忑时期。在此期间,它匆忙寻找着一次又一次的收购机会,希望通过"觅食"其他银行来壮大自身而避免被蚕食。然而,1991年波士顿银行在购并美国东部的新英格兰银行时,败给竞争对手美国舰队银行(Fleet Bank,在中国也翻译成富利银行);其后,在试图购买当地的肖马特银行(Shawmut Bank)时,又同样败给了美国舰队银行。

—6 波士顿银行的前世今生

图 6-5 美国医院信托国民银行纪念银条

波士顿银行收购肖马特银行失利，后通过与舰队银行合并最终将肖马特银行收入囊中。图 6-6 中铜章一面图案中的印第安人是肖马特银行的徽标，另一面是银行的英文名称。肖马特银行创立于 1836 年。

然而，否极泰来。1995 年，波士顿银行成功购并了美国港湾银行（Bay Bank）。港湾银行成立于 1928 年，1944 年更名为港湾洲际公司（Baystate Corporation），1976 年再度更名为港湾银行。港湾银行同样热衷于并购，仅在 20 世纪 50～60 年代，它就先后购并了超过 40 个小型银行。因此，波士顿银行买下的港湾银行虽然规模小于上述两家购并失利的银行，但港湾银行拥有 205 个分支机构及 1 200 多台自动取款机（ATM），据说其 ATM 机的数量位居当时美国银行业的第七名。同时，该银行有较好的零售银行基础，占有全美零售市场 27% 的份额，可谓"家当"不少。

图 6-6　美国肖马特银行纪念银章

波士顿银行购并港湾银行后，1996 年年底，新的波士顿银行的总资产超过 620 亿美元，成为波士顿市最大的银行。1996 年，波士顿银行更名，但变动不大，英文名称由原来的"Bank of Boston"变更为"Bank Boston"。1998 年，波士顿银行又斥资 8 亿美元，从美国银行手中购买了擅长技术领域的投资银行罗伯森·史蒂芬森公司（Robertson Stephens & Co.），而波士顿银行买入该投资银行仅 11 个月即转手卖出，赚了 2.6 亿美元。这是波士顿银行在收购港湾银行后的又一个大动作。可以说在整个 20 世纪 90 年代，波士顿银行都十分激进地进行收购兼并，迅速扩张，活跃在国际金融市场上。不过在多次收购后，波士顿银行在拉丁美洲的业务的品牌没有受到影响，拉丁美洲的客户对它的多次购并平静视之。

有道是，不打不相识。前文提到波士顿银行有一位老对手——舰队银行，这家银行也是波士顿地区的主要银行。其历史最早可以追溯至 1791 年 10 月 3 日，它的前身——罗得岛的普罗维登斯银行（Providence Bank）于当天成立，银行名称"普罗维登斯"即所在的小镇名。屈指算来，它是美国历史上成立的第五家银行。银行成立时发行了 400 美元面值的 625 股股票，即资本仅 25 万美元。1926 年，它收购了同在罗得岛的招商国民银行（Merchants National Bank），1988 年收购了美国诺斯达银行（Norstar Bancorp），1991 年又收购了美国新英格兰银行（Bank of New England）。

图 6-7 所示的是 1979 年 5 月发行的美国新英格兰银行前身——美国新英格兰招商银行（成立于 1831 年）发行的大铜章。这也是一家波士顿银行收购失利，而后通过与舰队银行合并将其纳入囊中的银行。

1996 年，舰队银行收购了威士马斯达银行（National Westminster Bank）在纽约和新泽西的分行网络。1998 年，舰队银行又马不停蹄地收购了当时美国三大贴现经纪行之一的"快速和赖利折扣券商"

图 6-7 美国新英格兰招商银行第 25 届代理行年会纪念铜章

(Quick & Reilly Discount Brokerage)的经纪与电子银行业务。如上所述，与波士顿银行和港湾银行的收购行为一样，舰队银行也收购了一串小银行。1999年，由一堆小银行购并而成的波士顿银行与同样热衷于此道的舰队银行握手言和，达成了合并协议。这一次，银行名称的变化大了一些——波士顿银行加上了舰队的前缀，成为舰队波士顿银行（FleetBoston）。舰队波士顿银行于2000年10月宣布，通过价值7亿美元的股权交易方式收购新泽西的顶峰银行（Summit Bancorp）。这家银行的资产为390亿美元，在新泽西州、宾夕法尼亚州和康涅狄格州有着超过500个分支机构。合并后的舰队波士顿银行拥有1 250家分行，3 500台ATM机，超过2 000万名客户；2003年，其总资产超过1 970亿美元。

一个由众多小船组成的大舰队终于扬帆起航，成为美国当时第八大银行。而且，该银行在工商信贷领域排列全美银行业第三，其现金管理业务位列全美银行业前五名。它还是中间业务市场的领先银行，是美国东部新英格兰地区最大的银行。然而，美国的金融巨头——美国银行在2004年兼并了舰队波士顿银行，弥补了它在美国东部分行网络的不足。庞大的"恐龙"被"更大的恐龙"所捕食，这是金融业适者生存原则又一次完美的体现。

舰队驶入美国银行的港湾
——阿根廷波士顿银行五次易主

金融业是"恐龙"的世界，即便是人见人畏的"恐龙"，有时也会被"更大的恐龙"所吞食。"更大的恐龙"——美国银行现身了。

这家银行的历史同样悠久。1904 年，美国银行的前身——意大利银行（Bank of Italy）在加利福尼亚州建立，主要为从意大利到美国的移民服务。为了追求零售银行业务第一的目标，在过去几十年里，美国银行收购了 50 多个区域性银行，成为当时美国第三大银行（这家银行的悠久历史，这里就不详述了）。2004 年 3 月 8 日，美国银行以每股 45 美元、总价 470 亿美元的价格收购了舰队波士顿银行，这场购并金额令人咋舌的世纪购并交易申请被美联储全票通过。

新组建的美国银行仅次于花旗银行、摩根大通银行与第一银行公司（Bank One），其总资产达到 9 660 亿美元，在美国本土和全世界拥有 5 700 家分支机构，业务范围覆盖从加利福尼亚到美国南部的广大地区，一直延伸到新英格兰。美国银行并购舰队波士顿银行引起了极大的反响，除了涉及金额巨大、成交溢价较高等因素以外，更重要的原因是随着收购舰队波士顿银行的成功实现，美国银行最终有机会在美国东北部最富裕、人口最密集的新英格兰地区登陆。美国银行的区域发展战略非常明确，即在美国大型的城市地区开展业务，并加强部分关键地区（如东北部城市带）的市场拓展，实现在目标区域内与摩根大通银行和花旗银行平起平坐，而新英格兰地区是该银行地域布局的重要节点。为了实现地区布局的目标，美国银行不惜付出超过市场预期的溢价，足见其实施既定战略的决心。

很显然，这次并购是美国银行出于与自己选定的商业对手竞争的需要。它向用户许诺将以一种全新的方式来运作银行。2004 年，美国银行的首席执行官（CEO）刘易斯（Lewis）在并购舰队波士顿银行后还提出了"美国银行：更高标准"（Bank of America: Higher Standards）的口号，宣称要以更高的标准进军全国市场。完成对舰队波士顿银行的并购不久，美国银行就宣布裁减1.25万名员工，约占兼并后员工总数的7%。刘易斯希望由此能节省16亿美元的开支。由于美国银行和舰队波士顿银行并不存在大量重叠的分支机构，因此，完成兼并后的美国银行并不会以关闭重叠分支机构的方式来节省开支，但美国银行希望通过削减重叠业务的方式节省6.5亿美元。波士顿银行和舰队银行"百年老店"的历史及品牌固然珍贵，但与美国银行的金字招牌相比，还是被无情地吞并了。美国银行将舰队波士顿银行的所有品牌全部改成美国银行的标志，波士顿银行的辉煌历史和百年品牌如过眼云烟，渐渐被人淡忘。

值得一提的是，之后任美国银行董事长的布莱恩·莫伊尼汉（Brian Moynihan）曾服务于波士顿银行，在舰队银行与波士顿银行合并时，他就引起了舰队波士顿银行首席执行官泰伦斯·穆雷（Terrence Murry）的注意。1993年，穆雷任命莫伊尼汉为舰队波士顿银行的合伙总顾问，并迅速晋升他为企业战略部主管，之后又提拔他为资产投资管理部负责人。2004年，美国银行兼并舰队波士顿银行的时候，莫伊尼汉在舰队波士顿银行干得风生水起；之后，他被安置在资产管理业务部门，后来又转战投资银行。2008年，美国银行与美林银行合并后，莫伊尼汉扬言要离开美国银行，结果美国银行用法律总顾问的职位挽留了他。2009年，刘易斯因500亿美元收购美林银行导致巨额亏损，黯然辞去了美国银行董事长的职务，当时，50岁的莫伊尼汉幸运地成为接班人。但这一次，他能掌舵更大的舰队，并带其驶离全球银行业又一次处于低迷周期的险境吗？

有趣的是，在收购兼并的巨浪中，尽管阿根廷波士顿银行的大股东再次易主，但美国银行没有改变阿根廷波士顿银行的经营。也许，美国银行这样做是为了省去经营牌照更换费用。不过，事情的真相是美国银行一直关注国内零售金融市场，加上当时阿根廷波士顿银行在阿根廷金融危机的重创下经营困难重重，因此，美国银行在收购舰队波士顿银行后，执意要退出阿根廷市场。阿根廷政府一再挽留，甚至表示不满，但美国银行仍坚持己见。最终，南非标准银行接了阿根廷波士顿银行的所有资产和业务。2006年5月，巴西伊塔乌银行收购了阿根廷波士顿银行在巴西的业务和客户等。2006年8月，巴西伊塔乌银行又收购了阿根廷波士顿银行在智利的44个分行与乌拉圭的15个分行的资产和业务。同时，美国银行同意将交易所得增持巴西伊塔乌银行股份至11.51%。然而，阿根廷波士顿银行的名称和商标不属于交易的一部分，除过渡期外不能由收购方使用。此后，阿根廷波士顿银行还残存一个机构在阿根廷，用于开展私人银行业务，据说是清理剩余的债权债务，实质上已是一个名存实亡的空壳，百年辉煌终成黄粱梦。

从非洲到亚洲——百年老店改弦更张

在美国银行意欲退出海外零售及出售阿根廷波士顿银行时，南非标准银行出场了。这家成立于1862年的银行，曾是英国标准渣打银行的南非分支机构。由于南非的种族隔离政策和愈演愈烈的种族歧视引来了国际上的经济制裁，标准渣打银行被迫退出。1987年，标准渣打银行把持有的南非标准银行39%的股份出让，于是，南非标准银行成为完全的南非银行。从1998年开始，南非标准银行在南非通过新建和收购扩大了业务网络，此后又通过自身发展和收购成为非洲最大的银行。曼德拉执政后，南非标准银行在非洲得到了迅速发展，机构遍布撒哈拉沙漠以南的19个国家，成为非洲最大的银行。2007年注定是南非标准银行变化最大的一年。1998年已经进入阿根廷的南非标准银行想扩大版图，它于2006年收购了荷兰国际集团（ING）银行在阿根廷的公司业务后，2007年又与阿根廷的威尔泰恩（Werthein）和西勒茨基（Sielecki）两大家族收购了美国银行拥有的阿根廷波士顿银行——当时波士顿银行在阿根廷17个省开设了103家分行，位居阿根廷第12大银行。收购后，南非标准银行持有75%的股份，当地两个大家族持有25%的股份。百年老银行被更名为南非标准银行（阿根廷）。

2007年，中国工商银行投资54亿美元入股南非标准银行20%的股份，成为该银行的单一最大股东，这也成为中国对非洲的最大一笔投资。双方结盟成为战略合作伙伴，在非洲开展了一系列企业和银行项目合作，成效显著。

2011年8月4日，中国工商银行和南非标准银行同时宣布，中国工商银行将收购南非标准银行（阿根廷）80%的股权，南非标准银行保留剩余的20%股权。中国工商银行收购及注资该银行共约6.8亿美元，这超过了中国工商银行以前10次的境外银行收购总额。阿根廷是南美洲国土面积仅次于巴西的国家，人口约为4 145万人（截至2013年年底），堪称世界的粮仓、牧场，有着丰富的石油、天然气、煤、铁、铀等资源。中国是阿根廷的第二大贸易伙伴。

这次收购极具战略意义，这是中国银行业第一次在南美的收购，也是中国银行业第一次进入阿根廷的银行业市场，引起了国内外的极大关注。时任阿根廷总统克里斯蒂娜表示，近年来中国和阿根廷的经贸关系发展顺利，中国企业在阿根廷的投资迅速增加，已成为阿根廷主要投资来源国之一。阿根廷政府欢迎中国的金融机构到阿根廷进行投资，希望两国进一步加强在金融领域的合作，共同应对国际金融危机的挑战。当时，我代表中国工商银行也表示："此次交易达成协议，对交易各方而言是共赢的选择。收购阿根廷标准银行80%的股权，将使中国工商银行获得阿根廷商业银行牌照，成为第一家进入当地市场的中资金融机构，战略意义突出。此次收购不仅将壮大中国工商银行在拉美地区的机构和业务网络，提升中国工商银行在美洲机构的经营实力，也将更好地服务于中阿两国快速增长的双边经贸往来。"（图6-8所示为2011年8月时任阿根廷总统克里斯蒂娜在总统府会见中国工商银行董事长姜建清。）

图6-8 2011年8月，时任阿根廷总统的克里斯蒂娜在总统府会见中国工商银行董事长姜建清

波士顿银行自 1917 年在阿根廷设行后，持续经营了整整 82 个春秋。1999 年，波士顿银行被舰队银行收购，2004 年，美国银行又收购了舰队波士顿银行，2007 年南非标准银行收购了该银行的子公司阿根廷波士顿银行并改名，同年中国工商银行又入股南非标准银行。2011 年，南非标准银行做出重要战略调整，将业务重点移向非洲。中国工商银行乘势收购了阿根廷标准银行的 80% 股权。波士顿银行 200 年来经历了数次购并，阿根廷波士顿银行百年来经历了 5 次控股权和管理权的易主，从中可以窥见国际银行业风起云涌，大浪淘沙。回望 1785 年，马萨诸塞州银行资助了第一家美国贸易代表团前往中国，开始了与中国的最早交往；200 多年后的今天，阿根廷波士顿银行又成为中国工商银行控股的银行，将与中国建立广泛深入的联系。白云苍狗，沧海桑田，冥冥之中是否早有定数？

花开两朵，各表一枝。在 1933 年因美国分业经营法规而与第一国民波士顿银行"分道扬镳"的投行兄弟——第一波士顿公司的命运又如何呢？其实，它也经历了不平凡的数十载。值得一提的是，1988 年，第一波士顿公司与瑞士信贷（Credit Suisse）银行合并，成立了瑞士信贷第一波士顿银行（CSFB），成为瑞士信贷银行的投行子公司，瑞士信贷银行拥有其 44.5% 的股权。1996 年，瑞士信贷第一波士顿银行进行重组，原先第一波士顿的股东通过换股方式放弃了第一波士顿股权转而成为瑞士信贷股东，而瑞士信贷通过换股取得了瑞士信贷第一波士顿银行的全部股权，并请出美国摩根士丹利的总裁麦晋桁（John Mack）担任 CEO。瑞士信贷第一波士顿银行发展得生龙活虎，红红火火。且说瑞士信贷成立于 1856 年，总部设在瑞士苏伊士，是全球第五大财团、瑞士第二大银行［仅次于它的长期竞争对手瑞士联合银行（USB）]。瑞士信贷刚收购第一波士顿公司时，还与其惺惺相惜，想利用波士顿银行的品牌效应，从而保留了瑞士信贷第一波士顿的名称，作为瑞士信贷的投资银行专属之用。随着瑞士信贷投行品牌在美国市场影响力的提升，金融业的巨大"恐龙"又怎会长期容忍卧榻边有其他"恐龙"酣睡呢？因此，有着72年历史的"第一波士顿"品牌最终也被抛诸九霄云外了。瑞士信贷使用了更为简洁的瑞士信贷品牌，以同一个面孔出现在客户面前。

更具特殊意义的是，2005年，中国工商银行和瑞士信贷合资成立了工银瑞信基金公司，其可称作国内由银行直接发起设立并控股的基金公司的"开山鼻祖"。2011年，中国工商银行收购阿根廷标准银行时，瑞士信贷还担任了投行顾问。从历史渊源来看，阿根廷波士顿银行和阿根廷标准银行还是瑞士信贷"未出五服"的亲戚呢，不得不感慨，世界真小啊！

7

谁是全球最大的银行

从法国巴黎银行古章看其历史

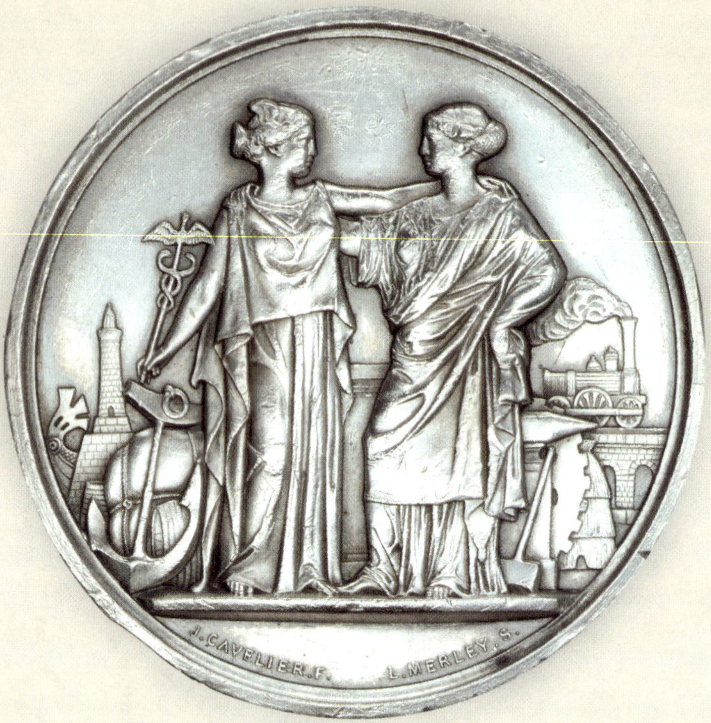
J. CAVELIER. F.
L. MERLEY. S.

7 谁是全球最大的银行

谁是世界上最大的银行？这个答案一度众说纷纭。近年来常见国内外媒体的报道，介绍中国工商银行已连续多年成为全球市值、利润和客户存款最大的银行。2010年11月，又见报道说法国巴黎银行（BNP-Paribas）成为全球资产最大的银行，其总资产达3.2万亿美元，规模相当于美国最大的银行（美国银行）与摩根士丹利的资产总和。2011年英国权威的《银行家》杂志又称，美国银行是全球一级核心资本最大的银行。虽然专业的记者还不忘记写上"市值、利润、资本、资产"等前缀定语，可文章一转再转后，就剩下"全球最大的银行"了，一些读者一定认为相关的银行在吹牛，而不会责怪转载者的"马大哈"。

其实银行之"大"，通常通过四个指标反映：第一是市值，市值是资本市场对银行价值的反映，较高的市值通常是投资人对银行基本面、投资价值的认可；第二是利润，利润是银行竞争力的综合反映，较高的利润是银行整体战略、经营规模、经营能力和风险控制等综合因素共同作用的结果；第三是资本，特别是一级核心资本，它表明了银行的实力及未来发展的能力，甚至是投资者对其信任与否的测试器；第四是资产，资产反映了银行经营的规模与实力。法国巴黎银行虽然在2011年列全球银行业总资产第1位（26 713亿美元——英国《银行家》杂志报道），但其一级核心资本只有916亿美元，列全球银行业第11位；税前利润174亿美元，列全球银行业第8位；市值683亿美元，列全球银行业第14位，仅为中国工商银行市值的30.7%。当我在与法国巴黎银行CEO博杜安·普罗特（Baudouin Prot）的会面中谈及法国巴黎银行是全球资产最大的银行时，对方赶忙回答说宁愿跟中国工商银行换位置。因为在银行家的心目中，全球银行业市值第一和利润第一，比资产第一具有更强的竞争力内涵。本章接下来就以法国巴黎银行的几枚历史古币章为引子，为你掀开法国巴黎银行历史的厚重帷幕。

法国巴黎银行的名字源于法国银行史上三家重要银行名字的组合。法国巴黎国民银行的名字诞生于1966年7月1日，由当时法国国民工商银行（Banque Nationale Pour le Commerce et l'Industrie，简称BNCI）和法国巴黎国民贴现银行（Comptoir National d'Escompte de Paris，简称CNEP）合并组成并启用此名。法国国民工商银行的前身是1913年创建的国民商业银行，1937年改名为国民工商银行。巴黎国民贴现银行的历史更为悠久，其前身是1848年创建的巴黎贴现银行，1889年改名为巴黎国民贴现银行。1999年3月9日，法国巴黎国民银行对巴黎巴银行发起收购成功。这两个机构正式合并于2000年5月23日，这使得世界上又诞生了一个"金融巨无霸"。新银行的中文名称为法国巴黎银行，英文名称为BNP-Paribas，直译为巴黎国民-巴黎巴银行。

最古老的法国商业银行——巴黎贴现银行

图 7-1 是一枚罕见的法国巴黎贴现银行古银章，发行于 1850 年，重 37 克，直径为 40 毫米。银章的刻模师是法国著名的艺术大师 J. Cavelier F[1] 和 L. Merley[2]。此银章为手工刻模的雕塑艺术珍品，由法国造币厂发行。银章的一面是法国女神搭肩对视，其中一位手执蛇杖，周边林林总总的船锚、列车、铁锤、铁砧、该银行塔楼，反映出当时迅速发展的法国工业和贸易经济对金融的期盼。银章的另一面周边环绕法兰西共和国及巴黎贴现银行的文字，帆船、铁锤、铁夹、茶

图 7-1　法国巴黎贴现银行纪念银章

1　全名为 Pierre-Jules Cavelier，译为皮埃尔-儒勒·卡夫里耶。最后的 F 代表 FECIT。
2　全名为 Louis Merley，译为路易斯·梅里。

壶和蛇杖表明了巴黎贴现银行对法国工农业和贸易的金融支持，中间部分是巴黎贴现银行创立期，以及机构、组织、分行开业等重要事件的时间记载。

19世纪上半叶，法兰西银行虽然是中央银行，但其在法国金融领域并非处于核心位置，私人银行的影响力在很大程度上凌驾于法兰西银行之上，特别是罗斯柴尔德银行。这一状况直到1848年法国革命爆发后才有所改变。随着革命的爆发，传统的社会权力体系遭受了很大程度的摧毁，新的权力分配格局迅速形成，在商业和金融领域也是如此。法国巴黎贴现银行诞生于法国经济与金融危机严重的政治动荡期。1848年3月7日，法国第二共和国临时政府财政部部长路易斯·安东尼卡尼尔·页（Louis-Antoine Garnier-Pagès）签署法令，由著名的犹太银行家埃米尔·佩雷尔（Émile Péreire）和阿希尔·富尔德（Achille Fould）共同创建法国巴黎贴现银行。阿希尔·富尔德此后还多次担任过法国财政部部长。巴黎贴现银行的业务主要是为巴黎商人提供紧急流动性资金，以遏制巴黎商业机构大规模破产的浪潮，并支持法国制造业和贸易的发展。该银行由法国地方政府支持而建立，银行成立时的资本为2 000万法郎，其中三分之一来自投资股东，三分之二系法国政府和巴黎地方政府各半进行债券发行。临时政府的秘书长安托·万洛朗（Antoine Laurent Pagnerre）成为该银行的首任行长。1854年危机过后，巴黎贴现银行在政府的敦促下放弃半国有地位，转型为一般的商业性股份制公司，但这却扩大了其资本和活动范围。其业务内容也由为巴黎商业组织提供金融服务转向对外贸易的金融服务。该银行很早便专精于国际贸易融资，并于1860年率先建立国际银行网络。

图7-2所示的这枚巴黎贴现银行纪念铜章，设计者欧内斯特·波

林·塔塞（Ernest Paulin Tasset，1839—1919）是著名雕塑家和币章设计师。他师从著名雕塑家和币章设计大师尤金·安德烈·乌迪内（Eugène André Oudiné）。1890年，他在巴黎世博会获铜奖，后担任巴黎造币厂首席雕刻师。图7-3所示为法国巴黎贴现银行银章。

图7-2　巴黎贴现银行纪念铜章

图7-3　法国巴黎贴现银行银章

除了巴黎贴现银行以外，在法国各地也成立了76家地方性的贴现银行，它们主要为外省地方商人提供各种商业票据的贴现服务。巴黎贴现银行还成为法国殖民地和海外拓展业务的先驱者。1860年，该银行在上海开设了机构，同时连续多年是澳大利亚唯一的外资银行，也是在印度的领先银行之一，在伦敦和布鲁塞尔亦有大量业务。巴黎贴现银行在铜投机和羊毛贸易领域非常活跃，时任银行行长邓费尔·罗什罗（Denfert Rochereau）还企图垄断世界铜市场。不幸的是，至1888年，银行因过度投机和扩张而导致资产与负债严重失衡，最终资不抵债，邓费尔·罗什罗选择了自杀谢罪。法兰西银行和法国其他银行对巴黎贴现银行伸出了援手，法兰西银行还组织了一个辛迪加并以1.4亿法郎来援助该银行。当时的法国财政部部长鲁维（Maurice Rouvier）说："如果巴黎贴现银行倒闭了，整个法国银行业体系可能都会被摧毁。"巴黎贴现银行从此走出了困境，试图以新的面貌出现。1889年，该银行在行名中增加了"国民"两字，改称巴黎国民贴现银行，并很快恢复了"健康"。它在保持海外利益的同时，也开始关注法国本土业务，到1920年，它在法国开设了223个分支机构。同时，它也更加谨慎地扩张，因此躲过了几次经济大萧条和第二次世界大战的劫难。

根据法国政府第二次世界大战后的恢复计划，以及1946年1月1日生效的银行国有化法令，法国中央银行——法兰西银行和四个主要存款银行，其中包括巴黎国民贴现银行以及本文另一主角——法国国民工商银行，还有里昂信贷银行和法国兴业银行被国有化。政府实行了信贷控制，银行的股份被转移到政府手中，政府取得了所有权。银行原董事局被解散，政府在每家银行任命12名新董事，但国有化的银行人员保持不变,人事和行政拥有自主权。国有化没有影响巴黎国民贴现银行在法国金融系统的核心地位和稳健成长,不过在整个20世纪50~60年代,巴黎国民贴现银行仍是法国国有银行中最小的一家。

孪生兄弟的儿子——法国国民工商银行

在1848年法国巴黎贴现银行成立的同时,出于同一目的,法国还由多名纺织及制造业企业家推动成立了一家孪生银行——米卢斯贴现银行(Comptoir d'Escompte de Mulhouse)。1870年,德国战胜法国,吞并了阿尔萨斯·摩泽尔省。米卢斯贴现银行发觉自己处于一个困难的境地,它的总部在被德国占领的阿尔萨斯,但其业务却在法国巴黎。随着政治紧张局势不断升级,银行的管理层决定将银行分成两部分,将法国的分支机构与一家投资银行弗兰·西德斯工商银行(Banque Fran&ccedilse pour le Commerce et l'Industrie)相结合,于1913年6月25日发起成立了法国国民工商银行前身——法国国民信贷银行(Banque Nationale de Crédit)。

法国国民信贷银行通过购并一些小银行和机构迅速扩张成长,在第一次世界大战后成为法国第四大银行。1920年,它与股东银行弗兰·西德斯工商银行合并。但此后因业务大量涉及工业长期贷款导致了巨大的风险,银行董事长安德烈·文森特(André Vincent)还在银行进行大量的关联借款,1930年的金融危机使该银行无法及时还款,造成社会恐慌,安德烈·文森特被迫辞职。1931年,国民信贷银行失去了四分之三的存款,一年之内股票价格从1 400多法郎/股骤跌至50法郎/股。国民信贷银行几乎成为银行不谨慎行为和全球大萧条的牺牲品。最终,法国财政部给予该银行的客户存款担保,避免了挤兑的发生。1932年4月,在一些大银行的帮助下,法国国民信贷银行清算重组并改名为法国国民工商银行,成为一家真正意义上的商业银行(其当年的老明信片如图7-4所示)。20世纪30年代的经济危机沉重打击了法国的中小银行和地区银行,而法国国民工商银行却逆势崛起。如上所述,银行国有化法令颁布后,1946年该银行作为法国四大存款银行之一被国有化,但其国际化步伐却没有停止,至20世纪50年代,它在伦敦、马达加斯加、西印度群岛乃至拉丁美洲和非洲都有了分支机构,还因以非洲为根据地所建立的国际网络而闻名于世。1947年,法国国民工商银行将其伦敦分行改为合资子公司,改名为英法银行(British and French Bank)。

图7-4 1932年的法国国民信贷银行老明信片

法国巴黎国民银行的诞生

20世纪60年代中期,由于信贷紧缩和控制货币供应量的需要,法国政府开始考虑金融机构的合并问题,这是导致巴黎国民贴现银行和法国国民工商银行合并的外部因素。1966 年，新的银行法国巴黎国民银行（Banque Nationale de Paris）诞生了，新银行的首任行长是亨利·比朱（Henry Bizot）。合并卓有成效，巴黎国民贴现银行的法国业务和法国国民工商银行的海外业务优势得以互补。法国巴黎国民贴现银行国际化程度高，合并时与法国国民工商银行在法国的 1 000 多个机构和 30 个海外子公司构成了规模巨大的国内外网络。一些机构得以整合，比如英法银行的机构和巴黎贴现银行伦敦分行进行了整合。客户有了更多的账户和产品选项，法国巴黎国民银行通过其子公司积极地为中小企业融资，比如海外子公司国际交通公司（Intercomi）参与了对墨西哥的地铁项目。法国巴黎国民银行还联系四家主要的欧洲银行，建立了金融组织"东北欧洲兴业金融公司"（Société Financière Europ&eacute-ne），为促进企业国际化发展提供金融和智力支持。为了重返投行领域，它还成立了投资银行巴内克西公司（Banexi）。

1996 年 10 月 6 日，法国巴黎国民银行与德国德累斯顿银行建立了战略联盟关系。为此发行了图 7-5 所示的这枚大铜章。当时的联盟提出了共同为客户提供服务的理念。

法国巴黎国民银行在国际上十分活跃：1968 年，它成为欧洲货币组织的最早成员；20 世纪 70 年代，它在海外大量开设分支机构，美国加利福尼亚州圣何塞市西部银行（Bank of West）被纳入囊中。因此，从 20 世纪 60 年代中期开始的法国国内货币紧缩和信贷控制政策，对海外业务强大的法国巴黎国民银行的影响非常有限；相反，法国海外贸易的蓬勃发展给其带来了巨大商机。当法国巴黎国民银行在海外的机构羽翼渐丰之时，其他银行因国内的货币紧缩政策也想走出去寻找新的蓝海，不幸的是，它们的申请大多被监管当局拒绝了。在

图 7-5　法国巴黎国民银行与德国德累斯顿银行战略联盟纪念铜章

此期间，为了应对资本和盈利压力，法国巴黎国民银行的投行业务也得到了较大的发展。它关注大量中小企业的购并业务，并抓住了1986年法国保守党政府提出国有企业私有化计划带来的大量购并机会。1987年，在法律允许商业银行购买投资银行后，法国巴黎国民银行立即购买了巴黎杜·卜杰证券经纪公司（Du Bouzet stockbrokerage firm）54%的股份，并购买了英国券商方舟证券公司（Ark Securities

Company），从而进入了英国和中东投行及基金市场，随后其投资银行子公司在巴黎证交所上市。它还购买了美国化学银行在英国的抵押贷款公司，它的保险子公司（Natiovie Life Insurance）已经是法国主要的保险公司，加之它与当时法国最大的联合保险集团（Union des Assurance de Paris）结成战略联盟，法国巴黎国民银行在银行国际化、综合化经营方面占据领先优势，成为排名欧洲前列的银行。20世纪90年代，法国巴黎国民银行的私人银行大肆发展，收购了中国香港投行百富勤公司，在中国首次公开募股（IPO）市场风生水起。同时，它还收购了英国保诚保险在澳大利亚的股票经纪公司。1993年10月，法国巴黎国民银行成功地实现了私有化，增强了其资本实力。为了巩固其欧洲大银行的地位，法国巴黎国民银行转头开始寻求在法国国内的更大收购。

巴黎巴银行惊心动魄的购并之战

图7-6是1922年巴黎巴银行成立50周年（1872—1922）时发行的大铜章，其发行至今已有90多年了。铜章的设计及刻模师为法国著名艺术家亨利·诺克（Henry Nocq，1868—1944）。铜章的一面显示女神坐在塞纳河边，翘望着巴黎城，身边为巴黎巴银行的行徽和倾倒着钱币的丰饶角。铜章的另一面有象征着工农业和贸易的帆船、谷物、水果等，在雄鹰展拉着的帷幕中，还刻有1877—1915年7任行长、副行长的姓名。此铜章美轮美奂，其雕刻技艺精湛，令人赞叹。

图7-6 法国巴黎巴银行成立50周年（1872—1922）纪念铜章

巴黎巴银行的前身，还可以追溯到1820年路易斯·拉斐尔（Louis Raphaël）在荷兰阿姆斯特丹建立的以他名字命名的私人银行。他的哥哥乔纳森·路易斯（Jonathan Louis）分别于1827年、1836年在安特卫普和布鲁塞尔设立了分行。路易斯·拉斐尔娶了当时德国著名的银行家哈尤姆-所罗门·高特施密特（Hayum-Salomon Goldschmidt）的女儿为妻。1846年，他在巴黎建立了比斯乔弗西·高特施密特银行（Bischoffsheim-Goldschmidt bank）。1860年，他在英国伦敦开设了分行。1863年，该银行购并同样发迹于阿姆斯特丹的巴黎巴信贷与储蓄银行（Banque de Crédit et Dépôt des Pays-Bas）。1869年，路易斯·拉斐尔联合在阿姆斯特丹的一些银行家，在其银行的基础上创立了巴黎银行（Banque de Paris），总部设在巴黎歌剧院附近。1827年

1月27日，巴黎银行与巴黎巴信贷与储蓄银行合并，创建了一家新的银行——巴黎荷兰银行。

巴黎巴银行是法国经济金融界的一支重要力量。1931年，巴黎巴银行一共持有法国357家上市公司的股票，银行的高级管理人员在120家公司中控制着180个董事席位。第二次世界大战期间，它发展成为法国及西欧最大的银行之一。巴黎荷兰银行隶属巴黎荷兰金融公司，后者控制巴黎荷兰银行5亿法郎资本的87.5%。虽然，由于巴黎荷兰银行的规模还不够大，它幸运地没有被卷入1945年的法国银行业的国有化浪潮，并将银行朝投资银行方向发展，但是巴黎荷兰银行还是在1982年2月被国有化。1983年，巴黎荷兰银行采用新行名巴黎巴金融公司和巴黎巴银行（Compagnie Financière de Paribas，Banque Paribas），原因是"巴黎巴"一个世纪以来已经成为家喻户晓的名字了。

国有化4年后的1986年7月，巴黎巴银行成功实现私有化，这一年，该银行在国内外共设有1 230个分支机构。1993年，其资产总额为2 039.41亿美元，在世界1 000家大银行中位列第18名。巴黎巴银行控制的金融机构有巴黎荷兰银行、巴黎荷兰国际公司、巴黎荷兰金融、工业参股信托公司和北方信贷银行等。1998年，它实现了银行公司（Compagnie Bancaire Banque）的购并。由于它原来是一家实业银行，在投资银行及各种信贷方面比较有经验，又与工业界关系密切，在电气、石油、钢铁、机械制造、化学与工业部门中有很大的势力，控制着法国石油公司、汤姆逊-布郎特公司等，在荷兰、比利时、瑞士及中东、西非等国家和地区有大量的投资，并与联邦德国的一些大银行和工业垄断组织保持着密切的联系。它在法国海外债务融资、项目贷款和出口信贷与金融，以及商品市场方面也十分擅长。

图 7-7 所示为巴黎巴银行早期八边形银章,银章一面为巴黎巴银行徽标,另一面为巴黎巴银行行名。银章的设计刻模师是斯特恩·格拉弗尔(Stern Graveur)。

图 7-7　法国巴黎巴银行纪念银章

法国总统雅克·密特朗在任期间,提倡将法国的国有金融机构私有化,从那时起的 10 多年间,法国的金融机构数量几乎减少了一半。法国各大型银行成功地把握住了这场稍纵即逝的厮杀机会。20 世纪 90 年代末,法国银行界掀起了大型银行购并的热潮:1996 年,法国农业信贷银行兼并了东方汇理银行;1997 年,法国兴业银行兼并了法国北方信贷银行;1998 年,法国人民银行兼并了法国国民信贷银行。而购并更大的猎物——法国兴业银行一直是巴黎国民银行的梦想。法国兴业银行是一家以商业银行业务见长的私有化商业银行,当时的资产为4 475亿美元，资本为125亿美元，是法国第三大银行。不过，由于法国兴业银行规模巨大，其也成为最难达成的购并目标。巴黎国民银行一直在等待机会，准备开展一场血腥的购并大战。但它没想到，自己觊觎的目标却与别人"偷情"了。

巴黎巴银行是法国最主要的投资银行之一，当时的资产为3 093亿美元，资本为99亿美元，是法国第六大银行。法国兴业银行与巴黎巴银行为了取长补短，争取更大的优势，于1999年2月3日宣布两行将以换股方式进行友好合并，计划成立法国兴巴银行集团。如果这场"联姻"成功，该集团将成为法国最大的商业银行。巴黎国民银行按资产当时排列在国有银行法国农业信贷银行之后，是法国第二大银行，也是法国最大的私有化银行。作为资产总值为3 790亿美元、资本为128亿美元的巨无霸银行怎会让垂涎已久的购并对象，也是它的竞争对手好事成双，超过自身呢？

于是，巴黎国民银行妒意大发，毫不示弱，硬要拆散"鸳鸯"。它于同年3月提出要以更高的价格换取巴黎巴银行的股票，同时收购兴业银行，该计划很快获得了法国金融市场委员会的通过。为了抵抗第三者的介入，法国兴业银行两次提高与巴黎巴换股的价格，但每次巴黎国民银行都以更高的价格跟上。经过6个多月的激烈竞争，巴黎国民银行最终收购了巴黎巴银行65.1%的股权，同时收购了兴业银行36.8%的股权。在当时的法国，恶意收购是比较罕见的，何况还是超过300亿欧元的投标额，这场世纪并购大战也成为全球媒体的关注焦点。在1997年年末，法国的银行总数为587家，其中大型银行8家，但没有一家能跻身世界超级银行之列。巴黎国民银行针对这点提出了"蛊惑人心"的民族主义口号："给法国一个具有强大国内基础的欧洲大型银行集团。"

巴黎国民银行虽想揽入两家巨型银行，成为全球首家资产超万亿美元的金融巨鳄，但遗憾于所购入的兴业银行股份未达半数，根据法国政府的有关规定，其所持股份只得重新返还市场，收购兴业银行的梦想随之落空。不过失之东隅，收之桑榆，巴黎国民银行还是成功收购了巴黎巴银行，由此巴黎银行和法国兴业银行成立法国兴巴银行集团的梦想破灭。2000年5月，巴黎国民银行与巴黎巴银行正式合并，合并后的银行名称丢掉了"国民"二字，银行的中文名称为法国巴黎银行。购并后两家银行各自鲜明的商业银行和投资银行的业务冲突，形成了整合的最大难题。新合并后的法国巴黎银行是法国最大的银行，在欧元区银行排名第二。新银行在85个国家经营，有15.51万名雇员。法国巴黎银行确立的战略是，突出发展法国国内的中小企业和个人金融业务，在全球为客户提供投资银行、服务企业、金融机构、私人银行的服务。并购也极大地提高了法国银行业的集中度，1990年，法国五大银行的总资产占法国银行业总资产的42.2%，到1999年提高到79%以上。

图7-8是1972年法国巴黎巴银行成立100周年（1872—1972）时发行的大铜章。一面是巴黎巴银行总部大楼橘园的内庭，该大楼位于巴黎昂坦街，现为法国巴黎银行总部；另一面是巴黎巴银行的行名、徽记和成立年份。在橘园的内庭房间内，珍藏着拿破仑和约瑟芬的结婚证书。当时，已经33岁的约瑟芬特意在证书上把自己的年龄改小了5岁，而拿破仑则绅士地把自己的年龄夸大了1岁。不过律师为忠于职守，还是在结婚证书的背面写上了新娘的真实年龄。

图 7-8　法国巴黎巴银行成立 100 周年（1872—1972）纪念铜章

持续的购并——"大而不能倒"

成为欧洲金融巨头的法国巴黎银行此后又进行了一系列的购并。2001 年 5 月，法国巴黎银行收购了 1874 年成立的美国西部银行（BancWest）的剩余股份，使其成为 100% 控股子公司。2002 年，法国巴黎银行在阿尔及利亚、摩洛哥进行当地银行收购。2005 年，法国巴黎银行宣布通过其子公司收购美国银行商业联邦公司和美国加州银行，美国加州银行是加州第四大零售银行。2005 年和 2010 年，它收购于 1927 年成立的土耳其经济银行（Türk Ekonomi Bankas）。2006 年，它购并了意大利第六大银行——意大利国民劳工银行（其纪念铜章如图 7-9 所示）48% 的股份，收购总金额达 90 亿欧元。意大利国民劳工银行成立于 1913 年，最初为信贷合作社，1929 年改名为国民劳动银行，被收购时其在意大利的分支机构有 654 家，员工达 1.7 万人。

图 7-9　意大利国民劳工银行纪念铜章

2008年10月6日，法国巴黎银行斥资145亿欧元从比利时政府手中收购富通银行（Fortis Bank）75%的股份，比利时政府将继续持有余下的25%股份，并购入富通旗下比利时保险资产10%的股份。此外，富通银行在法国巴黎银行的融资担保下，出价13.75亿欧元从富通集团手中买入富通比利时保险公司25%的股份。收购给巴黎银行带来了包括2 390亿欧元的客户存款，其资产规模急剧扩大：在比利时的分行逾1 000家，还有在波兰、土耳其及法国的业务网络。由此，法国巴黎银行的六个经营领域更加清晰，包括私人银行、资产管理、网上经纪和储蓄、证券服务房地产和保险业务，其在全球拥有7 000家分支机构。

法国巴黎银行终于如愿以偿，成为全球资产规模最大的银行（其大楼如图7-10所示）。然而在欧洲主权债务的波及下，意大利开始摇摇欲坠了，更成问题的是意大利发生的危机动摇了人们的信心。欧洲社会担心意大利可能"接棒"希腊。而人们在意大利银行的背后隐隐约约地看到了法国银行的身影。

图 7-10　1851 年建成的法国巴黎国民贴现银行大楼，现法国巴黎银行大楼

法国巴黎银行与中国的历史溯源

1848 年，巴黎贴现银行成立不久，就将目光投向了号称"东方巴黎"的上海。清咸丰十年（1860 年 10 月），巴黎贴现银行在上海设立

代理处，代理中法贸易的汇票、兑现等业务，同时也接受法租界公董局委托，代理发行法租界市政建设债券，代理清朝政府向法国战争赔款事宜。1875 年以后，法国政府为拓展和加强对法属中南半岛的贸易和经济控制，由巴黎荷兰银行、巴黎贴现银行、法国社会实业银行、巴黎商业银行等联合组建成立东方汇理银行（如图 7-11 所示），前两家银行后来构成了法国巴黎银行的主要部分。1899 年，东方汇理银行又把分行开到了上海，开始了在上海长达 50 余年的经营历史。

图 7-11　东方汇理银行大楼

注：外滩 29 号，是外滩万国建筑群中唯一一幢由法国人出资建造的大楼，大楼总高 21.6 米，平均层高达 7 米以上。

在东方汇理银行进入上海之前，其主要股东之一的巴黎贴现银行已从英国规矩会拜经堂手中买下了外滩 29 号的房产。法国贴现银行同时也是华俄道胜银行的主要股东之一，成立之初的华俄道胜银行就在此设址开业。1907 年，华俄道胜银行购得外滩 15 号原颠地洋行房产后，离开了这里，此后，外滩 29 号又成为法国东方汇理银行上海分行的行址。1911年，东方汇理银行将旧房拆除重建新楼，1914年建成投入使用。新楼由通和洋行设计，由华商怀盛营造厂施工，为钢筋混凝土框架结构。大楼是带有法国情调的巴洛克建筑风格，建筑外墙用长方形石块叠砌，勾勒出平整的线条，显得匀称且厚实。一楼中间为高大拱门，门楣饰以巨石刻成的一方涡旋图案；二楼、三楼贯以爱奥尼克立柱，使门窗与墙面的比例均衡；二楼窗外有廊式阳台。整个墙面的窗框设计不尽相同，使均衡的立面透出一丝"寓动于静"的艺术效果。大楼顶部出檐较深，檐口饰以精致花纹，大楼内部地面与墙面都用大理石辅砌。营业大厅采用玻璃天棚，有很好的采光效果。1949年以后，东方汇理银行停业，1956年由上海市房管局管理，改名为东方大楼，长期为上海市公安局交通处使用；后通过置换，归中国光大银行上海分行所有。

1980年，巴黎国民银行作为第一家欧洲金融机构在北京开设了代表处。1992年11月9日，法国巴黎国民银行与中国工商银行共同出资6 000万美元在上海设立了合资银行——上海巴黎国际银行（International Bank of Paris & Shanghai，简称IBPS），双方各占一半股份（图7-12所示为上海巴黎国际银行的珐琅铜质小钟）。1993年10月28日，该合资银行正式对外营业。当时除中国银行外，中国其他银行的海外机构很少，因此与外国银行合资办银行成为一个选项，可以通过加强与外国银行的合作，学习它们先进的管理和技术经验，培养人才。我曾兼任过上海巴黎银行的董事长。20世纪90年代，中国一共有7家合资银行。随着中国金融业的逐步开放，合资银行逐渐失去了优势，其历史性任务已经完成。2003年11月，法国巴黎银行溢价收购中国工商银行原在上海巴黎国际银行中的股权，合资双方友

图 7-12 只有 10 年短暂历史的上海巴黎国际银行留下的铜质珐琅小钟

好地"分手"了。法方将上海巴黎国际银行更名为法国巴黎银行（中国）有限公司，在中国开始独自行走。前文提及法国巴黎银行收购了富通金融集团，而早在 2003 年中国工商银行就收购了富通集团的全资子公司——华比富通银行的全部机构和资产，并将其整合纳入中国工商银行（亚洲）。华比富通银行的注册地在比利时，但 99% 的业务在中国香港。华比银行建立于 1902 年，可谓"百年老店"，早在 1902 年就在上海开了第一家办事处，1935 年在香港开设了第一家分行。其早期以华比银行的名义在中国发行钞票。2000 年 5 月，华比银行被富通银行收购，并将其与米斯皮尔森（Meespierson）合并成立华比富通银行。华比富通银行在中国香港地区有着很好的客户和业务基础，拥有 22 家分行和 5 家中小企业服务中心，总资产 285 亿港币，是中国香港地区最具规模的欧资银行之一。中国工商银行的收购价格十分合理，包括换股，实际总支付25.3亿港币。购并整合后，中国工商银行（亚洲）的业务和盈利能力上了一个重要的台阶。值得一提的是，全球最大的保险集团——法国安盛保险集团是法国巴黎银行的大股东之一，2011年，这家银行又与中国工商银行合资成立合资保险公司——工银安盛保险公司。世界就是这么小！

后　记

根据英国《银行家》杂志最新数据报道，2015年年末中国工商银行总资产为34 221.54亿美元，列全球银行业第一（已连续四年排列第一）；核心一级资本为2 744.32亿美元，列全球银行业第一（已连续四年排列第一）；利润（该统计按税前统计）为559.68亿美元，列全球银行业第一（已连续八年排列第一）；市值为2 427.51亿美元，列全球银行业第三（2007—2013年位列全球银行业第一，2018年1月又重回第一），美国的富国银行和摩根大通银行暂超中国工商银行。另外，国内较熟悉的《财富》杂志对世界500强的排名是按照企业销售收入进行的，名列其中的企业不少还是亏损企业。为避免单一指标排名的弊病，《福布斯》杂志根据销售收入、利润、资产和市值（各25%占比）对全球上市企业进行综合排名，2012—2015年，中国工商银行连续四年成为全球排名第一的银行业。

08

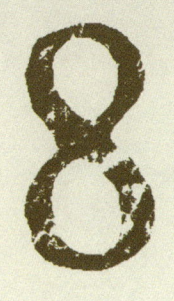

松鼠的家园

法国松鼠储蓄银行古纪念章欣赏

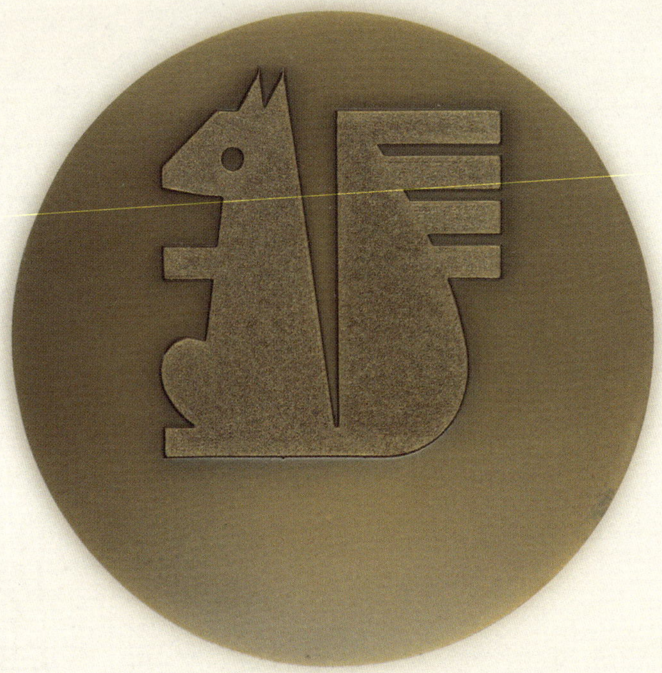

— 8 松鼠的家园

图 8-1 中的这枚铜章的一面是一只松鼠，这是著名的法国松鼠储蓄银行的徽标。铜章的另一面是这家银行的大楼和名称，以及地区圣昆廷的名称。在"拿破仑亲手缔造的银行"一章中，我曾阐述过法国人因讨厌"Banque"（银行）这个词，而用"Caisse"和"d'Epargne"替代银行名称的历史典故。Caisse 在法文中有金库钱柜的意思，Epargne 在法文中是储蓄的意思。此铜章系巴黎造币厂出品，纤细入微，精美至极。

图 8-1　法国松鼠储蓄银行（圣昆廷）纪念铜章

松鼠等动物的储蓄行为

松鼠在秋天开始储藏松果，为了分散风险，它们会在多个树洞、地坑储存食物，并辛勤照料，翻晒防霉，积谷防饥，以求安然度过白雪皑皑的寒冬。以松鼠图案作为银行的徽标是十分罕见的，但作为储蓄的标志又是非常贴切的，它具象地表达了储蓄积少成多、量入为出、以丰补歉的内涵。

图8-2是1971年为纪念法国松鼠储蓄银行（布雷斯特）成立150周年而发行的铜章。其中，铜章的一面是一只顽皮的小松鼠正在储存食物。

图8-3是1984年为纪念法国松鼠储蓄银行（洛里昂）成立150周年发行的铜章。铜章的一面是松鼠图案徽标及150周年的文字和数字；铜章的另一面是松鼠图案徽标、该地区纹章、银行大楼以及该银行支持的航运和捕捞业的船只。

松鼠的形象活泼灵动，惹人喜爱，拉近了储户与银行的关系。虽然最早的法国松鼠储蓄银行地区银行在1818年成立，但根据该银行

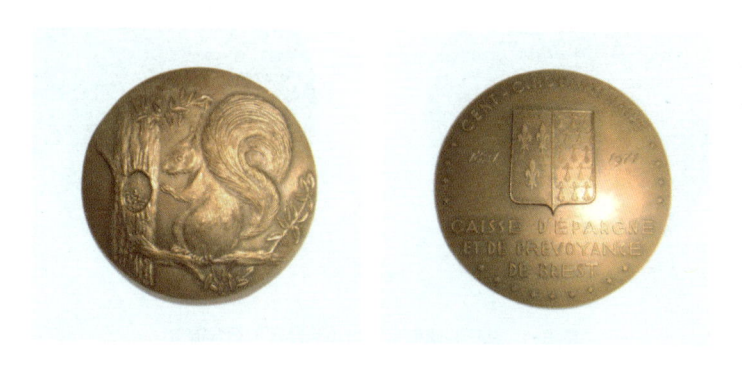

图8-2　法国松鼠储蓄银行（布雷斯特）成立150周年（1821—1971）纪念铜章

—8 松鼠的家园

图 8-3 法国松鼠储蓄银行（洛里昂）成立 150 周年（1834—1984）纪念铜章

网站上关于其历史的介绍，从 20 世纪 50 年代开始，法国松鼠储蓄银行才确定将松鼠的形象作为银行的徽标，并且该徽标与法国人对艺术的偏好轨迹一致。几十年来，法国松鼠储蓄银行的徽标也在悄然变化着，从具象艺术走向抽象艺术（如图 8-4 所示）。

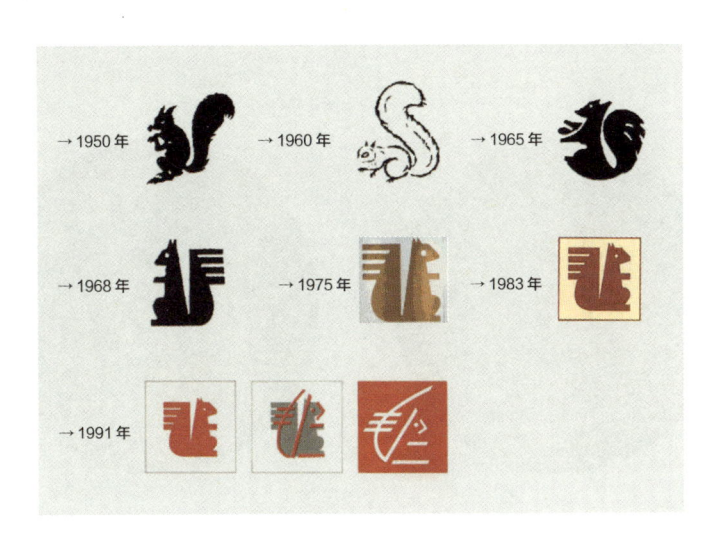

图 8-4 法国松鼠储蓄银行徽标的演变历史

在森林里，松鼠还有一批志同道合、同样偏好"储蓄"的朋友，它们共同成立了"动物储蓄协会"。首先，我们会想到蜜蜂。从储蓄银行早期的纪念章来看，不知是"过于低调"还是森林里没有照相馆，并不见松鼠的踪影。法国松鼠储蓄银行对蜜蜂形象的宣传超过了对松鼠形象的宣传。在早期发行的银行币章中，大量使用了蜜蜂的形象和它的"别墅"（蜂巢）图案，估计松鼠将蜜蜂作为学习榜样和追赶目标了。不过蜜蜂也的确值得松鼠敬佩，蜜蜂酿造1千克蜂蜜，要进行相当于6次的环球飞行，时间为1年3个月，飞扑近700万朵花，收获甜蜜的背后竟是如此艰辛的付出。20世纪50年代，法国松鼠储蓄银行才确定将松鼠形象作为银行的徽标。

图8-5是1945年为纪念法国松鼠储蓄银行（巴黎）成立10周年而发行的铜章。铜章的一面是蜜蜂和蜂巢的图案；铜章的另一面是众神将钱袋交给怀抱储蓄罐的女神。设计刻模者为法国著名雕塑家和币章艺术家查普莱·儒勒·克莱芒（Chaplain Jules Clement，1829—1909），

图8-5　法国松鼠储蓄银行（巴黎）成立10周年（1935—1945）纪念铜章

他是法国新艺术运动的创始人之一,毕业于巴黎美术学院。1863年,他的币章刻模作品获罗马大奖,之后他又多次获得奖项,被法国政府指定为官方的设计刻模师、为国王画像的专职画师及法郎货币设计者。他先后获得法国荣誉军团骑士和指挥官称号,他为沙皇尼古拉二世设计的金币被誉为"最令人震撼的杰作"。

图8-6是1934年为纪念法国松鼠储蓄银行(昂古莱姆)成立100周年而发行的方形铜章,铜章的一面是蜜蜂和蜂巢的图案。

图8-6　法国松鼠储蓄银行(昂古莱姆)成立100周年(1834—1934)纪念铜章

"动物储蓄协会"还有个重要成员——蚂蚁,蚂蚁好像一生都在忙碌地储存食物。英国《金融时报》首席经济评论员马丁·沃尔夫曾在该报发表过一篇幽默的文章:"西方人都知道蚱蜢和蚂蚁的寓言故事。蚱蜢很懒,在整个夏天唱歌玩乐,而蚂蚁在忙着储藏粮食,为冬天做准备。当寒冷的冬季来临时,蚱蜢向蚂蚁乞要食物,蚂蚁拒绝,最后蚱蜢饿死了。这则故事的寓意是什么?好吃懒做只能喝西北风。然而生活比伊索寓言更复杂,如今,蚂蚁是德国人、中国人和日本人,而蚱蜢是美国人、英国人、希腊人、爱尔兰人和西班牙人。"此外,马丁还建议"蚂蚁"不要借钱给"蚱蜢"。虽然法国松鼠储蓄银行运用仿生学原理,在纪念章上让松鼠、蜜蜂和蚂蚁充当储蓄营销员,创意十足,但可惜的是,全世界有许多"松鼠"、"蜜蜂"和"蚂蚁"都忘记了先人们讲过的寓言,在金融危机中还是吃了"蚱蜢"的亏。

图8-7是1933年为纪念法国松鼠储蓄银行(凡尔赛)成立100周年而发行的铜章。铜章的一面是蚂蚁在搬动谷物及银行成立100周年的年份;铜章的另一面是法国松鼠储蓄银行(凡尔赛)的古建筑。此铜章是法国著名币章艺术大师M. 德拉努瓦(M. Delannoy)的作品。

图8-7 法国松鼠储蓄银行(凡尔赛)成立100周年(1833—1933)纪念铜章

更为有趣的是,法国人还认为将松鼠作为银行的徽标和吉祥物是一种"中国风",是中国文化的象征。法国作者洛勒戈(Rologo)曾经在《法国 BPCE 银行集团的中国风行徽》中提出过这个看法[1]。确实，中外文化有相通之处，松鼠、蜜蜂和蚂蚁也被中国文化视为勤俭和储蓄的象征，赋予其良好的形象。此外，《周公解梦》一书中说道："梦见松鼠，艰苦奋斗会有所获；梦见捕捉松鼠或者把松鼠拿在手里，是吉兆，会找到藏匿的财宝。"而且，中国文化还将鱼、母鸡、肥猪、谷仓与储蓄联系起来：鱼是取中文的谐音，年年有（鱼）余；母鸡象征着生生不息；肥猪、谷仓象征畜旺仓满。

储蓄的历史由来

储蓄是人类有了财富剩余的产物。在漫长的历史进程中，温饱一度是人们的奢望，小康则是终极理想。很多人在省吃俭用后有了一点财富剩余，通常会采取"窖藏"的方式储藏金钱。有些信用机构，如苏美尔时代的神庙、中国唐代敦煌寺庙、意大利金匠、伦敦塔，甚至中国近代江南的煤球店、沙船业都曾起到储蓄银行的部分功能。但是，近现代的储蓄银行还是起源于欧洲。欧洲国家的储蓄银行模式是建立在早期的基督教的思想传统和价值观念基础上的。据考证，1810 年苏格兰牧师亨利·邓肯（Henry Duncan）博士创建了世界上第一家较有现代意义的储蓄银行——苏格兰第一储蓄银行。当时，储蓄银行的建立源于道德的考虑，亨利·邓肯认为穷人也有尊严，应该追求财务独立，虽有政府救济但也会有辱人格，他强调节俭和储蓄是人类良好的品行。事实证明，亨利·邓肯的储蓄银行是成功的，他坚

---

[1] 现在法国松鼠储蓄银行归属法国 BPCE 银行集团。

持认为，储蓄银行不是慈善机构，它的创立不需要任何人或组织的经济援助和保护，储蓄银行之所以能在英国获得成功，靠的就是储户本身。银行鼓励人们依靠自己积累资源为将来的生活和生存做准备，鼓励人们谨慎地使用自己辛辛苦苦赚来的血汗钱，这有利于形成有远见、珍视自尊、自力救济的品格。为了上述目的而创建的储蓄银行被人们公认为一种造福众人的国民银行。1817年，英国政府又通过了一项法令，在全国各地广泛兴建储蓄银行，意图在全民范围内扩大它的好处和影响力。

图8-8是首家成立的法国松鼠储蓄银行（巴黎）成立150周年的纪念铜章。铜章的一面是储蓄银行的大门门廊、徽标、银行名称和成立年份，另一面是蜜蜂与蜂巢的图案。

19世纪的法国在金融的各个方面都效仿英国。1818年5月22日，法国松鼠储蓄银行成立于巴黎，由弗朗西斯·皮鲁（François Pérol de la Rochefoucauld-liancout，1747—1827）和本杰明·德莱塞尔

图8-8　法国松鼠储蓄银行（巴黎）成立150周年（1818—1968）纪念铜章

（Benjamin Delesseit，1773—1847，见图8-9）创立。弗朗西斯公爵是法国著名的政治家、科学家、教育家和慈善家，他还是著名的法国巴黎工艺学院的创始人，曾担任过法国国民议会主席。本杰明·德莱塞尔也是著名的法国商人和慈善家。他们希望将金融的关注领域扩展到更广大的民众中去，通过储蓄改变穷人的状况。不过，法国松鼠储蓄银行一开始并没有十分成功，因为穷人没有多少储蓄能力，而且作为一家私人银行，客户对其也缺乏信任。为此，法国松鼠储蓄银行的创始人向法国政府发出求救信号。1835年6月，法国政府认可法国松鼠储蓄银行是公益性的私人银行。这极大地促进了其业务发展，次年，法国松鼠储蓄银行的储蓄存款达到了1.47亿法郎。1839—1847年，法国各地区的储蓄银行数从284家增加到304家。1837年3月31日，法国政府立法由法国储蓄银行署对储蓄进行监管，1895年又由法国储蓄银行署对各地区546家法国松鼠储蓄银行建立存款保证金制度。之后，法国松鼠储蓄银行开始更多地介入地方政府的经济和项目，其中法国

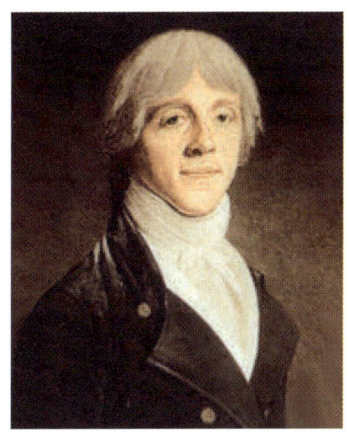

图8-9　法国松鼠储蓄银行创始人弗朗西斯·皮鲁（左）和本杰明·德莱塞尔（右）

松鼠储蓄银行（阿尔萨斯）和法国松鼠储蓄银行（洛林）率先介入。

1950年，被称为法国地方融资平台法的《让·曼约茨（Jean Minjoz）法》出台，此法以议案提出者、时任贝桑松市市长的曼约茨的姓命名。此法要求各地储蓄银行用储蓄资金及低息支持法国地区政府及企业法人，而且资产负债表中至少有一半资金要用于此，为地方政府提供社会及经济基础建设所需的资金融通和财务安排。此特殊任务令储蓄银行与法国地方政府建立了密切的合作关系。

图8-10是1950年为纪念法国储蓄与退休银行（中心）成立100周年发行的铜章。铜章的一面是大蜂巢与蜜蜂、银行名称及纪念100周年的年份；铜章的另一面是时任法国财政部长弗里尔-欧尔班（Frere-Orban），此人还是比利时国家银行的创始人，在1868年担任法国总理。

顺带说几句，地方融资平台史可谓历史悠久，内容翔实。不仅于

图8-10　法国储蓄与退休银行（中心）成立100周年（1850—1950）纪念铜章

1694年创立的英格兰银行因此诞生，而且德国也在1870—1918年以及1940—1945年建立地方政府融资平台法规，法国当然也不能"脱俗"。1965年后，法国储蓄银行业务进入多元化发展时期，银行业竞争愈加激烈。1984年，法国成立了法国储蓄银行全国中心，负责全国储蓄银行体系的组织、管理和监督。储蓄银行被定义为非营利性信贷机构。法国储蓄银行的科技、银行机构、清算开始往现代银行的方向发展。1987年，法律才同意储蓄银行从零售领域进入批发公司信贷领域，后经批准进入投资银行领域。根据1991年7月10日的法规，政府决定建立更有实力的地区储蓄银行，法国各地储蓄银行数从180家合并到35家，35家地区储蓄银行的股份由450家社区性储蓄银行拥有。社区性储蓄银行又由各自的成员拥有，并成立两个总部管理各储蓄银行，1995年，两个总部最终合并为一家储蓄银行总部（Caisse Centrale des Caisse d'Epargne）。1999年，法国储蓄银行在法律上成为合作银行，储蓄银行总部改名为法国国家储蓄银行（Caisse Nationale des Caisse d'Epargne，简称CNCE），又称法国储蓄银行集团。经历了一些重要兼并后，法国国家储蓄银行跃居法国的领先银行，成为业务范围广泛（包括银行、保险、房地产和多品牌）的金融集团。

图8-11是1964年为纪念法国松鼠储蓄银行（勒阿弗尔）成立142周年发行的银章。银章的一面是众人将钱存入女神手提的储蓄罐中，另一面是鲜花、储蓄银行142周年纪念的日期和文字。此银章的设计刻模师是法国著名的雕塑家和币章刻模者拉乌尔·拉穆尔德迪（Raoul Lamourdedieu，1877—1953）。图8-12为法国国家储蓄银行纪念铜章。

图 8-11　法国松鼠储蓄银行（勒阿弗尔）成立 142 周年（1822—1964）纪念银章

图 8-12　法国国家储蓄银行纪念铜章

—8 松鼠的家园

琳琅满目的松鼠储蓄银行古纪念章

由于储蓄银行的创立宗旨是让穷人财务独立,聚沙成塔、集腋成裘、积少成多就成为储蓄银行的宣传重点,将储蓄罐作为储蓄银行的符号更是司空见惯。在松鼠储蓄银行的古纪念章(如图 8-13 所示)上,出现最多的是储蓄罐这一西方的"扑满"(中国的储蓄罐)。

图 8-14 是 1933 年发行的法国松鼠储蓄银行方形纪念铜章。铜章的一面是一位带着孩子的妇女将装有辛勤积蓄的钱袋交予女神,女神坐在钱箱上接受沉甸甸的信任与重托。

图 8-15 是 1935 年发行的法国松鼠储蓄银行(阿布维尔)成立 100 周年(1835—1935)纪念银章。银章上的图案包括母亲教女儿将钱存入大罐中及银行纹徽、地区著名建筑等。此银章的设计刻模师是著名的币章艺术家 J. 斯加尔(J.Sgard)。

图 8-16 是 1935 年发行的法国松鼠储蓄银行(欧赛尔)成立 100 周年(1835—1935)纪念铜章。铜章上的图案是女神手持钱袋,众人将金钱投入储钱大罐中及欧赛尔当地的著名建筑。此铜章的设计刻模师是 C. 查理(C.Charl)。

随着法国银行体系的不断改革,储蓄银行的数量大幅减少,一步一步从分散走向集中,最终成为全能商业银行,从而与法国经济结构及公司结构相适应。由于法国松鼠储蓄银行拥有近 200 年的历史,早期储蓄机构繁杂众多,每家储蓄银行的成立时间又不同,各地区储蓄银行都具有相对的独立性,同时各家银行又喜好发行纪念币章,所以,法国著名的币章艺术家得以充分展现他们的才华,驰骋在方寸之间,尽情发挥银、铜等金属的特性,不仅为金属币章雕塑创造了永恒

图 8-13　法国松鼠储蓄银行纪念铜章

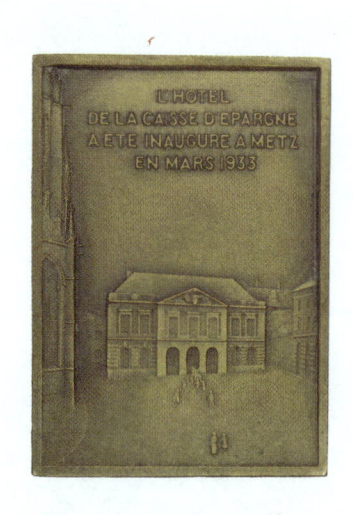

图 8-14　法国松鼠储蓄银行纪念铜章

图 8-15　法国松鼠储蓄银行（阿布维尔）成立 100 周年（1835—1935）纪念银章

图 8-16　法国松鼠储蓄银行（欧赛尔）成立 100 周年（1835—1935）纪念铜章

的艺术珍品，而且为银行史留下了永存的历史佐证和实物档案。法国松鼠储蓄银行的纪念币章种类较多，估计有上百种，形成了全球银行业纪念币章的一道独特的风景线。专题集藏法国松鼠储蓄银行币章物美价廉，并且可以进行银行历史、币章艺术的研究，是一个独辟蹊径的选项，只是年代已久，有些币章已难寻觅。我从已经寻觅到的法国松鼠储蓄银行币章中挑选了一些与读者分享，只是挂一漏万，难以齐全。

由于储蓄银行机构分散且规模相对较小，难以面对强大的跨国银行的竞争，因此储蓄银行就抱起团儿来，在欧洲，成立了国际储蓄银行协会，后改成世界储蓄银行协会。中国工商银行还成为它的会员。当初，中国工商银行因储蓄业务十分强大而自认为是一家储蓄银行。早期中国工商银行历任行长张肖、刘廷焕和我还曾担任过该协会的副会长。其实，中国工商银行从性质上看并不是储蓄银行，在世界储蓄银行协会成员中没有一家这样巨型的银行。而且许多国家储蓄银行都是国有的，属于公益性或半公益性，比如利润必须用于公益事业，其业务范围、资本要求也与商业银行有所不同。

不过，市场经济的发展使许多国家的储蓄银行开始步履维艰，财务陷入困境，近年来的次贷危机和欧洲主权债务危机，更加剧了以零售和按揭为主要业务的储蓄银行的经营困难。成立于1836年的西班牙储蓄银行体系爆发了危机，该国储蓄银行被合并及改制成股份制商业银行；俄罗斯储蓄银行也改制成股份制商业银行；德国的储蓄银行则被德意志银行收购；美国储蓄银行华盛顿互惠银行因深陷次贷危机而被摩根大通银行收购；法国松鼠储蓄银行则选择与法国大众银行合并成立法国大众-储蓄银行集团（BPCE）（在下一章"松鼠的觅食"

—8 松鼠的家园

中详述),转身成为大型商业银行。拥有近 200 年历史的古老欧洲储蓄银行体系正面临着风雨如晦、危楼将倾的局面,风暴过后,还会有独立的储蓄银行残存吗?百年的储蓄银行古纪念章是否会成为金属"遗迹"和时代绝响呢?

抚平思绪,不妨再来赏读一枚为纪念法国松鼠储蓄银行成立 100 周年而发行的铜章(如图 8-17 所示)。铜章的一面可见女神庇护下的老人,这让人联想到百年储蓄银行的兴衰,女神怀抱着的储蓄大罐还安稳吗?风暴后的储蓄银行丰饶角中还能倒出金钱吗?铜章的另一面,储蓄银行未来方向的"箭头"又指向何方?

图 8-17　法国松鼠储蓄银行(Flèche)成立 100 周年(1836—1936)纪念铜章

注:该铜章的设计者是 P. 勒诺瓦(P. Lenoir)。

9

松鼠的觅食

从几枚纪念章看与法国松鼠储蓄银行相关的购并

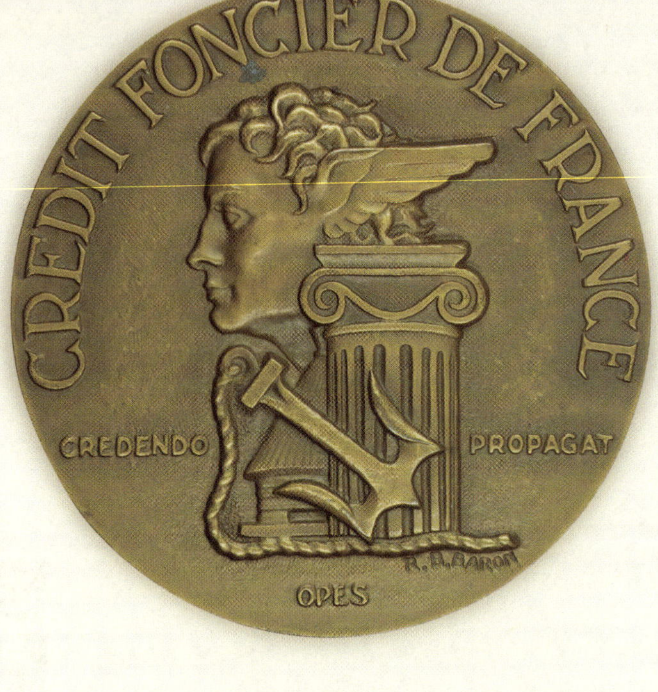
CREDIT FONCIER DE FRANCE
CREDENDO
PROPAGAT
OPES

—9 松鼠的觅食

上一章"松鼠的家园"介绍了法国松鼠储蓄银行自1818年起,从一家一户的小型储蓄银行通过合并逐步走向集中的过程。1984年,法国储蓄银行的总数是468家,居各家中小信贷机构之首。而后通过一系列的合并,1996年,法国储蓄银行的总数减少至34家。最终再经整合,这家经过近200年漫长岁月的松鼠储蓄银行成为一家大型银行集团。"松鼠"们感受到了集体的力量,它们摆开"松鼠大阵",挥松枝、掷松果,从内战走向外战,开始了收购兼并的"觅食"行动。

松鼠扩充地产

图9-1是法国地产信贷银行成立100周年(1852—1952)的纪念铜章,发行于1952年,距今60多年。铜章重172克,直径为68毫米,设计和雕塑奇异大胆,精美绝伦。铜章的一面刻有希腊神像、希腊柱、储蓄罐和铁锚,表明了该银行服务房地产业、开展公共存款和拓展海外业务的特性。当然,它也许还蕴含着该银行居于庙堂之上、与政府关系密切的喻义。铜章的另一面呈现了一棵枝繁叶茂的大树,寓意法国地产信贷银行百年来业务发展欣欣向荣。铜章的两面都有法国

币章设计者巴隆（Baron）的签名。

图 9-1　法国地产信贷银行成立 100 周年（1852—1952）纪念铜章

1852 年 3 月 28 日，经拿破仑三世批准成立法国地产信贷银行，其原始资本为 6 000 万法郎。该银行初始的名称为巴黎地产银行（Banque Foncière de Paris），一年后改名为法国地产信贷银行（Crédit Foncière de France），并在法国纳韦尔和马赛设有机构。该银行设立的宗旨是希望能弥补信用结构的空白，对法国银行业予以现代化改造，并扩大对欧洲及其他地区的投资。成立初期，法国地产信贷银行主要是地方政府的融资平台，参与政府基础设施工程。假如有学者想研究世界政府融资平台史，该银行的历史有一定的学术价值。

图 9-2 是法国地产信贷银行的纪念银章。银章的一面由两个圆环构成，内环写有"法国地产信贷银行"的法文名称，外环由牛头、羊头、齿轮、花环环绕；银章的另一面由两侧花束环抱着"1852 年 3 月 28 日和 12 月 10 日决定"的法文字样。

图 9-2　法国地产信贷银行纪念银章

法国地产信贷银行大量开展社区贷款，这也是受路易斯·伍思凯（Louis Wolowski，1810—1876）提倡的金融思想影响。路易斯·伍思凯是波兰裔法国人，是法国著名的政治家、经济学家和律师，他的金融思想对拿破仑三世影响很大，他对法国地产信贷银行的创立起到了重要的作用。法国地产信贷银行也可以说是房屋按揭贷款及其规则制定的鼻祖。例如，该银行规定的房屋贷款额不能超过房屋抵押价值的一半，贷款首期、还本付息等规则至今还在沿用。第二次世界大战后，该银行最重要的业务是投资、融资和管理战后重建的国家贴息的社会分配住房贷款。法国地产信贷银行是法国最大的办理住房按揭贷款的专业银行，也为企业提供房地产投资策划、估值和咨询，固定和浮动利率贷款，可赎回贷款，租赁贷款，信用保险，以及房地产开发、土地开发的项目资金。不知其广告语中是否曾有"要买房、到地行"？法国地产信贷银行的业务主要在法国国内，但参与者却是全球性的，主要通过约 4 000 个包括法国的银行分行、资产管理公司、房地产代理商等合作者网络，以及比利时和葡萄牙的代理网络开展业务。法国地产信贷银行的总部位于距巴黎 100 千米外的沙朗通勒蓬（Charenton-le-Pont）。繁衍而昌盛的"松鼠家族"迫切需要新的土地来发展。1999 年，法国储蓄银行收购了法国地产信贷银行 90.5% 的绝对控股权，将其改名为法国地产金融公司（Compagnie de Financement Foncier），它是法国储蓄银行集团的子公司，行徽如图 9-3 所示。

图 9-4 是 1929 年法国地产信贷银行在法国除巴黎以外的地区开办业务 50 周年的纪念铜章。铜章的一面是手持倾倒财富丰饶角的女神召唤着耕耘的农夫；另一面记载着开办年份"1879—1929"。

图 9-3　法国地产金融公司行徽

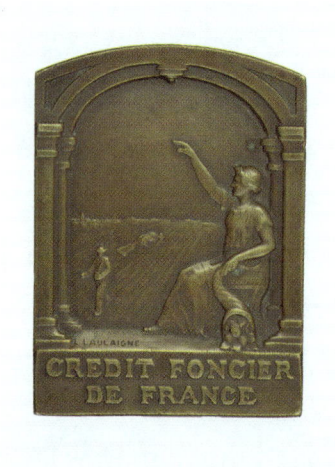

图 9-4　法国地产信贷银行成立 50 周年（1879—1929）纪念铜章

螳螂捕蝉,"松鼠"在后

花开两朵,各表一枝。1919年10月10日,法国国民信贷银行(Crédit National)成立。图9-5是1969年法国国民信贷银行为纪念该银行成立50周年(1919—1969)而发行的铜章。铜章重188克,直径为80毫米。铜章的一面是法国国民信贷银行成立50周年纪念文字"国民信贷(1919—1969)",以及双树掩映下的银行大楼。铜章的另一面是一幅抽象艺术画,并有铜章设计者德马士(Demarchi)的签名。法国国民信贷银行是一家法国的政府银行,其董事长、总经理都由政府任命,受法国财政部监督。该银行的主要资金来源是在金融市场上发行债券及向政府、存款与信托金库、保险公司借款,从事政府和中小企业、私人贷款业务,以及受理法国战争赔款。该银行

图9-5 法国国民信贷银行成立50周年(1919—1969)纪念铜章

是准政府性质的经营实体，它的机构性质和雇员管理都参照公务员管理，但雇员并没有公务员身份。1996年，法国推行银行私有化，法国国民信贷银行与法国外贸商业银行（Banque Francaise du Commerce Extérieur，简称BFCE）通过协商合并成立了新的银行，新银行取名"Natexis"，在中国一般被称为法国外贸银行。

图9-6所示的精美长方形铜章是法国外贸商业银行于1976年发行的。铜章的一面是脚踏有翼飞轮的商业之神墨丘利（Mercury），他手执象征财富的蛇形杖俯视人间。铜章的另一面是枝繁叶茂及倾倒出丰硕果实的丰饶角，远处可见象征经济繁荣、航运繁忙的莱茵河，铜章上方是法国外贸商业银行的法文名称。

图9-6 法国外贸商业银行纪念铜章

法国外贸银行诞生于1947年10月1日，其中法国通用保险拥有43%的股份，里昂信贷拥有24%的股份，法兰西银行拥有11%的股份。后来这家银行成为政府控股的银行,股份分别归属法兰西银行(即法国中央银行,占资本总额的 25%)、其他政府机构以及国家控制的财务机构。1990 年,该银行规模位列法国银行业第 9 位。法国外贸银行是一家半官方的中长期信贷专业银行,是法国唯一一家由中央银行参股的银行,其董事都是由法国财政部任命的。该银行的业务是通过银行的直接扶持或担保对外贸出口进行支持,它是一家具有业务独特性、多样性和全面性特点的批发银行,还提供投资银行、资产管理和经纪业务服务。该银行具有广泛的客户群,包括中小企业、机构投资者及金融同业。法国外贸商业银行与国民信贷银行的合并,也是银行业中常见的"抱团取暖"行为。

知了还在抱团取暖的时候,螳螂出现了。与这场"螳螂捕蝉"有关的法国合作银行,又称为大众银行。在中国,我们常听说城市信用社和农村信用社合并后,往往改名为合作银行。有些合作银行在演变的过程中改变了合作制性质,就成为股份制商业银行。以某市银行为例,××信用社→××城市合作银行→××城市商业银行→××商业银行→××银行,从更名可以看出其从合作制银行走向股份制商业银行的演变过程。图 9-7 是一枚法国大众银行的纪念铜章,高浮雕设计,气质华美。铜章的一面是女神舒展双臂,庇护着母亲和婴儿,下方是法国大众银行楼宇银团纪念法文。铜章的另一面是一只昂首啼叫的雄鸡(公鸡一向是法国的象征,法国人尊崇公鸡的勇敢好斗,以此作为法国民族的神圣象征),上方有法国大众银行信贷文字,下方为银行徽记。铜章上有设计者法国著名雕塑和币章刻模艺术家莫里斯·德兰努瓦(Maurice Delannoy,1885—1972)的签名缩写。他是法国艺术沙龙会员,曾获法国艺术荣誉勋章和骑士勋章。此铜章的

图9-7 法国大众银行纪念铜章

创作时间为20世纪30~40年代。

法国的信用社和合作银行历史悠久。最早的信贷互助合作银行于1878年就出现在法国昂热，其宗旨是为中小企业和私人企业家等服务。1917年，法国大众银行的机构开始确立合作银行的定位，因此，该银行将1917年3月作为创立月。1921年，法国大众银行总部成立，经过几十年的发展，它成为法国银行界的巨头之一，它由18个区域银行、CASDEN大众银行及信贷合作社构成。1998年，法国大众银行在法国拥有346万名客户、3391个分行，业务机构分布在70个国家。图9-8至图9-11为法国大众银行部分机构的纪念币章。

1996年，法国银行业推行私有化，猎食的机会到了。法国外贸银行本身的规模虽然不大，资产仅为495亿美元，资本为21亿美元，但是其国际业务很有活力，在许多国家设有分支机构。1999年，当时在法国国内排名第8位，由30家地区银行组建而成的大众银行集团出手收购了法国外贸银行，将其作为大众银行集团的全资附属行。大众银行也改名为大众外贸银行（Natexis Banques Populaires）。这一兼

—9 松鼠的觅食

图 9-8　法国大众银行上莱茵省机构成立 75 周年（1909—1984）纪念银章

图 9-9　法国大众银行雇主联合会成立 20 周年（1929—1949）纪念铜章

注：该铜章的设计者是 F. 德波利（F. Depaulys）。

图 9-10　法国大众银行弗朗什孔泰地区机构成立纪念铜章

图 9-11　法国大众银行（图卢兹-比利牛斯）成立 100 周年（1893—1993）纪念铜章

注：该铜章的设计者是皮沙尔（Pichard）。

并以优势互补为特色：一是客户类别的互补，外贸银行的客户主要为大型企业，而大众银行的客户多为中小企业和个人；二是业务范围的互补，外贸银行以国际业务见长，而大众银行主要经营国内业务。大众银行收购外贸银行后，将自身原有的国际业务也转到外贸银行统一办理。

当"螳螂"忙于"捕蝉"时，"松鼠"在干什么呢？2004年7月1日，法国松鼠储蓄银行与法国储蓄基金签订战略合作协议，法国储蓄基金以34亿欧元将其所拥有的投资银行CDC IXIS交给法国松鼠储蓄银行经营管理，CDC是法国储蓄基金（Caisse des Depots et Consignations）的简称。而法国储蓄基金因此拥有了法国松鼠储蓄银行35%的股份。CDC IXIS银行实力不弱，拥有资产290亿欧元，雇员5 500人（40%在国外工作）。开了眼界的法国"松鼠"们已经不甘心从事日晒雨淋、起早贪黑却只能混个温饱的"农夫生活"（商业银行）了，它也要扛起猎枪，上山打猎。打猎的生活虽常挨饿受冻，但捕获猎物后却能过上满嘴流油、大快朵颐的生活（投资银行）。

多次收购成功，更使"松鼠"们跃跃欲试。2006年11月17日，法国松鼠储蓄银行与法国大众银行宣布两家银行成为"儿女亲家"，法国大众银行集团所属的大众外贸银行和法国松鼠储蓄银行所属的投资银行CDC IXIS合并。两家银行的合并资本金超过新银行资本金的70%，其余资金交由巴黎证券交易所公开筹募。合并后的新银行更名为那提西银行（Natixis）。原银行法文名字Natexis中的e改成了i，伊（他）改成了我（i），从此亲密无间了，其中文名仍为法国外贸银行。该银行的两家母银行各持股34%，另外25%的股票用于上市招股，其余7%的股份将由机构投资者拥有。新银行拥有600万家企业客户和 2 600 万名个人客户，一度成为继法国农业信贷银行之后的第二大银行，其业务包括传统的商业银行业务、资产管理、保险和公司理财。"儿女"喜结"连理"后，两个单身的"亲家"也感情大增，眉目传情。前文介绍过法国松鼠储蓄银行很强大，但法国大众银行也不一般，2008 年 12 月，大众银行的分行达 3 391 个，在 70 个国家开展业务，客户数量达 940 万人。

值得一提的是，法国松鼠储蓄银行和法国大众银行从"亲家"最终结为"夫妻"，是欧洲金融危机做的"红娘"。据说，起初的"相亲"过程并不顺利，最后法国政府决定"拉郎配"，总统府原副秘书长佩罗尔（Perol）被任命为两家银行的兼职一号人物。对佩罗尔的任命曾引起激烈的争论，巴黎检方还曾对其开展过调查，但最终两家银行的"婚姻"还是取得了巨大的进展。2009 年，法国大众银行和法国松鼠储蓄银行联合宣布两家合并，正式组建大众-储蓄银行集团（Group Banque Populaire et Caisse d'Epargne，简称 BPCE），从 2009 年 8 月 3 日起完全按集团管理运行，从而正式宣告了法国第二大银行集团的诞生。新集团总计有 3 400 万名客户，在法国本土有 8 000 多家营业网点，其法国本土雇员人数接近 11 万人。新集团拥有一个统一的最高管理机构，但其管理模式独特，两家银行将保留自己的品牌并独立拥有零售网络，独立开展业务，法国大众银行的行政总裁菲利普·杜邦（Philippe Dupont）任新集团 CEO（首席执行官）。饶有趣味的是，法国的艺术家们仍不忘在新银行大众-储蓄银行集团的徽记上展现他们对抽象艺术的偏爱。新银行标志（如图 9-12 所示）具有浓厚的中国风，由毛笔淡淡地勾勒出一个圆圈的图形，既有显而易见的中国书法的笔触，同时紫色的墨水又含有西洋水彩的味道，显得十分优雅。原法国松鼠储蓄银行与原法国大众银行的标志如图 9-13 所示。

图 9-12　法国大众-储蓄银行集团标志

图 9-13　原法国松鼠储蓄银行标志（左）和原法国大众银行标志（右）

寒冬时节的松鼠危机

不过，欧洲金融危机给法国松鼠储蓄银行和法国大众银行的"婚姻"带来的不只是"蜜月"的甜蜜，也带来了不少烦恼。2008 年，法国外贸银行陷入华尔街的"庞氏骗局"。同时，小股东还提起诉讼，指责其在 2006 年年底首次上市招股的时候有欺诈行为。屋漏偏逢连夜雨，次贷危机和金融危机又给外贸银行以致命的打击。由于其金融衍生产品敞口较大，一年多来其亏损新闻不断。根据法国外贸银行公布的年报，2008 年其亏损达到 28 亿欧元，"子女"糟糕的表现严重拖累了两大母集团的业绩。在成立之初，银行的股价曾一度突破 22 欧元，其总市值曾高达 250 亿欧元。由于利空消息频出，法国外贸银行股价自次贷危机之后就坐上了"滑梯",股价曾跌至 1.1 欧元。寒冬时节来临了。本章前面提及的那家于 1852 年成立的地产信贷银行,一度给"松鼠"们带来收购扩张的欣喜,然而,由于资本的压力,大众-储蓄银行集团无奈将其于 2011 年 7 月协议出售给两家投资基金,对价超过 10 亿欧元,预期能提高大众-储蓄银行资本 25 个基点。"松鼠"只能靠储粮过冬了。

法国松鼠储蓄银行的故事该暂告一段落了。从"松鼠的家园"到"松鼠的觅食"可以看到,从第二次世界大战后至 20 世纪 80 年代中期,法国一直实行国家垄断资本主义的经济模式,其金融业几乎完全在国家的控制之下,高度垄断导致法国国有银行常常脱离市场规则运行,机构臃肿,人浮于事,效率低下,缺乏竞争力,国家背上银行亏损的巨大负担。此外,高新技术在银行业的广泛应用加剧了各国银行业的竞争,使众多小微型金融机构更加难以生存。成本压力还对法国银行业原来遍布全国的机构网点提出了严重的挑战,迫使银行业不断地进行整合。数百年来,全球金融危机的腥风血雨,使政府和监管者也从历史与现实教训中认识到"一根筷子易折,十根筷子难断"的道理。于是,千千万万的独立法人的储蓄社、信用社的小舢板被要求逐步捆绑成大船。全世界的银行改革也走上了基本相同的道路,欧美的法人银行越来越少,法国松鼠储蓄银行和法国大众银行的整合兼并过程就是一个生动的写照。美国的法人银行也从 1995 年的 14 000 多家,缩减到了目前的 4 000 多家。

然而,世界金融舞台总是上演着一幕幕似曾相识又迥然不同的剧目。固然小船稍遇风浪即会倾倒,但如泰坦尼克一般的大船也会葬身海底。雷曼、美国国际集团(AIG)等就上演了与"大而不能倒"相反的悲剧。难道天下大势真如《三国演义》开篇所说的"分久必合，合久必分"？其实，金融危机就是通过极度破坏性的方式来惩罚或平衡社会的极度失衡，失误的政策、失效的监管、失衡的社会和贪婪的人性才是金融危机的始作俑者。仅仅通过金融机构的分离聚合，争议银行规模大小的孰利孰弊来头痛医头、脚痛治脚，都不会是解决金融危机的良药秘方。

10

100年前的世界银行"巨无霸"

从法国里昂信贷银行的历史铜章
看百年大行的兴衰

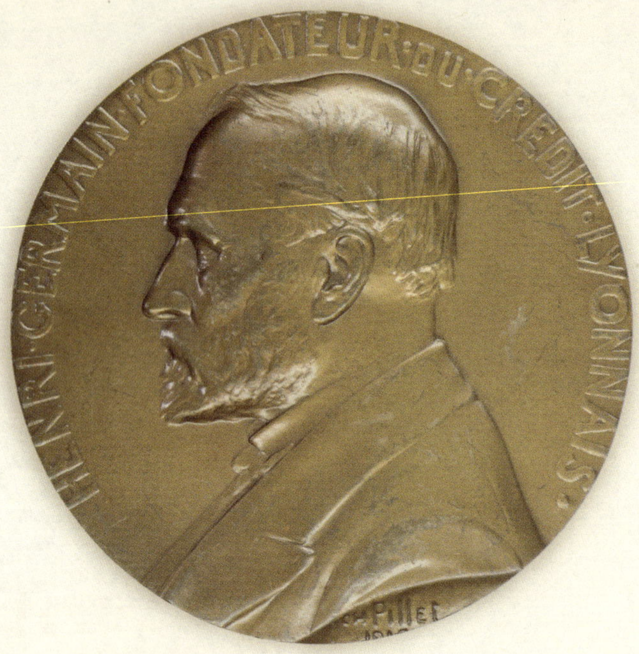
HENRI·GERMAIN·FONDATEUR·DU·CREDIT·LYONNAIS·

里昂信贷银行曾经是法国最重要的三大银行之一,也曾成为全世界最大的银行并因此闻名遐迩,在全球银行史中占据着重要地位。很多金融史学家潜心研究这家银行,发表过不少论文和著作,它的百年兴衰史就是一部资本主义、帝国主义及殖民主义的发展史和兴衰史。我寻觅到几枚这家银行的历史古章,脑海中浮现了这些古章所蕴含的金属记忆。

亨利·热尔曼与里昂信贷银行

图 10-1 呈现的是里昂信贷银行(Crédit Lyonnais)发行的大铜章,重 239.2 克,直径为 80 毫米。该章系法国著名雕刻家、币章刻模大师夏尔·皮耶(Charles Pillet,1869—1960)的作品,铜章上刻有他的签名,但此章曾经被翻模过多版。夏尔在 1890 年获得过罗马艺术大奖,也获得过荣誉军团骑士勋章。他的个人作品赢得了 1900 年巴黎世博会银奖。铜章的正面是里昂信贷银行的创始人亨利·热尔曼(Henri Germain,1824—1905)的肖像,以及环绕在肖像周围的法文"里昂信贷银行创始人亨利·热尔曼"。铜章的背面为盾形行徽斜靠大

树的图案和里昂信贷银行行名。

图 10-1 法国里昂信贷银行纪念铜章

从 1461 年日内瓦集市的很多业务转移到法国里昂开始，里昂就成为当时法国的金融和工业中心。里昂信贷银行诞生于路易·拿破仑建立的法兰西第二帝国（1852—1870）时期。拿破仑三世希望新成立的存款银行能够提供对实体经济的贷款，他批准成立了几家在以后几十年都赫赫有名的法国银行：1859 年成立的法国工商信贷银行、1863 年成立的里昂信贷银行和 1864 年成立的法国兴业银行。里昂信贷银行因其总部所在地而得名，其主要创始人阿尔勒·杜福尔（François Barthélemg Arlès-Dufour）是里昂富裕的经纪人，也是国际商会的创始人之一。里昂信贷银行成立时发行了 4 万股股票，每股价格为 500 法郎。当时 39 岁的创始人之一亨利·热尔曼（见图 10-2）成为首任行长。亨利曾是律师、股票经纪人、丝绸商人和矿业主，他出生于里昂富豪家庭，以持有 2 150 股股票成为里昂信贷银行的最大股东。从里昂信贷银行成立到 1905 年 2 月去世，亨利·热尔曼对里昂信贷银行产生了重大影响。起初，里昂信贷银行吸收小额存款，50 法郎就能免费开户，其信贷业务与丝绸业有紧密联系，对制造业和商业短期贷款也感兴趣。里昂信贷银行成立一些年后，里昂一家染料厂的危机曾波及这家银行。亨利·热尔曼要求银行无条件地偿付客户存款，这使得里昂信贷银行的信誉大增，极大地促进了其业务发展。而且，这一做法很快成为其他银行的通行做法。亨利·热尔曼在 1865 年

图 10-2　亨利·热尔曼

娶了一名巴黎女子为妻，他因而成为"双城族"，定期往返巴黎。面对银行内部认为他对业务不够用心的质疑，亨利·热尔曼振振有词，认为法国经济重心已经转向巴黎，巴黎分行日益重要。此外，他已成为法国议会的议员，因此会议也不少。当然，巴黎也使亨利·热尔曼的影响力日渐提升，他成为普法战争结束时财政条款谈判的积极参与者和议会里的金融专家，还是法国财政部长的候选人。

里昂信贷银行成立后不久便开始在法国的南部和东南部开设分行，分支机构逐渐遍布法国各地。1870 年，里昂信贷银行在伦敦成立了第一家海外分行。1875 年后，又在君士坦丁堡、亚历山大、日内瓦、马德里、维也纳、圣彼得堡及纽约开设分行。从 19 世纪下半叶开始，法国对外信贷增长很快，增幅超过了英国。里昂信贷银行也非常活跃，它忘却了在巴拿马运河项目上的损失，在沙俄激进地发放贷款，在非洲也开展了业务（1890 年法国里昂信贷银行证券如图 10-3 所示）。1901—1913 年，该银行的总资产从 17 亿法郎上升到 28.3 亿法郎。尽

管日俄战争爆发导致沙俄政府停还贷款,同时一些国外的媒体还攻击里昂信贷银行,称其外国分行实质上是反动的政治中心,使里昂信贷银行陷入丑闻中,但是它依然繁荣不衰。亨利·热尔曼在去世前,含笑看到了里昂信贷银行总资产在 1900 年超过了劳埃德银行和德意志银行,首次在全球排名第一。里昂信贷银行骄傲地将该纪录一直保持到 1920 年。

图 10-3 1890 年法国里昂信贷银行证券

图 10-4 是里昂信贷银行为纪念康斯坦丁·卡耐基(Constantin Canaki)于 1917 年 8 月 16 日逝世而在法国发行的纪念铜章。铜章长 75 毫米,宽 69 毫米,重 159 克。铜章上刻有文字"国家的荣耀",表达了里昂信贷银行当时踌躇满志的心态。

里昂信贷银行成为资本主义的象征,它的影响无处不在,流亡在

—10 100年前的世界银行"巨无霸"

法国的俄国革命家列宁也曾在里昂信贷银行开户存款。里昂信贷银行的分支机构早早遍布全球,而1913年后美国的《联邦储备法》才允许美国的银行设立海外分行。1913年,里昂信贷银行在巴黎的新总部落成,这座大楼由当时法国著名的建筑大师Bouwens[1]设计,豪华的装修象征着里昂信贷银行的实力。在相当长的时期内,里昂信贷银行一直是银行业创新的楷模,它早在1956年就使用了ATM机,在1967年发行了信用卡,堪称银行业科技创新的先驱。

图10-4　法国里昂信贷银行康斯坦丁·卡耐基逝世纪念铜章

天堂里的哭声与笑声

里昂信贷银行在巴黎最早的标志性建筑,是1878年亨利·热尔曼任行长期间建成的里昂信贷银行巴黎老大楼(见图10-5)。老大楼豪

---

[1] 全名为William Bouwens van der Boijen,译为威廉·鲍文斯·范·德·博伊根。

华典雅，美轮美奂，同时也是巴黎迎接1878年第三届世博会的一栋建筑。这一金融殿堂的设计及建造者，就是后来因设计建造法国埃菲尔铁塔而闻名天下的古斯塔夫·埃菲尔（Gustave Eiffel）。令人扼腕的是，1996年5月5日，这栋华丽的建筑因为交易室着火，被烧超过12小时，被摧毁了三分之二的楼体及银行的关键档案和计算机数据，这是巴黎25年内对建筑损坏最严重的火灾。除了2002年里昂信贷银行被收购的噩耗外，这场火灾大概是亨利·热尔曼在天堂里最大的伤心事了。

图10-5　1878年建造的里昂信贷银行巴黎老大楼

不过，亨利·热尔曼也有得意之处。他著书立说，提出的"亨利·热尔曼学说"被认为是银行业审慎监管的鼻祖理论。亨利·热尔曼从长期银行业的实践中总结出，必须将商业银行与投资银行区分开来，要根据不同的资金特点，设立不同的规则，分别监管，以免发生因资产负债期限不匹配而导致的流动性风险，并且商业银行资金不得投资工商业。这一观点在1882年被作为"亨利·热尔曼原则"提出，并在当年法国通用联合银行的危机中被采纳。1904年，他的观点被誉为"亨利·热尔曼学说"。这一学说在法国的应用，早于1933年全球经济大萧条后美国国会通过的《格拉斯-斯蒂格尔法案》，但这一法案在1999年美国《格雷姆-里奇-比利雷法案》推出后被国会废除。2009年12月，美国亚利桑那州参议员约翰·麦凯恩（John McCain）和美联储前任主席保罗·沃尔克（Paul Volcker）提出重新应用《格拉斯-斯蒂格尔法案》的想法，之后美国出台的金融新监管法案中又浮现出"亨利·热尔曼学说"的影子。百余年后，亨利·热尔曼的影响仍然存在，他怎么能不为自己的远见卓识而感到欣慰呢？

图10-6是里昂信贷银行国际化扩张的记忆——1985年发行的里昂信贷银行葡萄牙分行成立90周年（1895—1985）纪念大铜章。铜章的一面是庆祝里昂信贷银行在葡萄牙阿利普安纳的总部大楼于1985年2月14日落成，另一面是该银行九十年庆祝的文字、年份和行徽。

图10-6　法国里昂信贷银行葡萄牙分行成立90周年（1895—1985）纪念铜章

为什么受伤的总是我

木秀于林，风必摧之。里昂信贷银行的"悲剧"也是不可胜数，甚至留下了一堆丑闻。第一次世界大战和第二次世界大战的爆发，使里昂信贷银行受伤不轻。俄国在十月革命后关闭了所有外国银行和私有银行，废除一切债务，里昂信贷银行被迫撤离。从1920年开始，里昂信贷银行失去了世界银行业资产第一的地位。此后的法国通货膨胀、里昂信贷员工大罢工和西班牙内战等事件，都给里昂信贷银行带来了巨大的伤害。第二次世界大战期间，由于纳粹德国的入侵，里昂信贷银行为疏散银行的业务和档案，动用了32个车皮来运送500吨股票、证券和凭证，许多员工遇难，其业务受到了极大的影响。1946年1月1日，里昂信贷银行被国有化。法国政府拥有其66.15%的股份，取得银行的完全控制权。该银行曾与法国巴黎国民银行、法国兴业银行合称为法国银行界的"三驾马车"。此后，里昂信贷银行虽也有过发展的黄金时期，但毕竟好景难追往昔。1966年，里昂信贷银行又失去了法国最大银行的地位。图10-7所示为1900年法国里昂信贷银行布鲁塞尔分行明信片，图10-8所示为法国里昂信贷银行苏黎世分行100周年纪念铜章。

怀着重返昔日荣光梦想的里昂信贷银行，被一时的经济景气和虚假繁荣迷惑，不顾自身的实力，采取了过度的业务扩张战略。从1988年开始，它进行了一系列的并购和风险投资，试图构成银企相互控股的金融集团。里昂信贷银行在意、德、英各国给不动产发展商大量融资，并支持法国大公司向境外扩张，到1993年，里昂信贷银行的总资产达3 388.48亿美元，居世界第9位，再度成为欧洲最大的银

—10 100年前的世界银行"巨无霸"

行。当时,法国推行的是政府导向型市场经济模式,政府常常利用政府采购、转移支付、优惠贷款、市场准入等手段刺激和干预经济,法

图 10-7 1900 年法国里昂信贷银行布鲁塞尔分行明信片

图 10-8 法国里昂信贷银行苏黎世分行 100 周年(1876—1976)纪念铜章

177

国银行长期被政府左右，政府要员与企业巨头之间形成复杂的"关系网"，银行经营和人事管理时常迎合政治需要。里昂信贷银行也承担了不少政策性业务，并受到国家默示的担保。作为国有银行，里昂信贷银行也配合以低息贷款、无息贷款以及为亏损和资不抵债的企业发行债券的方式提供资金支持。但是，盈利空间狭小是法国银行共同的"心病"。尽管法国基础利率高于德国，但相当长时期内法国银行中小企业贷款利率比德国同业至少低2%。里昂信贷银行拥有法国第二大银行分支网络，这也意味着它拥有大量的雇员，人工成本和资金成本高、政府干预和金融业的过度竞争又压低了利润率，损害了银行积累资本和消化坏账的能力。20世纪90年代以后，里昂信贷银行的平均资产回报率一直在0%左右徘徊，平均股本回报率最高也不超过8%。

好大喜功的法国政府欲使法国银行通过融资、新型金融工具等途径实现跨行业和跨国界扩张，形成跻身全球前列的金融集团，希望里昂信贷银行充当领头羊，加快国际化步伐。1984—1993年，里昂信贷银行的境外资产从70亿法郎扩展到4 000亿法郎（合650亿美元），以实现政府确定的赶上德意志银行的目标。在20世纪90年代早期，里昂信贷银行在法国有2 400家分支机构，在欧洲其他国家有700家分支机构，在欧洲之外的国家也有800家分支机构。

不幸的是，从20世纪90年代初开始，因为全球经济不景气，法国经济也陷入战后最严重的衰退，里昂信贷银行的风险控制能力与扩张速度之间的脱节导致其出现了前所未有的危机。该银行激增的信贷中，五分之四属于抗周期能力弱的中小企业，宏观经济的恶化导致银行贷款大量出现坏账。一些贷款对象因需求萎缩、价格停滞而负债累累，长期亏损，甚至清盘倒闭，成为银行收贷无望的坏账。里昂信贷银行不仅战略决策失误，内部管理也严重失控。例如，并表管理能力不适应日益复杂的银行经营，子银行可自主发放无限额的贷款，最大的四家附属机构因经营不善，积累了55亿美元的坏账。

法国银行的监管者与经营者之间存在着千丝万缕的联系，常常使监管流于形式，风险不断积累。境外高额兼并和境内低利信贷构成了里昂信贷银行1 000多亿法郎坏账的主体。1985年，该银行境外收益占总额的40%，1989年这一比例下降到26%，1992年转盈为亏了。1990年起，里昂信贷银行的经营业绩不断下滑，资产质量持续恶化，亏损金额从1992年的12亿法郎增至1993年的69亿法朗，后激增至1994年的121亿法郎，创下法国银行业历年亏损的最高纪录，如果不是进行了"充满想象力"的会计调整，损失会高达250亿法郎，令人触目惊心。百年老行"垂垂老矣"，濒临破产。

为了使里昂信贷银行摆脱困境，1994年7月，法国政府在得到欧盟批准前便实施了49亿法郎的现金注资。1995年，法国经济陷入停滞，货币的市场利率下降，里昂信贷银行惊现56亿法郎的利差损失，1996年又达到30亿法郎，远超出银行利润的承受能力，其再次濒临破产。法国政府被迫向里昂信贷银行追加36亿法郎的援助款。第三笔援助是弥补剥离资产的损失。在弥补了利差损失后，因利率环境没有改变，里昂信贷银行剥离资产的损失还在继续扩大。1997年，法国政府再次向欧盟提交援助里昂信贷银行的请求。欧盟要求里昂信贷银行付出代价，须在1999年10月之前降低银行的市场份额，包括出售资产，关闭机构，限制扩张和实现民营化等。1998年年初，法国政府做出重大让步，救助里昂信贷银行的整体计划在当年5月20日获得批准。由于政治分歧，里昂信贷银行的重组"一波三折"，六年多经过两次修补和三次欧盟审批才成定局。在此过程中，方案不断调整：一是从内部成立子公司分立"好银行"与"坏银行"，演变到成立特殊目的实体（SPV）并完全独立和纳入政府的全权管辖；二是流量和存量方法并用，既实施部分注资，又要求资产剥离，裁减员工，削减经费，缩减投资，出售或关闭海外机构，终止过度扩张及降低市场份额等；三是救助成本多方分担，减轻财政的压力。银行原优先股股东承担了不良资产信用损失的第一份额，银行的新股东则承受剩余的信用损失。里昂信贷银行的调整还包括将风险控制集中到集团层面，强化贷款申请和发放环节的风险控制及建立新的管理信息系统等。银行战略调整为保留"欧洲战略"，确定主营业务，并将商业银行、国际资本市场和私人银行三大块业务确定为主营业务，根据欧盟要求出售了 3 100 亿法郎的资产，关闭了 50% 的欧洲分支机构。1999 年年初，该银行资产总值减为 2 437 亿美元，资本为 77.49 亿美元。按资本排列，里昂信贷银行降至法国第七大银行，地位大大降低。

四年多艰辛的救助，终于使里昂信贷基本站稳了脚跟。里昂信贷银行的总资本充足率达到 10.04%，平均总资产回报率从 0% 左右提高到 0.08%。法国政府对里昂信贷银行的援助总额达到 1 470 亿法郎，全国人均 1 700 法郎。对单一银行实施如此大规模的救助，在欧盟历史上是绝无先例的。但如此大规模的政府救助也扭曲了银行业竞争环境，导致同业的强烈不满，成为法国党派斗争的攻击利器，欧盟也迟迟不愿批准援助计划，敏感的政治因素成为里昂信贷银行再生过程中的最大拦路虎。法国人让-克劳德·特里谢（Jean-Claude Trichet）在竞争欧洲中央银行行长职务时，就被指责其在 1988—1993 年担任法国财政部部长期间，向市场提供里昂信贷银行的错误信息并公布不准确的银行账目，使得投资者遭受严重的损失。为此，他还遭受立案调查和近一年的审理，最后法院证明时任法国财长的特里谢没有重大责任，他继任欧洲央行行长的障碍才得以被清除。

1999年5月，法国政府按原定计划推进了里昂信贷银行的私有化。法国农业信贷银行集团、安盛保险集团、德国商业银行、意大利联合银行等欧洲7家金融机构持有里昂信贷银行33%的核心股份，持股金融机构被要求在几年内限售，以保证里昂信贷银行的稳定。法国政府持股从54%下降到10.9%，其他持有者包括法人股26.1%、个人股23.2%、行内员工持有4.3%、送股3.4%。1999年7月8日，里昂信贷银行的股票正式挂牌上市，私有化完成。2002年11月，法国巴黎银行以22亿欧元的价格，从法国政府手中购进里昂信贷银行剩余的10.9%股份，里昂信贷银行彻底实现民营化，这也标志着法国国有银行的最终消亡，同时也掀起了法国银行业新一轮并购与重组浪潮。此后，周边国家西班牙、意大利跟随开展银行业重组，欧洲银行业巨头之间的收购与反收购大战打破了往日的宁静，欧洲"金融恐龙"之间更大的血腥厮杀来临。"山雨欲来风满楼"，"受伤初愈"的里昂信贷银行当然无力卷入搏杀。当时，法国农业信贷银行是里昂信贷银行的最大股东，拥有其17.4%的股份，但未能获得控股权。经过长达四个星期的激烈讨论和协商，2002年12月16日，法国农业信贷银行终于击败竞争对手巴黎国民银行，以本身股票另加148.24亿欧元现金（约165亿美元）收购了里昂信贷银行82.2%的股权，获得了对里昂信贷银行的控股权。被并购后的里昂信贷银行在零售业务方面仍保留原有的名称、员工及经营方式，但是在涉及法律地位和股东所有权问题时，只能以法国农业信贷银行子公司的名义出现。

图 10-9 为并购后成为里昂信贷银行新东家的法国农业信贷银行纪念白铜章。币章的一面是由法国农业信贷银行行名及首个字母 C 和 A 构成的行徽；另一面是中部凸起的地球和大洲图案，以及周边的法文"出类拔萃，征服欧洲"。

图 10-10 为法国里昂信贷银行普罗旺斯科西嘉岛分行纪念银盘。

图 10-9　法国农业信贷银行纪念白铜章

图 10-10　法国里昂信贷银行普罗旺斯科西嘉岛分行纪念银盘

了解丑闻的钥匙

一家银行兴衰成败的关键在内部。世界经济中心的迁徙固然会带来银行版图相应的变化，但内忧比外患对银行的伤害更甚。

对于多灾多难的里昂信贷银行而言，它最不想看到的就是丑闻，然而天意不遂人愿。1990 年，里昂信贷银行的全资子公司荷兰里昂信贷银行动用 13 亿美元资助意大利投资商帕拉蒂（Parretti）购买米高梅电影公司。后来由于米高梅经营不善，被迫债转股，荷兰里昂信贷银行接手经营，但也无力回天，总共亏损 16 亿美元。帕拉蒂此后也因另案欺诈被判刑。随后，里昂信贷银行又因为在美国违法经营被逮了个正着。美国加州的经理人寿保险公司于 1991 年破产时，其 60 亿美元的垃圾债券在市场上只卖面值的半价，被专门从事高风险、复杂交易的里昂信贷银行子公司——阿尔图斯金融（Altus Finance）用欺诈手法绕过法律上的障碍违规买下，盼望赚笔大钱。但事态的发展打破了其如意算盘，1992 年，由于债券价值的大幅缩水，里昂信贷银行美国分支机构亏损严重。为了摆脱困境，里昂信贷银行通过大客户弗兰西斯·皮纳特（Francois Pinault）从阿尔图斯金融商手中买下垃圾债券，里昂信贷银行给了他 20 亿美元的透支额度，外加 17 亿法郎的现金，相当于整个交易的成交价。这笔巨额贷款由上述债券做担保。同时，弗兰西斯将垃圾债券转移到他控制下的阿特米斯（Artemis）的公司，而里昂信贷银行在这家公司又拥有 24.5% 的股份。通过这笔"双赢"的买卖，里昂信贷银行粉饰了财务报表，绕过了监管；而弗兰西斯得到了一大笔金融资金，此后他还成为里昂信贷的董事会成员，在私营企业界的地位更加巩固。1998 年，美国监管当局调查这起事件，里昂信贷银行在美国的业务利润可观,若被吊销营业执照,会使本已名誉扫地的里昂信贷银行在海外的声誉雪上加霜,也会让当时尚持有10%里昂股份的法国政府处境尴尬。于是,法国政府和里昂信贷银行拒绝承认造假,并称交易得到当局批准,里昂信贷银行还将责任全部推到了阿尔图斯金融和里昂信贷银行的前管理层身上。然而2003年,美联储还是对里昂信贷银行及其连带获利的公司处以7.71亿美元的罚款,里昂信贷银行只能承认造假并接受罚款。这个案子也曾一度影响美法两国的关系。

2009年法国记者德尼斯·德蒙皮翁(Derús Demonpion)曾出版了一本书——《塔皮与萨科齐:理解丑闻的几把钥匙》[1],书中讲述了里昂信贷银行的又一个"丑闻"。整个故事错综复杂,局外人很难弄清内幕。故事与塔皮有关,塔皮是法国政坛和商界的"另类"人物,身世成谜。他出身底层,胆大、聪明,当过电视推销员、歌星、破产公司收购者、议员、部长、电影和话剧演员、电视和电台节目主持人、法国马赛足球俱乐部的掌门人并带领俱乐部夺得1993年欧洲冠军联赛冠军。塔皮从一介平民变成巨富,一大堆新闻和丑闻始终围绕着他。他在法国左翼民众中颇有影响力,但又是法国很多右翼政治家的私人朋友,其中包括法国前任总统萨科齐。

塔皮通过国家赔偿而暴富的"丑闻",又与里昂信贷银行有关。1990年7月,当时塔皮正在从事转卖破产公司的生意。他出资16亿法郎买下了面临困境的著名体育品牌阿迪达斯的部分股权,贷款银行

---

1 法语原文:Tapie-Sarkozy, Les Clefs du Scandale。
英语译文:Tapie-Sarkozy, the Keys to Scandal。

就是里昂信贷银行下属的 SDBO（Société de Banque Occidentale，西方银行公司）。1992 年，塔皮被左翼社会党总统密特朗看中，被任命为城市部部长，当时阿迪达斯公司仍亏损 5 亿法郎。1993 年，塔皮决定将其在阿迪达斯的股权以 20 亿法郎卖给瑞士巨富罗贝尔·路易-德雷福斯（Robert Louis-Dreyfus），并委托里昂信贷银行代理出售事宜，塔皮盆满钵满地赚了 4 亿法郎。1994 年 2 月，路易-德雷福斯出资 46 亿法郎，再从其他投资者手中购下了阿迪达斯的全部股权，为其贷款的仍然是 SDBO 银行。到 1995 年在法兰克福上市时，阿迪达斯的身价暴涨至 110 亿法郎，相当于 17 亿欧元。此时，已离开政府的塔皮将里昂信贷银行告上法庭，指控其让他低估"阿迪达斯的真实价值"而出售，背着他挣了一大笔钱。而里昂信贷银行则反驳，是路易-德雷福斯将阿迪达斯拯救了出来，与塔皮毫无关系……一场旷日持久的官司拉开了序幕。

　　里昂信贷银行具备国有身份，因此，政府的态度至关重要。1996 年，巴黎商业法庭判决塔皮胜诉，里昂信贷银行应支付给塔皮 6 亿法郎。塔皮认为金额太少而再次上诉。到 2005 年 9 月，法国巴黎上诉法庭果然再判塔皮获胜，并将罚金提高至 1 亿欧元。里昂信贷银行不服，也上诉。2006 年 10 月，法国最高法院认为此案中里昂信贷银行的责任仍有不清之处，驳回上诉法院重新审理。峰回路转，人们认为塔皮胜诉的机会渺茫。但蹊跷的是，里昂信贷银行这时却提出"私了"，让仲裁法庭调解。由占上风的一方提出仲裁，真是怪哉！官方解释，国家已经为这场司法纠纷支付了 1 000 万欧元诉讼费，要尽快结案，不再浪费纳税人的钱。但有人公开指责是萨科齐进行了干预，而使案件从司法程序走向仲裁程序，以有利于塔皮。仲裁法庭调解后，判决结论果然是塔皮全胜。里昂信贷银行要支付给塔皮 2.85 亿欧元赔偿金,其中 2.4 亿欧元是"塔皮应获得的出售阿迪达斯公司的合法所得",而 4 500 万欧元则是"精神损失费"。

这一消息引起了轩然大波,舆论哗然,支持者和反对者都极为激愤,全然对立的两大派相互攻讦。法国著名前预审法官、因看不惯司法黑暗而投身政治的艾娃·约利声称:"国家没有扮演公正的角色。国家在里昂信贷银行就要打赢官司时,却决定由仲裁法庭来判决,纯粹是为了使当权者的一位朋友能够获利。"作为左翼政客的塔皮,事实上在 2007 年 4 月 5 日总统大选进入最后关头时,宣布支持右翼候选人萨科齐。基于此,一些政治分析人士认为,这一案件背后有深远的政治图谋:2012 年法国总统大选前民意测验表明,萨科齐总统很有可能被左翼社会党的奥朗德打败,因此,选举前分裂左翼就是极为重要的一步棋。当然,指责右翼政府送了一项大礼给塔皮的指控并没有证据。不过,巨额赔偿确实有其不合理性,在法国经济危机严重且普通民众为争取两年的退休年限不得不进行激烈抗争的时刻,无论从哪个角度来看,2.85 亿欧元的赔偿都不可能成为"一条平静的长河"。

三十年河东,三十年河西

里昂信贷银行的故事并未结束,因为它的另一则故事又将引出另一家也被法国农业信贷银行收购的"百年老店"——东方汇理银行。里昂信贷银行被法国农业信贷银行收购后,其投行和证券业务被要求纳入东方汇理银行旗下。三家"百年老店"合成一家,陈年旧事一篇难尽,只能留待下篇娓娓道来。

—10 100年前的世界银行"巨无霸"

只是收笔时又得到里昂信贷银行的最新消息，里昂证券被中国中信集团下属的中信证券收购（图10-11为中信集团成立30周年纪念铜章）。此时的里昂证券已是东方汇理银行旗下的重要子公司。日

图10-11 中信集团成立30周年（1979—2009年）纪念铜章

注：铜章的一面是中信集团创始人荣毅仁的头像和题词签名，另一面是中信集团标志建筑、鸟巢等文字说明。

前[1]法国农业信贷银行集团宣布，中信证券全资子公司中信证券国际有限公司将收购里昂证券的全部股权，中信集团此举的目标是建立全球尤其是亚洲的投行和证券经纪平台。而里昂证券的母公司可能是有苦难言，国外媒体评论，法国农业信贷集团2016年12月份表示其正在实施一项大规模收缩方案，将裁员2 350人，其中企业和投资银行部门将裁员1 750人。在其经营投行业务的53个国家中，将停止其中21个国家的投行业务，以增加集团的资本金，并消除投资者对该银行财务实力的担忧，因此出售资产和机构之举可能也是出于无奈。

世事变化，盛衰无常。吴敬梓的《儒林外史》中有"三十年河东，三十年河西"之说，季羡林还将此作为自选集的书名。全球金融业就像一场马拉松比赛，"剩者为王"，谁笑到最后谁才笑得最好。世界金融霸坛"乱哄哄，你方唱罢我登场"，从中国中信证券将里昂证券纳入囊中、东方汇理从东方出发又归东方，法国银行合纵连横安有宁日？世界最大的银行悄然从里昂转到北京，世界金融业风水轮回谁能预料？唯有金属古币章默默铭刻了金融世界的百年沧桑！

---

[1] 2012年7月，中信证券发布公告，全资子公司中信证券国际有限公司将以12.52亿美元的价格接手法国东方汇理银行，成为里昂证券百分百控股股东。

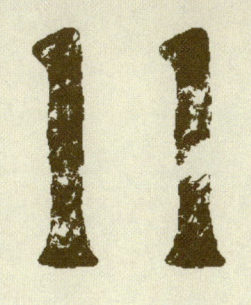

"胜利女神"折翼

从纪念章回眸法国农业信贷银行的历史

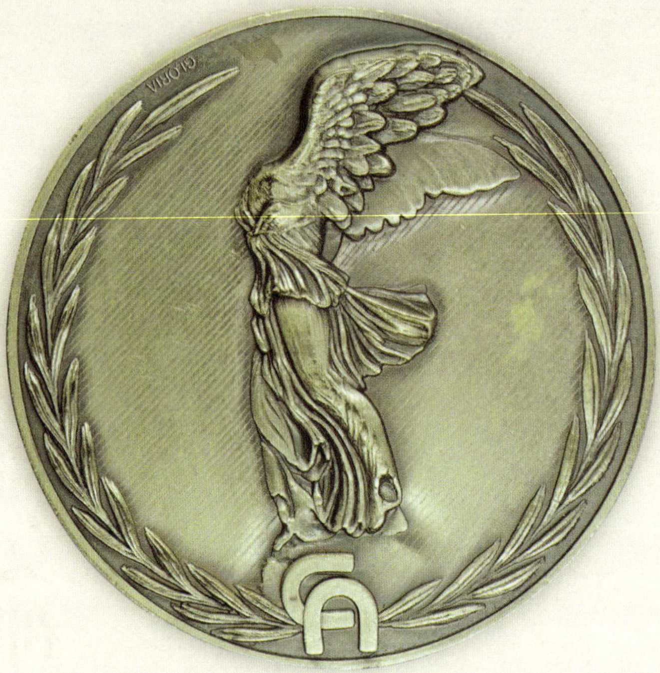

—11 "胜利女神"折翼

来自法国东方殖民地的银行

东方汇理银行曾是全球最著名的国际银行，成立之初曾在法属殖民地经营业务。后来业务不断拓展，在亚洲的中国、印度、中南半岛以及非洲和南美洲都留下了它的足迹（如图11-1和图11-2所示），它在一些国家的"作用"和"影响力"曾远远超出金融的范畴。我

图11-1 1912年建成的位于天津的原东方汇理银行古典折中主义风格的老建筑

国近代民主革命先行者孙中山也曾与这家银行打过交道。图 11-3 的这枚大铜章，系 1975 年由法国铸币厂为法国东方汇理银行（Banque de l'Indochine et de Suez）成立 100 周年发行的。铜章重 344 克，直径为 90 毫米。铜章的一面是地球仪图案、1975 年及法国东方汇理苏伊士银行的法文名称；铜章的另一面则密密麻麻地罗列着东方汇理银

图 11-2　1902 年建成的位于武汉的原东方汇理银行巴洛克风格老建筑

图 11-3　法国东方汇理银行成立 100 周年（1875—1975）纪念铜章

行各家分行的成立年份（如法国 1875，中南半岛 1875），下方环绕着 100 周年（1875—1975）及东方汇理苏伊士银行的名称；边圈上有发行年份和巴黎铸币厂 Horn of Plenty（Paris Mint）的字样（参见文末的币章收藏鉴赏秘诀）。此铜章的设计者是法国著名的雕塑家、币章刻模和黄金设计艺术大师艾伯特·德·杰格（Albert de Jaeger，1908—1992）。艾伯特出生在法国鲁贝的一个从 15 世纪起就广为人知的古老家族。早年他就沉醉于艺术并参加雕塑的夜校课程，之后陆续获得过当地、巴黎及法国的艺术奖。1935 年，他因币章刻模艺术获得罗马艺术大奖。1945 年，他成为法国和德国艺术工作室的顾问。他一生在币章方面的成就，奠定了其顶尖艺术家的地位。

自 19 世纪起，法国成为继英国之后的又一世界殖民大国。1919—1939 年，法国的殖民地急剧扩大，法国主权下的土地总面积达到 1 289.8 万平方千米，占当时世界陆地面积的 8.6%。金融是推行殖民统治的重要手段，所以也可以说东方汇理银行是法国在东方经营殖民地的银行，成立该银行的目的在于开拓中南半岛及远东殖民地的金融业务。1875 年 1 月 21 日，该银行正式开业，总行设在法国巴黎，东方汇理银行系"法属中南半岛银行"的中文名称。该银行原为私营股份有限公司，由巴黎贴现银行、巴黎荷兰银行和法国工商信贷银行等参加投资。1931 年，控股方银行与法国政府达成协议，改为官商（官商资金比为 1∶3）合办银行。1948 年，法国政府撤出股份，该银行又成为私营商业银行。该银行开办时资本为 800 万法郎，1931 年增至 1.2 亿法郎，法国政府新加入官股 2 000 万法郎，并派董事参与管理。

19 世纪末法国侵占中南半岛，授予东方汇理银行在当地发行钞票、代理国库的特权，这使该银行拥有强大的金融势力（图 11-4 为东方汇理银行发行的纸币)。1888年,东方汇理银行将业务扩展到中国,其在中国的业务占有特别重要的地位。中日甲午战争以后,它的活动范围扩大到中国各地,1894年在香港开设分行,1899年在上海开设分行,后又陆续在广州、汉口、沈阳、北京、天津、湛江、蒙自、昆明开设分行;1911—1914年,在上海公共租界外滩29号建造大楼(现光大银行上海分行址)。东方汇理银行在中国的业务主要为吸收存款、发行纸币、办理放款和贴现、经营国际汇兑和投资。东方汇理银行曾与中国北洋政府成立中法合办的中法实业银行。该银行经手中国对法国的战争赔款,办理北洋政府的对外借款。1911年和1913年,它代表法国垄断资本参加四国银行团和五国银行团,承贷川汉、粤汉铁路借款和善后大借款。在善后大借款中,东方汇理银行承贷741万英镑,取得和其他四国银行共同保管中国盐税的权利。东方汇理银行代表法国政府,在法属殖民地地区发行货币,由东方汇理银行发行的越南纸币,在中国被称为"安南纸"、"西贡纸"或"西币"。法国人

图 11-4　东方汇理银行发行的纸币

规定，凡在广东一带与法殖民当局发生的一切财政税收、经济往来和钱银收付，一律以该币为准，商民交纳的各项税款、罚款和公用事业费等须交纳"西贡纸"。法殖民当局给为其服务的机构拨发的经费和工资均使用该币。该币还大量流入中国西南地区，一度成为云南省的通货。从宣统元年（1909年）至1937年的20多年，云南全省货值中，锡的总值每年都占70%以上，东方汇理银行以云南为中心，操纵云南与各地锡的贸易和金融，从中掠夺了巨额利润。它还以办理押汇为手段，取得云南出口锡的外汇。据日本东亚研究所调查，1936年东方汇理银行在华吸收存款约1 800万美元，占其全行存款的40%；在华分支行有8个，占其全行机构的30%。抗日战争期间，该银行将民国政府统治下的昆明分行清理停业，因法国维希政府的关系，它在日军占领区的分行仍继续营业。1949年后，东方汇理银行在中国的分行先后停业，但作为"指定银行"代理中国银行的外汇买卖，代办国外汇兑业务，1955年停业清理。东方汇理银行上海分行的业务延续到1956年，转为东方汇理银行清理处。其有关资产和负债在1980年和1981年分别结清。1982年，东方汇理银行重回中国，设立深圳分行，1991年重设上海分行，1994年设立广州分行。

东方汇理银行在东方的势力和影响极大。1911年11月21日，孙中山从伦敦抵达巴黎，在紧张的三天行程中，他访问了东方汇理银行。在该银行接待孙中山的西蒙经理（Stanislas Simon）的会谈记录里，留下了孙中山对东方汇理银行的种种期望。然而，西蒙拒绝了孙中山对临时政府贷款的要求，绝不同意放弃对中国海关的控制权，以及改变令中国人感到耻辱的关税担保贷款而改用矿权或土地抵押。孙中山希望法国对俄日欺凌中国的行为施加压力，也表达了对西方列强通过融资控制中国财政和海关的担忧,当然得到的都是不置可否的回答。孙中山满怀希望而来,却带着失望离开了东方汇理银行总部大楼,他对革命的执着使他"知其不可为而为之"。他没有想到的是,东方汇理银行和其他列强的银行,对"扶不上墙"的清王朝备感失望后,转而扶持袁世凯,法国积极促成四国银行发放巨额贷款给袁世凯,并希望借助袁世凯来控制中国的局势,以维护法国的在华利益。

第二次世界大战的硝烟散去,许多东方国家纷纷独立,东方汇理殖民地银行的地位不复存在,因此,其业务重点开始从亚洲转向本国、非洲和南美洲。1975年,该银行与苏伊士集团下属联合矿业银行(Banque de Suez et de l'Union des Mines)合并,改称为东方汇理苏伊士银行,成为法国第七大商业银行。苏伊士集团于1858年为建设和经营苏伊士运河而建立,初称苏伊士运河公司。1875年,埃及总督将其名下44%的苏伊士运河公司股份出让给英国政府。1959年,创建苏伊士财务公司。1966年,财务公司更名为苏伊士联合矿业银行。1974年,苏伊士集团投资东方汇理银行,将其与联合矿业银行合并为东方汇理苏伊士银行。图11-3的100周年大铜章发行时间恰好为1975年,铜章上记载了新银行——东方汇理苏伊士银行的名称。1982年,东方汇理银行也成为法国银行国有化的五家银行(巴黎国民银行、里昂信贷银行、法国兴业银行、巴黎荷兰银行、东方汇理苏伊士银行)之一,可见其地位显赫。这五家银行当时在法国银行业占据了绝对垄断的地位,掌握了全社会90%的存款和80%的贷款份额。1997年5月,在苏伊士集团退出投资后,法国东方汇理苏伊士银行更名为法国东方汇理银行。作为一家国际性银行,其业务范围包括商业银行业务、金融、经纪、保险、股票发行,以及以资产为基础的融资和私人银行业务。东方汇理银行曾成功地为一些大型项目提供融资服务，如英吉利海峡跨海隧道工程、欧洲迪士尼乐园、中国香港大老山隧道，它也曾是世界五大船舶融资银行之一。

以农为本，返璞归农

法国金融业在世界金融史上一度占有举足轻重的地位。但是，随着美国"巨无霸"式银行的崛起，以及英国、德国、荷兰等欧洲国家金融业的快速发展，法国作为金融大国的优势似乎不那么明显了。面对欧洲市场的激烈竞争及跨国兼并，实行国有金融体制的法国银行业，也日益感到国有银行缺乏竞争力，同时面临巨额亏损的压力。法国右翼政府上台后，认为法国经济增长情况不佳是由于国有经济不良的经营机制，所以致力于将国有企业私有化，国有商业银行被私有化的结局在所难免。

1994年，东方汇理银行出现了巨额亏损，为摆脱经营困境，该银行向当时法国实力最强的银行之一法国农业信贷银行（Crédit Agricole）抛出了橄榄枝。法国农业信贷银行欣然接受，并在1995年全资收购了当时在法国国内排名第12位的东方汇理银行，同时苏伊士集团退出。这是一场互惠的"联姻"，双方实力此后都有了飞跃。东方汇理在国际业务方面有丰富的经验，海外网点众多，在65个国家设有240多个分支机构。法国农业信贷银行因此国际业务实力大增。东方汇理银行虽然变成了附属行，但由于法国农业信贷银行将原有的国际业务全部转入了该银行，其国际网点和经营能力得以增强。收购后，法国农业信贷银行的总资本增加到259亿美元，远远超过了其欧洲的竞争对手，按资本实力成为世界第四大银行，资产总值达到4 570亿美元。新银行名称最初为法国农业信贷印度苏伊士银行（Crédit Agricole Indosuez），以后又两度更名。2001年，法国农业信贷银行上市。2002年12月，法国农业信贷银行又与法国巴黎银行竞购里昂信贷银行的控制权。最终，法国农业信贷银行支付了约165亿美元，购买了里昂信贷银行65%的股份，其余35%则由里昂信贷银行的员工及管理层持有。尽管优雅的巴黎银行家们一直都在窃笑着法国农业信贷银行的执行官们，作为一家主要为法国农民和工匠服务的大型银行，"他们的服饰乡村气息浓重"，"而且他们的领带经常与衬衫不相配，想与他们谈成生意，你得在一场历时四小时的盛宴上不停地吃、不停地喝"，但在实力面前，傲慢的巴黎银行家们还是失败了。

然而，收购获胜的法国农业信贷银行却付出了高昂的代价，面临着收回收购成本及重建投资者信心的沉重负担。不仅有外患还有内忧，法国农业信贷银行的一些区域行也反对收购里昂信贷银行，它们担心收购后里昂信贷银行与其机构有重合，业务有竞争，也担心法国农业信贷银行原有的架构会改变。区域行中的一些人甚至轻蔑地将里昂信贷银行比作"一个昂贵的芭蕾舞演员"。

不久后，法国农业信贷银行对收购的东方汇理银行和法国里昂信贷银行旗下的企业金融与投行部门进行整合，将其作为农业信贷集团成员。两家银行的企业金融和投行部无论在法国还是在全球，都是业内翘楚，二者合并后成立了新的东方汇理银行（CALYON[1]）。新东方汇理银行的资本金为60.56亿欧元，在全球50多个国家和地区拥有

---

1 CA为农业信贷的首字母，LYON为里昂。

1.3万名员工,业务范围包括投行、股票经纪、衍生工具、固定收益市场和结构性融资。新东方汇理银行旗下拥有里昂证券和盛富证券,里昂证券负责亚洲证券业务,总部在中国香港;盛富证券负责欧洲证券业务,总部在法国巴黎。2010年2月6日,为进一步统一法国农业信贷品牌,东方汇理银行被改名为法国农业信贷企业与投资银行(Credit Agricole Corporate And Investment Bank)。"百年老店"东方汇理银行的英文品牌终于烟消云散。

图11-5是1976年法国农业信贷银行马耶纳省银行发行的方形大铜章。铜章的设计极具美感。铜章的一面是法国司农业的女神像,她手持麦穗,背景也是隐约的庄稼图案;另一面上方是牛和马的图案,下方是羊和猪的图案,谷穗围绕着中间的广告文字"法国的农业信贷银行为您提供",具象地反映了法国农业信贷银行的经营对象和重点。

图11-5 法国农业信贷银行马耶纳省银行纪念铜章

有教堂的地方，就有法国农业信贷银行机构

法国是一个农业大国，高度重视农业和农业金融。法国农业信贷银行原是法国互助合作性质的农业信贷机构，脱胎于19世纪末——1885年2月23日，在法国汝拉省的一个小村庄，五个农民自发成立的基层地方信用社。它是一家为解决短期资金周转问题而成立的互助合作型银行，受欧洲互助合作运动思想的影响，它的目的是依靠集体的力量使单户农民可以购买更大型的生产工具，如牛和犁。团结互助、邻里关系和重视信誉成为这类小型金融机构的基石。

随着信用社的增多，1920年8月，在法国地方信贷互助合作银行和地区信贷金库的基础上，建立了国家农业信贷管理局，首次有了全国性机构。1926年改名为国家农业信贷金库，这也被视作法国农业信贷银行的创立年。国家农业信贷金库是官方机构，是联系国家和农业互助信贷组织的桥梁，受法国农业部和财政经济部的双重领导。当时为了满足公共服务目的，法国政府意图利用法国农业信贷的机构做房屋按揭。因此，法国信贷银行设立了很多网点，开始向公众吸收存款。法国农业信贷中央机构和地方信贷互助合作银行之间有一个协议，约定了各自的权利和义务，其中最重要的一点是，政府即公营部门不干预其经营，由地方信用合作银行自主决定其盈利目标和方式。法国农业信贷金库的结构呈金字塔形，底层是3 009个地方金库，中间是94个区域金库（每省1个），上层是国家农业信贷金库。1947年，国家农业信贷金库更名为法国农业信贷银行，成为法国的半官方专业银行，总行设在首都巴黎。法国农业信贷银行是一家在金融、商业和法律上统一但决策分散的集团，集团的结构非常独特，

2 573家地方互助合作银行——信用社构成了集团的基石,这些地方互助合作银行拥有39家地区性银行的全部表决权,并持有大部分股权,39家地区性银行又控制着法国农业信贷银行公司55%的股权。而法国农业信贷银行掌握着地区银行25%的股权。农业信贷银行的中央银行机构是集团管理和监督的核心。但这一架构由于利益的多样性,为决策带来不可预见性。尤其是外部投资者觉得难以理解那些区域银行做决定的方式,一家法国银行的主席曾讽刺道:"他们做事简直就像在研究化石。"

法国农业信贷银行为推动法国农业的产业化、电气化、现代化做出了重要的贡献,该银行是法国地方政府尤其是乡村政府主要的信贷合作对象。法国农业信贷银行位于各地的分行每年用于支持地方公共投资的信贷资金为近40亿欧元,其中30%被用于人口少于5 000人的城镇地区,对农村发放贷款完全按照市场化的盈利原则,遵循审慎独立的私人商业银行运作方式,由地方信贷互助合作银行自主决定其盈利目标和方式。农业信贷银行的市场份额已占法国农业信贷的85%,占银行储蓄的21%,在法国可以说"有教堂的地方,就有法国农业信贷银行机构"。从零售银行收入来看,法国农业信贷银行在欧洲排名第一,并成为瑞士排名第三、卢森堡排名第五的私人银行。法国农业信贷银行基层农业信贷合作社纪念铜章如图11-6所示。

经过100多年的发展,农业信贷银行的业务范围逐步多元化,不仅从事农业金融,还介入中小企业融资、租赁、保险、资产管理、私人银行、房地产、私募基金等市场。虽然直至1979年,法国农业信贷银行才在芝加哥开设了第一家海外代表处,但收购了东方汇理和里昂信贷银行后,法国农业信贷银行又成为一家拥有广泛国际网络的跨

图 11-6　法国农业信贷银行基层农业信贷合作社纪念铜章

注：铜章一面为提着农产品的一对农民夫妇，以及周边文字"互助合作信贷"；另一面中央是太阳、谷穗和土地的图案，周边是"法国农业部"的文字。

国银行，其业务包括投资银行、保险业务。庞大的法国零售银行体系，以及在意大利和希腊的强大的零售银行，使法国农业信贷银行崛起为又一个国际金融巨头。

图 11-7 是 1980 年发行的法国农业信贷银行子银行——法国农业信贷互助合作区域银行（Caisse Regionale de Crédit Agricole Mutuel）的一枚大铜章。铜章的一面是一个法国家庭四位成员的侧像，反映了银行的零售业务；另一面的庄稼和牲畜，体现了法国农业信贷银行的传统。铜章由法国著名雕塑艺术家、币章刻模大师罗格·巴隆（Roger Baron，1904—1994）设计制作。他是法国艺术家协会成员，1948 年法国艺术沙龙金奖获得者。自 1932 年起，他举办了多次个人作品展。法国农业信贷银行（互助）从事个人和公司的零售存贷款和保险业务。其子银行一般坐落在法国比较偏僻的地区。法国农业信贷银行收购里昂信贷银行后，分拆其零售业务成立的里昂信贷银行则偏重于较大城市零售业务，二者形成分工和互补。图 11-8 所示为法国农业信贷银行互助合作区域银行纪念铜章，图 11-9 所示为法国农业信贷银行纪念镀银铜章。

"金融版图"扩张的亢奋

欧洲人对希腊文化怀有深厚的情结。法国银行的眼睛一直盯着欧洲东南部，觊觎该地的金融高回报。屡战屡胜、踌躇满志的法国农业信贷银行，于 2006 年收购了成立于 1907 年、拥有 300 多家分支机构的希腊商业银行（Banque Emporiki），并获得该银行约 67% 的股份。此收购成为希腊历史上最大的银行私有化案。继续跑马圈地的法国农

图 11-7　法国农业信贷互助合作区域银行纪念铜章

—11 "胜利女神"折翼

图 11-8 法国农业信贷银行互助合作区域银行纪念铜章

图 11-9 法国农业信贷银行纪念镀银铜章

业信贷银行于 2007 年 2 月出价 60 亿欧元，从意大利联合圣保罗银行（Intesa San Paulo）手中购下意大利两家区域性银行——加里帕尔马银行（Cassa di Risparmio di Parma e Piacenza, Cariparma）和佛里乌利亚德里亚人民银行（Banca Popolare FriulAdria）。前者在意大利拥有约 300 家分支机构，后者拥有 150 余家。2007 年，法国农业信贷银行以 8.09 亿欧元的价格收购西班牙洲际银行（Bankinter）14.99% 的股份。2007 年，法国农业信贷银行旗下的瑞士子公司全面收购隶属于加拿大国民银行（National Bank of Canada）的巴哈马分支机构。同年，法国农业信贷银行又想以 58 亿英镑的价格收购英国第七大上市银行联盟——李斯特（A&L）银行，但惜败于出价 65 亿英镑的桑坦德银行。

为增强在欧洲私人银行业务领域的影响力，并跻身卢森堡国内资产管理排名前五位的私人银行之列，2008 年，法国农业信贷银行卢森堡子行又收购了瑞士萨拉兴银行（Bank Sarasin）的欧洲分部。同年，法国农业信贷银行意图收购法国兴业银行却未成功，但最终在 2009 年 1 月，法国农业信贷银行和法国兴业银行（Société Générale）还是同意合并资产管理部门，成立了排名欧洲第四、全球第九的资产管理公司，管理的资产高达 8 270 亿美元（6 380 亿欧元）。这个新公司包含农业信贷的全部资产管理事业，兴业银行的欧洲、亚洲资产管理部门，以及兴业旗下的美国企业 TCW 公司 20% 的股份。农业信贷银行占有合并后新公司 70% 的股权，兴业银行持有余下 30% 的股权。

图 11-10 所示的铜章是法国农业信贷银行发行的"胜利女神"章，章重 118 克，直径为 68 毫米，铜章设计者为格洛丽亚（Gloria）。铜章的一面是"胜利女神"像，她长着一对翅膀，宛如从天而降，衣袂飘然。"胜利女神"像是卢浮宫三件"镇宫之宝"之一，于 1863 年发

—11 "胜利女神"折翼

现于希腊萨莫色雷斯岛,开始寻找到的是碎块,后经多年修复才得以重新"站立起来",但仍然缺头并少一臂。雕像的作者及创作年代至今没有定论,但大多数意见认为其创作于公元前 200 年左右,是小亚细亚的统治者德梅特里奥斯一世为纪念他在海战中打败托勒密王国的舰队而创作的。雕像的构思十分新颖,底座被设计成战船的船头,"胜利女神"犹如从天而降,在船头引导着舰队乘风破浪冲向前方,她所到之处胜利也接踵而至。塑像既表现了海战的背景,又传递了胜利的主题。这是否也象征着法国农业信贷银行的国际化扩张思路呢?

图 11-10　法国农业信贷银行"胜利女神"章

"胜利女神"折翼

旗开得胜并一路过关斩将的法国农业信贷银行万万没有想到，危机悄然来临。当胜利者的笑声还没有落地时，欧洲金融危机的暴风雨已经袭来。"覆巢之下，焉有完卵"，法国农业信贷银行在2011年也出现了巨额亏损，为自救只能断臂求生。无奈之下，该银行宣称将在全球裁员2 350人，关闭在21个国家和地区的业务，旨在进一步将关注的焦点放在国内生产总值共计占全球国内生产总值85%的32个国家和地区。

为满足《巴塞尔协议III》对偿付能力更为严格的要求，法国农业信贷银行自2010年起3年内向美国Blue Mountain基金转让了一系列衍生产品，资产价值达140亿欧元，并计划退出匈牙利市场。前文谈及的中信证券收购东方汇理旗下的里昂证券也终于尘埃落定。里昂证券在亚洲拥有44亿美元资产，却在2011年给股东带来了1 000万美元的亏损，灰心丧气的法国农业信贷银行在亚洲的退出却给中信集团带来了机遇，中信证券收购里昂证券的全部股权，开始向国际投行的方向进军。相反的是，对于吐出还是含着希腊商业银行这颗苦果，法国农业信贷银行处于两难之中。收购时信心满满的时任法国农业信贷银行CEO曾宣称"这笔交易非常划算"，6年后，这笔当初看来不错的交易却使法国农业信贷银行被卷入了超级风暴的中心。2011年，陷入泥潭的法国农业信贷银行不得不宣布，将继续收购希腊商业银行剩余的4%的股份而将持股比例增达100%，当年，希腊商业银行的风险敞口达245亿欧元，居希腊外商银行之首。希腊商业银行（其纪念铜章如图11-11所示）给法国农业信贷银行造成了24亿欧元的亏损额。虽然希腊贷款只占法国农业信贷集团贷款承诺额的3%，但这些贷款至少相当于法国民间跨境债权的40%。希腊若退出欧元区，法国农业信贷可能要付出高达60亿欧元的代价。三十六计，走为上策。

图11-11 希腊商业银行纪念铜章

2012年，法国农业信贷银行决定"断臂求生"，决定以1欧元的价格将希腊商业银行出售给希腊阿尔法银行（Alpha Bank），并承诺在出售之前会对希腊商业银行进行资本重组，增资至28.5亿欧元。最终，整场收购鸡飞蛋打。

灾难并未过去，自2009年10月希腊债务危机爆发至2012年上半年，法国农业信贷银行的股价大跌了78%，其他法国银行的状况也相差无几。欧洲银行表现如此羸弱，背后更深刻的原因是银行业问题与政府债务问题的纠缠与循环。加上欧洲经济、金融的高度融合，希腊、意大利等国银行业的危机直接牵涉法国银行业。尤其是意大利的银行不良贷款问题，成为最令欧盟焦头烂额的问题。一些欧洲国家的银行体系已经越来越离不开欧洲央行的"输血"了，而欧洲央行的救援行为也不为欧元区国家所普遍认同。自身的资本尚不充足的法国银行业，如何能安然拔出其在"欧猪五国"[1]的泥足呢？法国农业信贷银行的奠基人——法国汝拉省的五个农民，怎能想到他们的继承人将互助合作金融概念延伸到欧元区了呢？

小贴士：法国铸币厂生产的币章收藏鉴赏秘诀

法国铸币厂出品的币章的边圈文字区别在何处？答案如下。
1832年3月前出品的所有金融章的边圈都是空白的。
1841年前出品的所有铜章的边圈都是空白的。

---

[1] "欧猪五国"（PIIGS）是国际债券分析师、学者和国际经济界媒体对葡萄牙、意大利、爱尔兰、希腊和西班牙这五个主权债券信用评级较低的经济体的贬称。这五国因其英文国名首字母组合"PIIGS"类似英文单词"Pigs"（猪），故因此得名。

1832 年 3 月 30 日至 1841 年 10 月 21 日，金银币章边圈刻有 Antique Lamp。

1841 年 10 月 22 日至 1842 年 9 月 25 日，边圈刻有 Ancho。

1842 年 9 月 26 日至 1845 年 6 月 12 日，边圈刻有 Ship Prow。

1845 年 6 月 13 日至 1860 年 10 月 1 日，边圈刻有 Pointing Hand。

1860 年 10 月 1 日至 1879 年 12 月 31 日，边圈刻有 Bee。

1880 年至今，边圈刻有 Cornucopia（Horn of Plenty）。

12

富得过五代

瑞典北欧斯安银行和瓦伦堡家族的传奇故事

A. O. WALLENBERG
1816 - 1886
K. A. WALLENBERG
1853 - 1938
MARC. WALLENBERG
1864 - 1943

—12 富得过五代

小币章折射出大千世界，金融沧桑留下了金属记忆。从3 000年前世界金融中心的沦落到百年前全球最大银行的消失，金融轮回演绎着一场场盛极而衰、衰极而盛、峰回路转的大剧。有人说，30年前的世界500强企业至今尚存不到一半，企业的生命周期只是个人生命周期的一半。那么，富豪家族的财富传承，又怎能逃脱"富不过三代"的魔咒？

百年间的经济变迁、产业兴衰、战争肆虐，家族财富的传承路上充满了险境，创业难，守业更难。从金融业家族财富传承的案例来看，《货币战争》一书的主角——富可敌国的罗斯柴尔德家族至今也"只是一个传说"了。罗氏的后裔在英国还有一家小的投资银行，其声名已远不如罗斯柴尔德的"拉菲"和"木桐"红酒显赫。瑞士信贷曾有过一个调查，上市公司的家族财富从一代传至二代，便降至初代资产总额的30%～40%，传至三四代后，几乎可以忽略不计了。今天，从美国的摩根家族、洛克菲勒家族创立的摩根大通银行，到梅隆家族的纽约梅隆银行，以及前文中介绍的老高曼的高盛集团，似乎无不证明了这个魔咒的存在。然而，瑞典的瓦伦堡家族及其北欧斯安银行（Skandinaviska Enskilda Bank，简称SEB）却打破了这个魔咒，其家族"富过了五代"。

图12-1是一枚极为罕见的瑞典银章，重117克，直径为62毫米。银章发行于1956年，是为了庆祝瑞典北欧斯安银行成立100周年而发行的。银章的一面是该银行的三位领导人，上方是该银行的创始人安德烈·奥斯卡·瓦伦堡（André Oscar Wallenberg），右下方是银行的第二代第一届领导人纳特·阿加同·瓦伦堡（Knut Agathon Wallenberg），左下方是银行的第二代第二届领导人马库斯·瓦伦堡（Marcus Wallenberg）。银章的另一面呈现了瑞典北欧斯安银行的总部大楼。瑞典北欧斯安银行至今仍是瑞典最大的家族财团，也是北欧最大的金融集团之一。瓦伦堡家族堪称一个传奇的金融家族，尽管已经传承了五代，但其家族事业至今依然红红火火，传承的故事仍在延续……

图12-1 瑞典北欧斯安银行成立100周年（1856—1956）纪念银章

筚路蓝缕、奠定基业的第一代创始人：
安德烈·奥斯卡·瓦伦堡

也许是维京海盗的血液依旧在血管里流淌的缘故，瑞典人对航海有一份执着的热爱。他们通过航海攫取财产，又通过航海积累经验和发现商机。安德烈·奥斯卡·瓦伦堡（见图12-2）当过水手，担任过海军中尉，曾游历各国。他于1837年到达美国新奥尔良，经历了美国经济危机，随即嗅到了银行业诱人的香甜气味，对其产生了极大的兴趣，但苦于缺乏资金。精明的安德烈并不气馁，他凭借着自己丰富的航海经验，看到了造船和航运业的发展前景。他投资蒸汽船，专营横贯瑞典东西海岸的约塔运河航运线路，还开设松兹瓦尔啤酒厂，成功掘得人生的"第一桶金"。

图12-2 安德烈·奥斯卡·瓦伦堡

19世纪50年代，瑞典工业化浪潮兴起，为金融业的发展提供了广阔的前景。尽管当时瑞典法律禁止私人经营金融业，但对银行业热衷已久的安德烈说服了瑞典央行和议会保守的政治家，于1856年成立了瑞典首家私人银行——斯德哥尔摩私人银行（Stockholms Enskilda Bank，简称SEB），也是瑞典北欧斯安银行的前身。这是瑞典第一家现代银行，银行的架构参考了苏格兰的银行体系。

斯德哥尔摩私人银行成立后开始发行钞票，直至1902年才被取消发钞权。安德烈开办银行并不容易，有一个广为流传的故事。1878年，由于安德烈在铁路上投入太大，资金周转出了问题，控股的铁路发不出工资，导致银行也出现了信用危机，发生了连续三天的挤兑现象。情急之下，安德烈想出了一个险招，他雇用了一名保安，穿着便衣，扛了一麻袋钱，向人们显示银行是有钱的。实际上，这个麻袋里装的全是 1 欧尔（öre，100 欧尔等于 1 克朗）、2 欧尔的硬币，总共才 1 000 克朗。他还想出一招，让瑞典国王以个人的名义在银行存进 1 万克朗，这才暂时平息了这场挤兑。后来，安德烈通过自己的影响力让政府出资修铁路，自己得以及时撤资，这才避免了银行破产。

安德烈有着新思想，1857 年他的银行雇用了女性雇员，鼓励妇女独立开设账户，成为全球银行业的先驱。瑞典女性的社会地位很高，这是否与安德烈的推动有关呢？安德烈一直担任斯德哥尔摩私人银行的 CEO，直至他于 1886 年逝世。安德烈对瑞典现代银行业和瑞典经济的发展起到了重要的作用，他的银行将吸收的存款投资于当时很具发展潜力的行业，如造纸业、机电业等，使银行获得较高的资金回报，也给刚进入工业革命时期的瑞典企业提供了资金上的支持。

天有不测风云。1877 年，瑞典经济的骤然衰退直接导致斯德哥尔摩私人银行的很多公司客户陷入困境。如果这些公司破产，那么意味着斯德哥尔摩私人银行将累积大量的坏账。为了拯救这些公司，安德烈与部分企业进行债务重组，从而奠定了瓦伦堡家族投资产业的基础。虽然安德烈贷款贷成了股东，但许多公司通过债转股至今仍是瓦伦堡家族的核心投资者。安德烈在瑞典许多重要的企业担任董事，他也成为斯堪的纳维亚贷款公司（后来改名为斯堪的纳维亚银行）的董事。令他在九泉之下感到欣慰的是，1972 年斯堪的纳维亚银行与他创办的斯德哥尔摩私人银行合并，成为今天的北欧斯安银行。安德烈创建了一个可以媲美美国洛克菲勒、摩根家族和欧洲罗斯柴尔德家族的财团。难能可贵的是，安德烈一代一代的接班人依然出类拔萃，成就了一个延续了150多年的金融企业帝国。瑞典北欧斯安银行身上的瓦伦堡家族的"烙印"，比爱立信公司（Ericsson）、伊莱克斯电器公司（Electrolux）等任何一家企业都更为深刻，因为它曾是瓦伦堡家族的第一个事业平台。

兄慈弟善、中兴大业的第二代掌门人：
纳特和老老马库斯

创始人安德烈·奥斯卡·瓦伦堡共有四个儿子，依次是纳特·阿加同·瓦伦堡、古斯塔夫·瓦伦堡、马库斯·瓦伦堡和克谢尔·瓦伦堡。从图12-3所示的家谱中可以看到，瓦伦堡家族喜欢重名，从安德烈·奥斯卡·瓦伦堡开始到第五代掌门，这个家族中一共产生了三个马库斯、两个彼得和两个雅各布。1886年安德烈·奥斯卡·瓦伦堡去世后，长子纳特·阿加同·瓦伦堡成为钦定接班人，属于第二代第一届银行领导核心。图12-4是北欧斯安银行发行的行长纳特·阿加同·瓦伦堡大银章。银章的一面是纳特的半身像，另一面是端坐的三个神像：中间女神一手捧钱箱，一手端神像；她的左首是商业之神墨丘利；右边手握铁锤者，象征着正在蓬勃兴起的瑞典工业。银章上方的瑞典文是："斯德哥尔摩北欧斯安银行，感谢您富有远见的领导。"

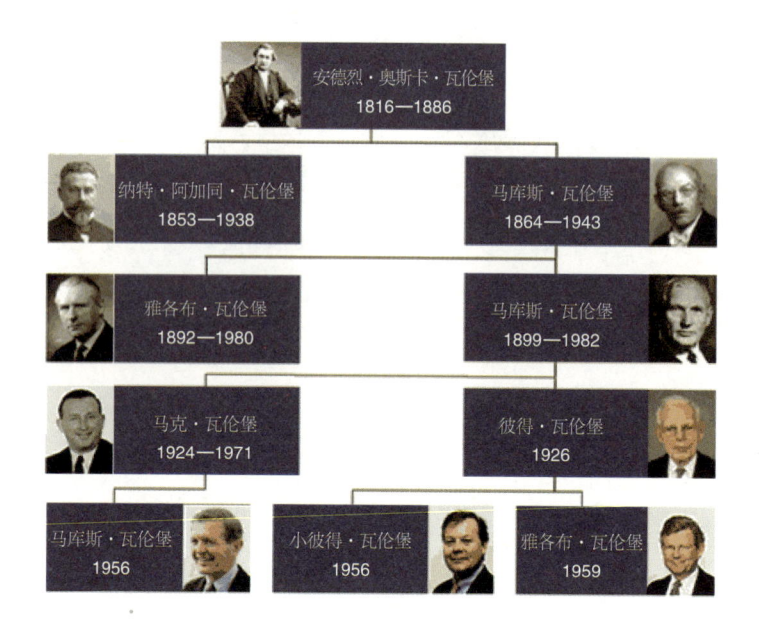

图 12-3　瓦伦堡家族传承五代的光辉"家谱"

图 12-4　瑞典北欧斯安银行发行的行长纳特·阿加同·瓦伦堡大银章

纳特接班后发现父亲积累的家业并不像想象中那么风光，银行投资的工厂大多处于亏损状态。纳特独自苦撑了四年后，将排行老三的马库斯·瓦伦堡（见图 12-1 所示银章左下方的人物，为了便于记忆，文中将其称为"老老马库斯"）召回家中，兄弟俩决定共患难、同进退。纳特逐步改善了银行的经营，1917 年，他通过在瑞典 LKAB 矿业公司的投资使瑞典北部的铁矿开采权重归瑞典人的掌控之中。斯德哥尔摩近郊的萨尔特舍巴登地区也是纳特一手开发的，他成立了斯德哥尔摩-萨尔特舍巴登公司，修建了从斯德哥尔摩市到萨尔特舍巴登地区的铁路，并经营这条运输线。如今，萨尔特舍巴登已成为各国游客去瑞典领略北欧风光的极佳去处。

然而，纳特的兴趣和特长不仅在于商业。自从将老三老老马库斯拉回家族企业之后，纳特开始萌生淡出商界的想法。1909 年，纳特自己创办了斯德哥尔摩经济学院。1911—1912 年，他推动成立了北方银行和英国北方银行，促进了北欧与当时世界第一大国英国的贸易。1911 年，纳特将斯德哥尔摩私人银行 CEO 的职务交给了弟弟老老马库斯，自己则专注于政治生涯和公益事业。此后，1914—1917 年，纳特担任瑞典外交部长，登上了其政治生涯的巅峰。1917 年，纳特创立了以他及其妻子的名字命名的纳特和爱丽丝·瓦伦堡基金。从此，老老马库斯的时代开始了。

图 12-5 是瑞典北欧斯安银行又一枚珍罕的古银章。银章发行于 1928 年。银章边缘纹饰的设计很漂亮，包浆熟美。银章的一面是斯德哥尔摩私人银行第二代第二届行长马库斯·瓦伦堡，另一面是他在北欧斯安银行的履历。银章上记载，1892 年老老马库斯 28 岁时成为银行的董事和副总裁。1911 年，老老马库斯成为银行的 CEO。银章的作者埃里克·林德伯格（Erik Lindberg，1873—1966）是瑞典最著名的雕刻家之一，曾于 1915 年的巴拿马万国博览会上获得金奖，诺贝

图 12-5　瑞典北欧斯安银行行长马库斯·瓦伦堡纪念银章

尔奖奖章是其最为著名的作品。

老老马库斯似乎与生俱来就继承了父亲无与伦比的经商天赋。他刚涉足家族企业，便承担了重组家族企业和发展控股工业的重任，他与纳特一起改组了 SEB 银行。20 世纪 20 年代，欧美经济大萧条，三分之一的瑞典公司倒闭了，老老马库斯没有被眼前的困难吓倒，而是精挑细选，以极其低廉的成本收购了一些暂时亏损但颇具发展潜力的公司。例如，当时有家国有制药企业，收购价钱"很便宜"，只要 1 瑞典克朗，但背债 100 万瑞典克朗。经过产业重组之后，这家公司后来成为瑞典著名的跨国制药企业——阿斯特拉公司，为瓦伦堡家族赚回了不知多少个 100 万瑞典克朗。

19 世纪和 20 世纪之交，瓦伦堡家族成了瑞典工业当仁不让的当家人。然而，尽管瓦伦堡家族在瑞典社会生活中充当着领头老大的角色，瑞典还是于 1916 年立法禁止银行长期拥有工业公司。老老马库斯当即决策成立银瑞达投资公司（Investor AB），将北欧斯安银行分割为银瑞达和北欧斯安银行两家公司。北欧斯安银行的工业控股部分于是转入银瑞达,银瑞达专注于长期投资。在此后百余年的历程中,银瑞达没有因为它核心持有的 11 家企业股票飞涨而抛售手里的股份,也没有因为行情低迷而减持过股票;相反,它善于抓住市场低迷的机会,扩张在持股公司中的控制地位。为了协助这些企业站稳脚跟,银行的职能发生了转变,通过对公司施加战略性的影响力,银行从过去单纯的债权人转变为帮助企业创建价值的企业所有人。银瑞达最初的远见卓识最终为"瑞典工业革命"做出了巨大的贡献。100 年的经济持续增长使瑞典从 19 世纪中期一个贫困的欧洲国家,一跃发展为世界上最富有的国家之一。银瑞达成为北欧地区最大的实业控股公司,其投资的企业包括多家顶尖跨国企业,譬如艾波比集团公司(ABB)、阿特拉斯·科普柯(Atlas Copco)、阿斯利康制药(AstraZeneca)、爱立信公司、伊莱克斯电器公司和瑞典北欧斯安银行等。其最大的投资在瑞典北欧斯安银行、爱立信公司和阿特拉斯·科普柯,约占集团总资产的 45%。老老马库斯本人也在许多大公司身兼要职。

也许是家族传统使然,老老马库斯对政治的热爱使得他在第一次世界大战接近尾声的时候,止步担任家族领袖。从 1916 年起,他陆续参加了双边和多边国际外交斡旋与仲裁调停,尤其以打破了英国和瑞典之间签订的严苛商贸协定而为世人所称道。他的银行行长职务则由异姓外人约瑟夫·纳彻曼森(Joseph Nachmanson)担任。由于大哥纳特膝下没有子女,老老马库斯担任斯德哥尔摩私人银行 CEO 一直到他 63 岁时(1927 年),他的长子雅各布·瓦伦堡(简称老雅各布)才凭借近水楼台的优势成为家族继承人。

图 12-5 所示银章的边款上注明此章是 1928 年铸制的,距今已

有 90 年历史了，这可能是为老老马库斯退出领导岗位而纪念发行的。1927—1943 年，老老马库斯仍在"垂帘听政"，直到他 79 岁逝世。

左右逢源、逃脱劫难的第三代掌门人：老雅各布和老马库斯兄弟

正如父辈纳特和老老马库斯一样，老老马库斯的两个儿子老雅各布和马库斯·瓦伦堡（简称老马库斯）也分工井然。哥哥老雅各布执业银行，弟弟老马库斯则专注家族旗下的公司。第一次世界大战后经济萧条时期，家族银行的突出业绩，令瓦伦堡家族持有瑞典多数重大公司的股份。与此同时，他们还拥有数倍于其他股东的投票权，由此获得了公司的决策权。例如，瓦伦堡家族当时仅持有伊莱克斯公司 4% 的股份，却拥有 94% 的投票权。

平静的水面下，暗流涌动不息。在老雅各布和老马库斯的时代，兄弟两人之间的竞争从来没有停止过。老雅各布是长子和钦定的接班人，老马库斯是弟弟，顽强好斗。第二次世界大战期间，凭借瑞典永久中立国的地位，这两位瓦伦堡兄弟分别在纳粹和盟军之间如鱼得水。老雅各布同纳粹德国来往密切，参加了新纳粹德国统治区的贸易谈判，他治理下的银行帮助纳粹德国转移了从犹太人那里掠取的大量黄金和其他资产；老马库斯则表现出亲盟国的态度，周旋于盟军之间。两人的关系一度剑拔弩张，水火不容。有趣的是，这种截然不同的态度反而使瓦伦堡家族在第二次世界大战期间八面玲珑，生意也红红火火。1939 年，陷入困境的德国博世（Bosch）集团为避免其在美国的子公司被美国政府收购，将子公司卖给了斯德哥尔摩私人银行。

战争即将结束的时候,斯德哥尔摩私人银行因涉嫌帮助德国博世公司,面临被列入美国政府黑名单的境地。1946年,老雅各布被迫辞去银行总裁职务,兄弟俩职务互换,曾获瑞典网球冠军的老马库斯将精力转向银行。老雅各布除负责实业投资外,名义上还是家族的总决策人。但事实上,在近半个世纪里,老马库斯不仅是瓦伦堡家族,也是瑞典经济的真正主宰者。

值得一提的是,瓦伦堡家族成员、掌门兄弟俩的堂侄罗尔·瓦伦堡(Raol Wallenberg)当属瑞典版的辛德勒。图12-6为位于伦敦大坎伯兰广场上的罗尔·瓦伦堡纪念雕像。第二次世界大战时,罗尔·瓦伦堡在其瑞典外交官身份的掩护下,于1944年7月至12月在匈牙利布达佩斯通过发放护照让十余万名犹太人离境,保全了他们的生命。他成为第二次世界大战期间营救受迫害犹太人最多的外国人。他的英雄事迹被犹太社会在30多个国家铸碑永久纪念。他被10多个国家授予"荣誉公民"。每年的1月17日,很多国家都会举行罗尔纪念仪式。不幸的是,1945年1月,罗尔被苏联军队以涉嫌美国间谍逮捕并告失踪。近年来,大批档案解密,苏联声称罗尔在1947年因病去世;还有人认为罗尔一直活到了20世纪70年代。经72年多方查找无果,

图12-6 位于伦敦大坎伯兰广场上的罗尔·瓦伦堡纪念雕像

2016年10月，瑞典当局才正式宣布这位犹太人救星已经死亡。

一枯一荣、陵谷变迁的第四代掌门人：马克和老彼得

马克·瓦伦堡和彼得·瓦伦堡（简称老彼得）是老马库斯的两个儿子。起初，老彼得根本无意涉足家族企业，并且他的父亲——杰出而令人难以望其项背的老马库斯也无意培养他作为家族的第四代传人。老彼得曾对朋友、商业伙伴、媒体说："他（父亲）总是说我资质平庸，从来没有做过正确的事情。他常常吹毛求疵，让我总是很受伤。"

老彼得的长兄马克被寄予承担家族大业的厚望。老马库斯一心要将财富帝国的"储君"马克培养成新一任领军人物，而老彼得只不过是一个不受待见的、被边缘化的，甚至连家族事务都插不上手的儿子。在父亲的带领下，年轻踏实的老彼得认真地投身于家族旗下的三个投资公司。银瑞达成为家族掌控下的旗舰企业，家族通过银瑞达公司对家族企业进行资产重组，着力调整公司董事会成员，大胆启用年轻的 CEO 和其他管理人员。而银行的发展却遇到一些困难，加上执政的瑞典左翼社会民主党采取了限制银行和私营公司发展及盈利的政策，为了突破发展的限制，斯德哥尔摩私人银行开始考虑购并事宜。文中提到的创始人安德烈·奥斯卡·瓦伦堡曾担任董事的斯堪的纳维亚银行成为购并对象。这家成立于 1863 年 11 月 6 日的银行历经 100 多年的发展，在十多次的收购兼并后，其银行规模已是斯德哥尔摩私人银行的三倍。

非常之举有时就会发生非常之事。1971年,马克突然自杀身亡,据传是他感到压力太大而心力交瘁(这至今仍是其家族的一个禁忌话题),伤心的老马库斯只能是白发人送黑发人。1972年1月1日,斯德哥尔摩私人银行与斯堪的纳维亚银行正式合并,银行更名为"Skandinaviska Enskilda Banken"(北欧斯安银行)。有意思的是,合并后的银行首位字母连读还是SEB银行。新银行羽翼渐丰,拥有6 730名员工、393家分行,应该能对付国际金融巨鳄的欺凌了。不过银行合并后,瓦伦堡家族失去了北欧斯安银行的多数股权和多数投票权。

1982年,老彼得在"垂帘听政"的父亲老马库斯去世后才正式掌权,他担任银瑞达董事长直至1997年退休,执掌家族15年。虽然时间不如前辈的长,但作为家族之长,他的成绩是有目共睹的。他大刀阔斧地做了三件大事:一是改造传统企业,对下属企业进行了现代化改造;二是在1986年使瑞典阿西亚公司(ASEA)与瑞士布朗勃法瑞公司(BBC Brown Boveri)合并成立了今天的ABB公司,使其成为全球100家最大的企业之一;三是将瑞典萨博(SAAB)汽车公司卖给美国通用汽车公司,人们评论他是在最好的时机卖掉了这一亏损企业,出手一周之后,萨博的股票大跌。

在老彼得的管理下,银瑞达公司从20世纪90年代开始完全成为瓦伦堡家族的投资引擎,代表家族开展业务,而且其业务也更加多元化,包括核心投资、私募股权投资、运营投资和金融投资。除了遵循专业化、国际化的原则外,瓦伦堡家族投资的主要特点是选定核心业务,进行长期投资,哪怕这项投资的效益短期内无法显现,也不轻言放弃。

老彼得在总结家族的生意经时说:"不到万不得已,我们不会轻易放弃暂时出现问题的企业。"他的竞争对手强纳森评价老彼得说："从来没有人赞扬过他，但他的确创造了瓦伦堡家族有史以来最好的成绩。"经济学家尼尔斯也说："如果没有老彼得，这个家族恐怕15年前（1982年老彼得继任之前）就报废了。"命运是公平的，当年不被看好的"丑小鸭"终于一飞冲天，笑到了最后。

肩负重任、守土有责的第五代掌门人的"那些男孩"

马库斯·瓦伦堡（1956—）和雅各布·瓦伦堡（1959—）分别是马克和老彼得的儿子。他们是老彼得经常念叨的"那些男孩"，也是家族历史上第二对共同执掌家族大业的马库斯和雅各布兄弟。

1997年，71岁的老彼得退休后，其职务由佩斯·巴内维克（Percy Barnevik）临时担任，后者于两年后辞职，而这对堂兄弟此时也已做足了带领家族企业走向新世纪的准备。马库斯接任银瑞达CEO时，正值43岁。雅各布和他的弟弟彼得都加入了银瑞达董事会。2005年，雅各布任董事会主席，马库斯改任北欧斯安银行主席，86岁的老彼得则任银瑞达名誉主席。

在第五代掌门人的带领下，银瑞达开始致力于一批短期的"新投资"，比如2003年银瑞达控股了Hi3G公司。同时，银瑞达也意识到，维护和巩固公司在长期控股的核心企业的地位非常重要，其为此采取了一些举措，包括2002年认购ABB、伊莱克斯、爱立信、SEB和WM-data公司发行的新股票。由于银瑞达长期投资的核心公司股票增值以及爱立信的优异业绩，公司资产也随之上涨。如今，"那些男孩"

也已年过60岁了，他们肩负重任，守土有责。不过，瓦伦堡家族的第六代已经悄然成长。

瓦伦堡家族已经历经了150多年的风风雨雨，前后五代掌门人带领家人同舟共济。人们不断用"帝国""王朝"等字眼来形容瓦伦堡家族，但这似乎并不足以完整地概括它的全貌，它在瑞典的显赫程度堪比瑞典王室，能有机会到瓦伦堡家族的别墅参加晚宴，更被视为"就像到国王家一样荣耀"。斯德哥尔摩当地人评价瓦氏家族时说："瓦家跺跺脚，整个瑞典都要摇三摇。"然而，即便显赫堪比瑞典王室，它终究是一个恪守"存在，但不可见"信条的隐形家族。他们低调，不事张扬，但无处不在；他们不喜欢"权力"这个词，其触角却深入到瑞典，乃至全世界的各个层面；他们不愿意在公众面前抛头露面，却又总处于聚光灯之下；他们多次被断言岌岌可危，却成功地打破了所谓的"三代魔咒"；他们被称为财富帝国，但一族之长甚至不能名列瑞典百富之列，在各类财富排行榜上也看不到瓦伦堡这个姓氏。

那么，在1990年家族间接控制的财富就达到瑞典国民生产总值的三分之一，拥有斯德哥尔摩超过40%上市公司的瓦伦堡家族，其财富究竟是如何在世人眼中隐形的呢？原来，其家族财富中的大部分都和很多瓦伦堡基金捆绑在一起，这些基金资产约达62亿美元，控制了投资人集团45%的投票权股份，持有22%的总资产，同时在跨国公司拥有大量的股份。瓦伦堡家族的大部分财富都在这些非营利性的基金当中，谁也无法享用。这些基金还包括纳特和爱丽丝·瓦伦堡基金、马库斯·瓦伦堡奖、彼得·瓦伦堡基金和罗尔·瓦伦堡国际基金等，用来鼓励瑞典乃至全球的科研人士。瓦伦堡家族对社会的贡献获得了世界的尊重。

总结瓦伦堡家族的经验：通过与时俱进的发展思路、广阔的政治人脉、金字塔形隔绝债务的公司架构、不断紧跟全球趋势变化调整的资产结构，并通过基金会等方式传承财富的技巧，瓦伦堡家族安然度过了一次次经济危机。此外，150年来瓦伦堡家族一直保持着优良的传统，即笃信自由市场，为股东提升价值，加快环球拓展步伐。这一理念蕴含了诚恳的对话，坚韧执着的精神，以及深切的责任感。几代瓦伦堡家族继承人，都遵守着安德烈·奥斯卡·瓦伦堡在100多年前设定的家族文化：好学、尊重、忠诚、勤奋。

诚然，十年企业靠战略，百年企业靠文化，而超过百年的企业的延续应该还要靠幸运。今天，在瓦伦堡家族的11个第六代子孙中，年龄最大的已经过了弱冠之年，他们中谁能幸运地成为第六代掌门人，能否再次幸运地将财富传承的奇迹延续，只有时间才能给出答案了。

13

压倒骆驼的不是哪一根草

由阿根廷银行纪念章引起的遐想与深思

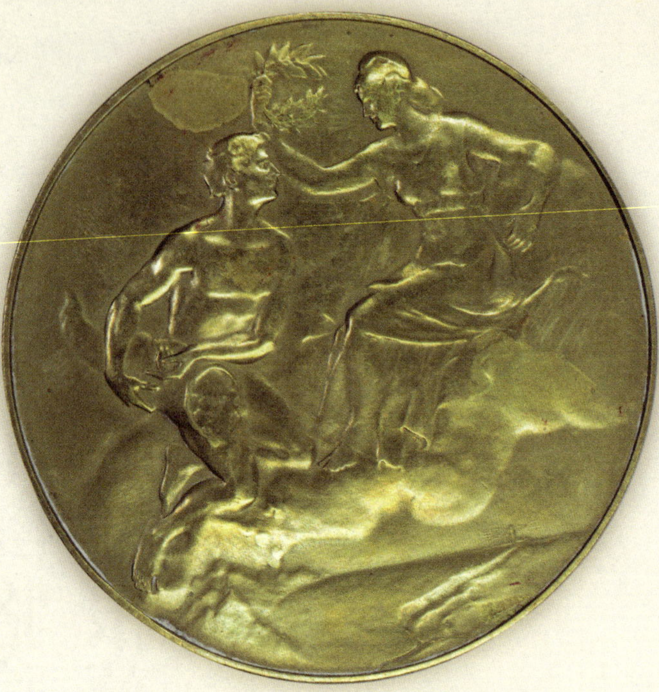

—13 压倒骆驼的不是哪一根草

阿根廷曾经是一个富裕的国家，具有广袤的土地、遍地的牛马和丰富的资源。阿根廷人享用着葡萄酒、马黛茶，跳着欢快的桑巴舞，他们感谢上帝在安排世界粮仓、肉库的同时，也把幸运一起给了阿根廷人。在第一次世界大战前，欧洲人习惯说的一句话是"像阿根廷人一样富有"。当时的阿根廷是全球最富裕的10个国家之一，实力堪与美国比肩，其首都布宜诺斯艾利斯则被视作"南美洲的巴黎"。19世纪末，阿根廷和美国都很年轻，都有着富饶的农场，数百万名渴望逃离贫穷家乡的意大利和爱尔兰移民，曾在投奔两地之间犹豫不定：选择哪个大城市，布宜诺斯艾利斯还是纽约？选择哪个大草原，南美洲还是北美洲？

1900年，阿根廷的人均GDP分别是美国、英国和澳大利亚的一半，是日本的1倍，略高于芬兰和挪威，略低于意大利和瑞典。1913年，阿根廷的人均收入为3 797美元，高于法国的3 485美元和德国的3 648美元。1950年，阿根廷的富裕程度仍然领先于日本，与意大利、奥地利和德国大致相等，是其宗主国西班牙的两倍。而1975年，西班牙人均收入是阿根廷的2倍。2010年，阿根廷的人均GDP下降到3 650美元。

为何阿根廷从一个发达国家"发展"至一个发展中国家？阿根廷到底出了什么问题？西方人重复这样一个笑话："上帝创造地球后，他发现今天阿根廷所处的这块拉美土地得到了老天赐予太多恩惠，为了平衡，上帝让这个地区住上阿根廷人。阿根廷人则称上帝给这个地区安排了阿根廷政府。"其实，讽刺阿根廷人懒惰无能的看法是不公平的。在学术界，不少对阿根廷金融危机的成因分析也有失偏颇，比如将错误推诿于金融自由化等因素，而对阿根廷复杂的社会、政治、经济和文化背景及问题发生的内因分析不够，压倒骆驼的决不是哪一根草。由于阿根廷的多次危机都是银行危机，本章还是从阿根廷的银行体系开始谈起。

阿根廷国有银行众生相

图 13-1 所示的铜章是阿根廷最古老的国有银行——布宜诺斯艾利斯省银行（Banco de la Provincia de Buenos Aires）于 1922 年发行的。该铜章重 95 克，直径为 75 毫米。铜章的一面是赤裸的男神双手抱着倾倒着财富的丰饶角，跪倒在手持花环的幸运女神跟前。这是否暗示该银行的成立是"神授天命"？铜章的另一面为"布宜诺斯艾利斯省银行成立一世纪，1822—1922 年"字样，上方还刻有徽记、花环和绶带等，内容丰富，精致美观。1822 年，该银行由时任省长马丁·罗德里格斯（Martín Rodríguez）提议成立，其目的是稳定独立战争后的阿根廷经济和金融，它的成立也象征着阿根廷银行业的起源。该银行初始作为一家贴现银行（Banco de Descuentos）存在，从事社区信贷和农业贷款。该银行在 1826 年重组并由政府投入股份后成为一家省

—13 压倒骆驼的不是哪一根草

图 13-1 阿根廷布宜诺斯艾利斯省银行成立 100 周年（1822—1922）纪念铜章

银行，当时的罗沙斯独裁政府强化了该银行的国家银行功能，利用银行无限度发行钞票。阿根廷的第一个国家造币厂也归属于该银行。直至 1852 年罗沙斯政府被推倒后，该银行才恢复成为一家私营银行。1942 年该银行又被国有化。

图 13-2 是罕见的地图形布宜诺斯艾利斯省银行银章。银章的一面是银行大楼和公牛、谷穗、齿轮、铁砧等象征着银行支持的实体经济；另一面为时任该银行的行长、副行长和董事名单。此银章应该发行于 1946—1951 年，这期间银章中所示的行长就任此职。

布宜诺斯艾利斯省银行不仅是阿根廷最早成立的银行，也曾是阿根廷最大的银行，也是阿根廷第一家真正的股份公司。1926 年，该行改名为阿根廷拉普拉塔联合省银行（Bank of the United Provinces of the Río de la Plata）。之后，市场第一的地位被阿根廷国民银行取代，其重要地位逐步减弱，回归省银行地位。时至今日，布宜诺斯艾利斯省银

图 13-2 阿根廷布宜诺斯艾利斯省银行纪念银章

行仍是阿根廷第二大银行，拥有全国 10% 的存款和 340 多家分行。

图 13-3 是 1930 年发行的阿根廷布宜诺斯艾利斯省银行一枚方形铜章。铜章的一面是布宜诺斯艾利斯省银行的古建筑，该大楼设计于 1886 年，为欧洲文艺复兴时期风格。铜章的另一面是银行 9 名董事或高管的姓名，下方一行字为西班牙语，意思是"布宜诺斯艾利斯省银行再次威名大震"。

阿根廷各省级政府拥有的国有银行在阿根廷银行业中起着突出的作用，1995 年 6 月，各省银行合计贷款约占全国贷款总额的 43%。在省银行中，重要的有布宜诺斯艾利斯省银行、科尔多瓦省银行等。除省银行外，市级银行也是国有的。图 13-4 所示的铜章是布宜诺斯艾利斯市银行于 1968 年为庆祝市银行成立 90 周年而发行的，重 110 克，直径为 70 毫米。布宜诺斯艾利斯市银行成立于 1878 年 5 月 23 日，

—13 压倒骆驼的不是哪一根草

图 13-3　阿根廷布宜诺斯艾利斯省银行纪念铜章

图 13-4　阿根廷布宜诺斯艾利斯市银行成立 90 周年（1878—1968）纪念铜章

成立的目的是替代当时在布宜诺斯艾利斯以盛行的欧洲移民浪潮中的移民为对象的高利贷机构。该银行成立后业务增长迅速，提出的口号是"服务于有巨大需求的劳动者社区"。1888 年，该银行被国有化后，将总部移至布宜诺斯艾利斯，业务范围也迅速扩大，1904 年，它成为国有的布宜诺斯艾利斯市储蓄和信贷银行。这家银行主要服务小型企业和政府公共项目，拥有银行雇员 3 000 多人，现为阿根廷第八大银行。

其他类型的银行也是国有的。在阿根廷的投资银行中，国有的国家开发银行最重要。房地产贷款则以国有的阿根廷抵押银行领军，国有抵押银行采用发行债券、抵押证券以及收受土地、房屋等不动产为抵押品，发放长期抵押贷款等形式，扶持和鼓励私人从事城乡住宅等房屋建筑的投资。

图 13-5 是阿根廷最大的国有银行——阿根廷国民银行（Banco de la Nación Argentina）于 1941 年发行的银章，目的是纪念该银行成立 50 周年（1891—1941）。银章重 48 克，直径为 45 毫米。银章的一面是怀抱国民银行大楼的女神和周边的阿根廷国民银行文字，以及镰刀齿轮、麦穗牧马、船舶机器等浮雕图案。银章的另一面是阿根廷的地图和银行成立年份（1891—1941），周边的西班牙文，意为"卡洛

图 13-5　阿根廷国民银行成立 50 周年（1891—1941）纪念银章

斯·佩莱格里尼（Carlos Pellegrini）'我相信圣母命运'"的设计（银章中时间1891年10月26日系阿根廷国民银行的创立日）。阿根廷国民银行的创始人卡洛斯·佩莱格里尼（见图13-6）也是时任阿根廷总统，该银章的设计者为雷格达（Legend）。图13-7所示为阿根廷国民银行总行大楼重修启用纪念银章。该银章发行于1944年，银章上国民银行大楼的门廊图案与该行成立50周年银章上女神手抱的国民银行大楼图案相同。

图13-6　时任阿根廷总统、阿根廷国民银行的创始人卡洛斯·佩莱格里尼

图13-7　阿根廷国民银行总行大楼重修启用纪念银章

阿根廷国民银行是阿根廷唯一的全国性国有商业银行。至今，其资产规模约占阿根廷银行业的四分之一，居该国银行业首位，在阿根廷最早的资产阶级政党——激进党执政期间创建。激进党推行发展民族资本主义的政策，实行主要矿产、铁路、银行、电力等国有化和限制大农牧主利益等措施。阿根廷国民银行的成立也是为了稳定1890年金融危机之后的阿根廷经济。该银行首任总裁是维森特·洛伦佐·卡萨雷斯（Vicente Lorenzo Casares），其业务范围包括工商业、中小型企业和小农生产者。现在，该银行在阿根廷全国拥有626家分行，海外分支机构遍布15个国家，在阿根廷有着很大的影响力。

国有银行的溃疡

如上所述，阿根廷的银行体系曾以国有银行为主体。1992年，阿根廷由本国控制的银行资产在全部银行资产中占82%，其中，国有的阿根廷国民银行及各省市银行又在阿根廷银行体系中占据了主导地位。外国资本控制的银行资产仅占12%。

当时，阿根廷国有银行体制僵化，公司治理不善，经营效率低下，尤其是贷款发放失当和过度放贷的陋习难改。地方政府期望利用当地省市银行推动经济发展，地方政府常要求省市银行向那些不符合资信标准的借贷者发放信贷。地方政府还通过国有银行贷款弥补其赤字。20世纪90年代，布宜诺斯艾利斯省的财政赤字增长了10倍多。据估计，20世纪90年代后期，阿根廷公共开支的大幅度增长中，约三分之一的增长与地方政府有关，政府一缺钱就向银行举债。对此，中央政府束手无策。1994年12月，滥权的报复终于来到，阿根廷国有银行的不良贷款率达到33%。从技术角度来看,其已经破产,只是依靠中央银行再贴现以及联邦政府存款才苟延残喘。由于省银行是根据省法律创办的,中央银行不能以破产手段来约束,省银行私有化或破产须得到省立法机构的批准。对省级银行的处理一直是阿根廷最为棘手的挑战之一。

20世纪80~90年代,阿根廷的省政府财政严重不平衡,省银行的巨额不良贷款使已陷入困境的省财政处境更加艰难,即使想要救助濒临破产的省银行也有心无力。根据货币兑换法,中央银行也不再维持它过去的做法——通过无限度地贴现贷款来保护省级银行。20世纪90年代,金融自由化、银行私有化的浪潮伴随着经济金融全球化席卷全球,阿根廷也想通过这一策略来解决国有银行的问题,于是着手推行金融自由化,实行国有银行的破产和出售计划,允许外资控股本国银行。

1995年年初,阿根廷各省财政和金融状况进一步恶化,促使许多省份下定决心对其省银行实行私有化,6家省级银行被出售给私营企业,这一行动得到了世界银行、泛美开发银行和阿根廷政府出资创办的银行私有化信托基金的支持。短短几年内,阿根廷银行业产权架构发生了很大的变化。1992年,银行业中的国有资本占82%,1997年这个比例下降到48%,同时外国资本控制了52%,占据了优势。实施新自由主义政策及大规模的私有化后,阿根廷一度与墨西哥"肩并肩",走在20世纪90年代拉美经济改革的前列,几乎得到了阿根廷内外的一片掌声。出售国有资产不仅卸掉了政府的包袱,也使阿根廷政府获得了大量的收入。据美洲开发银行统计,在1990—1995年的私有化高潮期,阿根廷共有123家国有企业被私有化,政府获得了

184.5亿美元出售款。巨大的收入使政府继续大手大脚地花钱，继续给政府部门官员支付高薪，提供优厚的社会保障福利。

图13-8是为庆祝阿根廷国有按揭银行科林斯特省分行于1927年12月22日开业而发行的铜章。铜章的设计师是哥图左（Gottuzzo）和皮亚纳（Piana）。铜章的一面是分行大楼和女神像，另一面是银行开业日期和全体领导班子成员名单。该银行于1886年9月24日成立于布宜诺斯艾利斯。1997年，在金融私有化浪潮中，该银行被私有化，放弃了国有地位。大约有一半的资本归属私人投资者，有43%仍

图13-8 阿根廷国有按揭银行科林斯特省分行开业纪念铜章

归联邦政府。图 13-9 是阿根廷布宜诺斯艾利斯市信贷银行新大楼启用纪念白铜章。

图 13-9　阿根廷布宜诺斯艾利斯市信贷银行新大楼启用纪念白铜章

苍蝇也叮外国的蛋

1502 年，欧洲人第一次发现了阿根廷。1580 年，西班牙人在布宜诺斯艾利斯建立了永久殖民地。1776 年，西班牙设立以布宜诺斯艾利斯为首府的拉普拉塔总督区。作为一个欧洲移民国家，阿根廷很早就在金融领域开放了。图 13-10 是阿根廷最早的外资银行阿根廷意大利拉普拉塔银行（Banco de Italia y Rio de la Plata）于 1972 年为纪念成立 100 周年（1872—1972）而发行的大铜章。铜章重 95 克，直径为 80 毫米。铜章包浆熟美，设计古朴独特。铜章的设计师为 J. 弗洛万蒂（J. Firavanti）。铜章的一面是百年来银行的董事名单，蔚为大观。阿根廷在西班牙语中与"拉普拉塔"一词均有"白银"的含义，还蕴含着"货币"和"财富"的意思。1527 年，西班牙探险家塞瓦斯蒂安·卡沃托（Sebastiano Caboto）率一支远征队到达南美大陆后，从一条宽阔的河口溯流而上深入内地，探险家们发现当地印第安人都佩戴银制饰品，以为当地盛产白银，就把这条河称为拉普拉塔河，把这一地区称为拉普拉塔区，以后又改区为省，这也就是后来拉普拉塔银行的由来。1816 年，拉普拉塔省宣布独立，并将国名定为阿根廷。图 13-11 是阿根廷意大利拉普拉塔银行成立 50 周年纪念银章。银章

图 13-10　阿根廷意大利拉普拉塔银行成立 100 周年（1872—1972）纪念铜章

—13 压倒骆驼的不是哪一根草

的设计者是哥图左和皮亚纳。银章的一面是阿根廷意大利拉普拉塔银行的大楼,另一面是银行董事的名字。

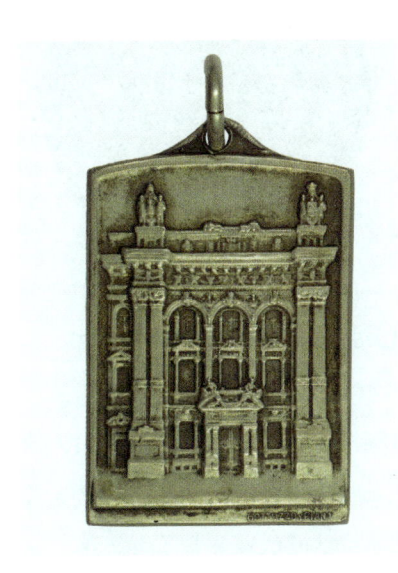

图 13-11　阿根廷意大利拉普拉塔银行成立 50 周年(1872—1922)纪念银章

布宜诺斯艾利斯在西班牙语中有"好空气"的意义。19 世纪 60 年代,意大利大量移民嗅到"好空气",纷纷来到布宜诺斯艾利斯,给当地银行业带来了大量的商机。同时,阿根廷外资和私人银行业也开始发展。

1872 年 8 月 19 日,一些来自意大利热那亚、伦巴第的实业家和金融家,设立了阿根廷意大利拉普拉塔银行。图 13-12 是该银行成立 75 周年的纪念铜章,铜章的一面是女神端坐在石椅上,两手分别放在象征财富和法律的钱箱与典籍上,石椅下方左右分别饰有象征金钱和丰裕的蛇形杖与牲畜谷物。铜章上有设计者 C. 罗西的签名。当

图 13-12　阿根廷意大利拉普拉塔银行成立 75 周年（1872—1947）纪念铜章

时阿根廷正遭遇严重的经济危机，但阔裕的意大利人却大把撒银，给这家银行带来了 70 万比索的资本金，使其超过了阿根廷当时最大的银行——布宜诺斯艾利斯省银行。其实，精明的意大利人并不傻，伦巴第人的金融生涯使他们看到了大量意大利人移民阿根廷的商机。果然，1877—1880 年，潮水般的移民给布宜诺斯艾利斯带来的私人存款占了阿根廷存款的 50%。阿根廷意大利拉普拉塔银行与意大利本土银行保持着密切关系。有趣的是，1887 年，又有一批意大利商人办了一家几乎同名的意大利拉普拉塔银行。一番争吵和诉讼后，后者被迫更名为新意大利银行（Nuevo Banco Italiano）。积怨的双方开始了长达百年的竞争史，竞争过程中阿根廷意大利拉普拉塔银行还是胜出一筹，1910 年成为阿根廷最大的外国银行。1926 年，阿根廷意大利拉普拉塔银行被意大利人民银行收购，1985 年该银行因经营混乱、投资失败而导致破产并被清算。阿根廷中央银行予以接管，其业务和分支机构被意大利国民劳动银行（Banca Nationale del Lavoro）收购，而意大利国民劳动银行又于 2006 年被法国巴黎银行收购。再后来，法国巴黎银行的阿根廷业务终究被汇丰阿根廷收购；而另一家新意大利银行也于 1997 年被西班牙 BBVA 银行收购。

英法和美国的银行在阿根廷也十分活跃。19 世纪，英国资本大量进入阿根廷，英国开始修建铁路，兴建农场和牧场。1909 年，英国在阿根廷的投资已达 87.5 亿法郎。美国花旗银行早在 1914 年就在阿根廷开设了分行，而有关美国波士顿银行在阿根廷的历史，我在"波士顿银行的前世今生"一章中做了详尽介绍。

图 13-13 是阿根廷最大的美国银行——波士顿银行成立 50 周年的大铜章。在阿根廷的多场金融危机中，西方的银行也难逃厄运。在 21 世纪初的阿根廷金融危机中，外资银行和金融公司损失了近 100 亿美元。加拿大资本控股的苏格兰吉尔梅斯银行和以阿根廷资本为主的加利西亚银行先后宣布倒债。金融危机后，8 家外资银行退出阿根廷市场。阿根廷波士顿银行最终被中国工商银行收购（如图 13-14 所示）。

图 13-13　阿根廷波士顿银行成立 50 周年（1917—1967）纪念铜章

图 13-14　阿根廷标准银行（原阿根廷波士顿银行）的招牌在 2012 年正式更换成中国工商银行的招牌

金融自由化的恶果

当金融自由化的赞歌还没有结束时，悲歌却已经奏响了。阿根廷开放战略性产业的投资后，外资进入银行业的速度非常快，其比重在短短 5 年中增长了 4 倍多，居拉美国家银行业开放程度之首。1997—2001 年，阿根廷本国控制的银行资产比重从 48% 萎缩至 33%，平均每年下降 6%；外国资本控制的银行资产比重从 52% 增长至 67%，平均每年增长 9%。截至 2001 年，在阿根廷 10 家最大的银行中，外资控股的银行有 8 家，包括花旗银行、纽约银行、波士顿银行等著名的美国大银行。外资银行全面经营阿根廷比索和美元业务，阿根廷经济出现了日益加深的美元化趋势，银行体系中 80% 的存贷款都是美元。

为了控制通货膨胀而实施的联系美元的汇率制虽然压缩了通货膨胀，却削弱了金融主权。阿根廷政府逐渐丧失了金融调控能力，难以利用金融杠杆刺激经济发展。20 世纪 90 年代末，阿根廷经济增长停滞，税源减少，外债沉重，国有资产卖完后外资流入趋缓，贸易逆差难以通过资本账户盈余弥补。阿根廷企业和民众为了躲避金融风险，纷纷将存款转向资本雄厚的西方跨国大银行。

山雨欲来风满楼。2001年，酝酿已久的债务危机终于爆发了。阿根廷证券市场连续大幅下挫，国家风险指数一度上升到1 600点以上，银行为了寻求自保，纷纷抬高贷款利率，高达250%～350%，同时停止了信贷业务和美元兑换业务。阿根廷外汇储备与银行存款严重下降，同年8月，外汇储备由年初的300亿美元下降到不足200亿美元。几个星期内，阿根廷人从银行提走了大约80亿美元的存款，占阿根廷私人存款的11%。同年11月，阿根廷股市再次暴跌，银行间隔夜拆借利率更是达到250%～300%。同年12月，阿根廷实施限制取款和外汇出境的紧急措施，金融和商业市场基本处于停顿状态，有关阿根廷陷入债务支付困境和货币贬值的谣言四起。2002年上半年，商业银行又流失存款30%，银行体系几近崩溃，无钱可提。阿根廷政府因无法偿还到期的外债，被迫放弃了实行11年之久的比索与美元1∶1挂钩的货币汇率制，比索贬值40%。阿根廷政府冻结了银行体系里的所有美元存款，强制将储户的美元存款兑换成比索政府债券。但这个兑换的汇率不是1美元兑换2.2比索，而是1美元兑换1.4比索。一夜之间，阿根廷人不但失去了其偏爱持有的所有美元，且个人资产缩水近一半。这一年，阿根廷的人均GDP从8 500美元下降到了3 700美元。

昔日的繁华已经不再，阿根廷已经从一个拉美最富裕的国家变成一个人均GDP仅高于巴拉圭的国家。富裕（中产）与贫困人口的比例从5∶5变成3∶7，失业率徘徊在20%左右，通货膨胀率高达

41%。布宜诺斯艾利斯街头那些露宿的、给人洗车的，或是趁着红灯时给司机表演杂耍的人，两年前可能都是中产阶级。

短短数月，150万名阿根廷人加入失业大军，贫困人口上升到总人口的42%，而后一年，贫困人口超过了60%。曾经健全的社会保障体系也彻底崩溃，难以想象的是，曾经的"世界粮仓"，2001年竟有数百名儿童饿死。2002年高峰时，每月的示威游行达到2 552次，在抗议金融管制的骚乱冲突中有近30人死亡。阿根廷的金融危机也导致了严重的政治危机和社会危机，政府接连倒台，在12天内经历了5位总统，震惊全球，世所罕见。

穆迪报告披露，这场危机给阿根廷银行体系造成的损失大约是540亿美元，相当于该国银行体系总资产的两倍。国有银行和外资银行都遭遇了灭顶之灾，国有银行的注册资本几乎消耗殆尽。阿根廷布宜诺斯艾利斯省银行在危机中损失惨重，以致它的一家分行遇到诉讼须赔偿7.5万美元时，因库房没钱，只能找出一堆共计750千克的硬币来应付，窘况可见一斑。2002年，阿根廷抵押银行正式宣布停止偿还一切债务本息，并要求与债权人谈判，以便重新安排其总额高达11亿美元的债务。

这是一个真实的故事。阿根廷人胡安·伊格纳西奥在2001年11月26日以3.2万美元出售了其60平方米的公寓，怕资金不安全的他将现金存入了银行。故事的结果众所周知，存款被冻结及强行结汇比索而使其"竹篮打水一场空"。胡安·伊格纳西奥叹气说，其实阿根廷银行才是最不安全的地方，他宁可信任保险箱也不再信任阿根廷银行了。

压倒骆驼的并非哪一根草

阿根廷的自然条件得天独厚，人口只有印度的 4%，土地面积是印度的 85%，占全国总面积四分之一的潘帕斯草原气候温和，土地肥沃，地势平坦。阿根廷拥有丰富的农业资源，其比较优势在于生产和出口农产品。阿根廷人经常自豪地说："我们的平原从大西洋起，一犁头耕到安第斯山脉，都不会碰到一块石头。"阿根廷资源丰富，铀储量居拉美之首，油气储量丰富，稀有金属铍的储量居世界第二。5 000 多千米长的海岸线和温和的气候让阿根廷拥有许多不冻港。在阿根廷人中，欧洲白色人种移民的后代占全国总人口的 97%，基本上没有民族矛盾。阿根廷人受教育程度高，劳动力素质好。早在 1816 年，阿根廷就取得了民族独立。19 世纪 60 年代初，阿根廷结束了独立后的长期内战，政局趋于稳定，这为其 19 世纪末和 20 世纪初的经济发展创造了有利的政治条件。随后，阿根廷经济飞速发展，GDP 增长率不低。即使在 20 世纪 80 年代遇到了严重的债务危机，阿根廷的同期 GDP 增长率依然达到 8.8%，人均收入超过原宗主国西班牙。然而，阿根廷进口替代工业化模式的固有缺陷与 20 世纪 80 年代初不利的外部环境交织在一起，使阿根廷在 1982 年陷入了严重的经济危机和债务危机。在被称作"失去的 10 年"的 20 世纪 80 年代，阿根廷 GDP 的年均增长率为-0.7%，通货膨胀率则居高不下。不过危机后的 1991—1998 年，阿根廷 GDP 年均增长率又达到 5.8%，高于拉美的 3.5%，引人注目的成就使"阿根廷奇迹"的美誉经常出现在西方媒体的报道中。

2001 年的危机使阿根廷由一个全球化的经济楷模跌入贫穷的深渊。2004 年，阿根廷经济有所恢复，但也仅仅是 1997 年 GDP 的

42%，转眼又十多年过去了，阿根廷经济依然与1997年差了一大截。

把"金融危机专业户"的帽子戴在阿根廷头上，倒是名副其实，自1970年以来阿根廷已经发生了8次货币危机。具有讽刺意味的是，1998年世界银行还出了一份报告，将发展中国家和地区的银行部门按健康程度排序，阿根廷排在第二，而在之后两年，阿根廷银行业就崩溃了。痛心疾首的阿根廷政府将本国的危机根源纷纷指向金融自由化，但阿根廷的问题仅是金融自由化造成的吗？压在骆驼身上的哪一根草没有责任？

压倒骆驼的"金色之草"是这样一捆捆加上去的。

一是经济发展政策失误。20世纪初以前，农牧业使阿根廷成为富国，过分依赖农业使其在工业化道路上错失机遇。本想通过高筑贸易壁垒的措施保护本国的"幼稚工业"，但没有外来竞争的环境反而摧毁了本国产业。外部环境的变化使阿根廷的经济陷入停滞，掉进了中等收入陷阱。

二是过度负债恶习。经济衰退和财政赤字使政府靠高息举新债还旧债来饮鸩止渴。2001年年底，阿根廷政府的公共债务已达1 443亿美元，虽然外债占GDP的比例略超40%，并不算高，但是债务结构不合理，当年的到期债务本息500亿美元相当于全年外汇收入的4.7倍，占全年出口收入的40%。地方政府债务也多，根据阿根廷原宪法规定，省政府可自行在国内外举债。金融危机以后，阿根廷中央政府才接管了地方政府主权外债。债链断裂导致"多米诺骨牌"倒塌，阿根廷政府无力偿债便赖债，其债务违约可谓司空见惯，从1816年阿根廷独立后，出现过7次债务违约或重组。

三是阿根廷奉行的是伊比利亚天主教文化。其特点是鼓励人们消费，因而社会储蓄率很低。以1998年为例，阿根廷的储蓄率为17.4%，不仅低于拉美19%的平均水平，而且还低于巴西（18.6%）、墨西哥（22.4%）和智利（25.2%）。阿根廷拥有第三世界国家的经济结构，但其社会福利却是欧洲式的，福利主义盛行，在民粹主义思潮、工会力量和选举政治的逼迫下，政府屡屡给民众开出福利"支票"，而经济与企业效益却不景气，过多的货币发行导致恶性通货膨胀率年达20%以上。通货膨胀后薪酬更要涨，货币更要超发，逐渐使恶性通货膨胀成为常态。但凡想通过通货紧缩来缓解财政压力的官员，又会触犯众怒，而且在危机中采取单纯紧缩、釜底抽薪有可能会使经济越发紧缩，确实左右为难。

四是通货膨胀积重难返。1991年以前，阿根廷常用发行钞票的办法弥补财政赤字，致使通货膨胀率长期居高不下，1989年通货膨胀率高达49%。1991年，阿根廷选择与美元挂钩的货币局汇率制度，即货币发行量以国际储备为基础，通货膨胀虽然立即得到控制，但没有注意美元的走势，使比索逐步被高估，削弱了出口竞争力。经常性收支长期赤字，国际储备逐步减少，实行货币局制度的基础也就薄弱起来。政府在反省教训后又开始奉行发展优先战略，再次使高通货膨胀成为常态，一系列的社会和经济问题爆发。

五是金融管制愈演愈烈。在恶性通货膨胀下，阿根廷居民将美元作为避险货币，因此存款转移和资金外逃是不可避免的。阿根廷政府为了避免经济崩溃和稳定金融，采取了极端的外汇管制政策，实行冻结存款、强行结汇、停止外资企业分红和利润汇回措施，这一政策逐步使阿根廷银行及信用体系陷入瘫痪，也使阿根廷人失去了对本国银行体系和本币的信任，造成阿根廷银行业普遍惜贷，银行信贷占GDP

的比重只有12%，远低于巴西的60%和智利的45%。此政策还严重影响外资流入，使资金进一步脱离银行体系，形成存款外逃、比索美元化的恶性循环。2011年，阿根廷外资净流出215亿美元，黑市汇率是官方汇率的1.2~1.3倍。政府既有心解冻外汇，又担心存款大量流失，甚至全部流失，担心整个银行体系彻底崩溃，真是进退维谷。

有人将压倒阿根廷这头"骆驼"的最后一根草归咎于金融自由化。他们认为，国有银行私有化是万恶之源，但若今天的阿根廷全部是国有银行，可能也只是惜贷和存款外逃的情况会好些。阿根廷的金融自由化，起初也是想解决技术上已经破产的阿根廷国有银行问题，甩去沉重的包袱。阿根廷政府一度十分得意于其金融改革的"成就"，然而，在金融危机时，外资银行却不与阿根廷政府"同心同德"，它们不仅惜贷，还动辄撤出市场，有8家外资银行退出阿根廷。在阿根廷政府宣布冻结存款和外汇时，外资银行不配合阿根廷政府出台的严格的外汇管制措施，偷偷将外汇资金、资本转移国外，这使阿根廷政府十分后悔当初采取将国有银行私有化的举措。

"阿根廷不相信眼泪"

全世界的"国有企业"名声多数是负面的，崇尚自由主义的经济学者将垄断、低效与其挂钩，公众将落后、保守与其联系，政治家们虽然热衷干预国有企业以贯彻其政治意图，但又担忧国有企业经营亏损，成为包袱，或为了标榜改革，对国有企业怒颜批评。在全球的国有企业中，经营尚可的企业凤毛麟角。改革时，阿根廷左、右翼政党都十分默契地一致竭力推进国有企业的私有化改制；危机时，激进的左翼政党将私有企业收归国有的做法,同右翼政府将私有企业国有化的措施却又是殊途同归,相信的还是政府"看得见的手"。然而,经济衰退究竟应归咎于谁?压倒骆驼的是最后一根草吗?

多年来,阿根廷新政府已经抛弃了"新自由主义"思想,强力干预经济,意将外资企业国有化,政策激进,变化莫测。经过危机后,阿根廷的经济金融相比2001年和2002年有了好转。2002年年末,阿根廷国有银行的信誉度也有所提升,外资银行比重从51%下降到43.7%,只是问题并没有得到根本的解决,阿根廷成为拉丁美洲唯一一个经济持续低速增长而通货膨胀高企的国家。2012年,当阿根廷政府重新停止外汇市场购汇交易后,阿根廷私人银行体系在两个月的时间又流失美元存款45%。阿根廷居民对美元的信任是根深蒂固的,目前阿根廷私人银行体系的存款中还有近20%是美元存款。有报道说,阿根廷民间藏汇1 890亿美元,是官方储备的4倍,这造就了阿根廷保险箱业务出奇火爆的景象。

不过,唯一值得庆幸的是,阿根廷人没有被不幸压倒,"阿根廷不相信眼泪",他们生性乐观,最爱的是这样一首歌:

阿根廷,不要为我哭泣,
我从没有离你而去。
在我艰苦的日子里,
我勇敢地面对,
将信守我的诺言,
请别离我而去。

——摘自电影《贝隆夫人》的主题曲《阿根廷别为我哭泣》

后 记

阿根廷新政府自 2015 年 12 月上台执政以来,取消了外汇管制,允许本币比索兑美元汇率一次性贬值大约 40%。阿根廷比索汇率由市场决定,基本维持稳定。阿根廷与国际债权人达成偿债协议,解决了拖延长达 15 年的债务违约问题,同时又向国际投资者发行了总额 150 亿美元的主权债券,在时隔 15 年之后,重新进入国际金融市场,得到了向外部市场融资的机会。

上述政策也面临着在控制通货膨胀和刺激经济增长方面的两难选择,还面临着严峻的通货膨胀压力。

14

3 000 年的金融荣耀今何在

希腊国民银行纪念章引起的遐想

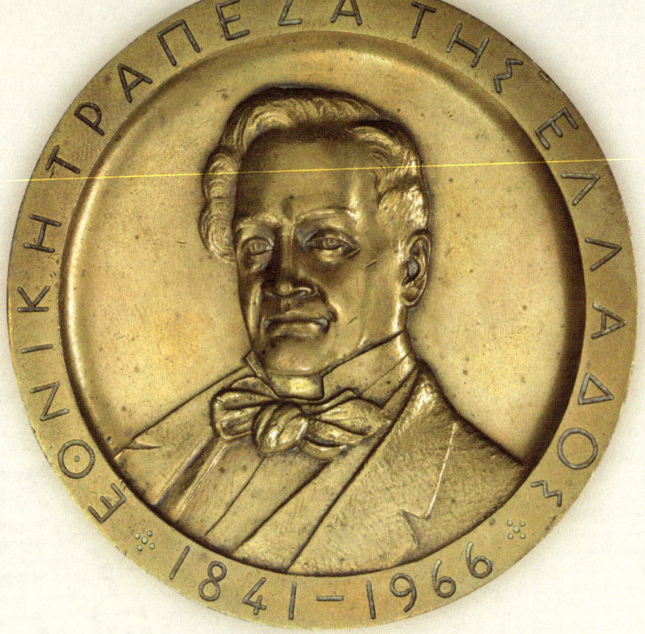
ΕΘΝΙΚΗ ΤΡΑΠΕΖΑ ΤΗΣ ΕΛΛΑΔΟΣ
1841-1966

3 000 年前的世界金融中心

大概只有在奥运会开幕式上永远第一个入场的希腊体育代表团在万众瞩目下迎接雷鸣般的欢呼和掌声时,希腊人才会感到历史给他们带来的荣耀。可是,这样的荣耀时光实在太短暂了,在欧洲主权债务危机不断深化的前几年,希腊捉襟见肘的财政金融丑闻屡见报端,希腊银行业的流动性日见窘迫,危机愈演愈烈,欧盟要将希腊踢出欧元区的传闻甚嚣尘上。西方还不时流传出希腊民性懒惰、贪图享乐的讽刺"段子",丝毫不顾及曾是欧洲文明发源地的希腊人的面子。希腊人虽然愤怒地走向街头抗议,但还是理性地选择了主张紧缩政策的新政府。

希腊的历史确实值得骄傲。当欧洲其他地方的人还在茹毛饮血时,希腊已经成为西方文明的发祥地。公元前 3000 年至前 1100 年,在克里特岛出现米诺斯文明;公元前 1600 年至前 1050 年,伯罗奔尼撒半岛出现迈锡尼文明;公元前 800 年,形成奴隶制城邦国家,公元前 5 世纪为鼎盛时期。其实,希腊不仅在奥林匹斯山上点燃了奥林匹克的第一把圣火,它也是世界银行业的鼻祖。银行家们一般都知道,银行业起源于 15 世纪的意大利，还熟知银行（Banco）名称源于意大利金匠的长凳（Banca），但却不了解借贷行为如人类社会一样古老，或更确切地说，与以交换为基础的人类社会一样古老。

　　银行的产生可以追溯到更悠久的历史。距今 3 000 年前，希腊已经有成熟的"银行"了。当时古希腊的神庙以它在民众心目中的神圣地位成为"银行"，充当存款、贷款、货币兑换及金银成色验证的中介。考古学也证明了当时古代希腊借贷的活跃，甚至已经有了类似 19 世纪中国山西票号的"钱票"，从希腊一地持票可以在另一地取现。古希腊时期的雅典也可称为公元前的世界金融中心。不仅雅典僧侣成为银行家，当时还有不少"银行家"来自外国，考古中还发现，公元前 5 世纪古希腊有一位名为皮提俄斯（Pythius）的私人银行家，他的业务还延伸到亚洲地区。财富创造自由和平等，公元前 371 年，一位名为珀森（Pasion）的奴隶被列入了古希腊的富豪榜，成为有名的银行家并获得了公民权。在公元前 4 世纪，以信用为基础的银行制度才从希腊雅典开始，在地中海一带的国家流行传播。古希腊于公元前 146 年并入罗马帝国后，欧洲的金融中心开始西移。此后，希腊的金融业开始落后于其他国家，在英格兰银行已经诞生近 150 年后的 1841 年，希腊才诞生了现代意义上的第一家银行。

　　图 14-1 的大铜章就是 1966 年希腊国民银行成立 125 周年（1841—1966）时发行的。铜章重 150 克，直径为 70 毫米，一面是古希腊著名的"猫头鹰钱币图案"。在公元前 500 年左右，希腊雅典发行了以雅典娜和猫头鹰为正反面图案的银币，这还成为当时世界流通甚广的国际通货。猫头鹰是雅典娜的守护鸟，传说会在夜间外出为雅典娜传递消息，是智慧的象征。钱币上站立着的猫头鹰右方为字

—14 3000 年的金融荣耀今何在

图 14-1 希腊国民银行成立 125 周年（1841—1966）纪念铜章

母"AOE"（雅典），左方为橄榄枝及一钩新月。据说一钩新月的寓意是纪念公元前 480 年希腊在萨拉米海湾大败波斯船队之役，当时正值下弦月。该章这一面的下方有铜章设计刻模大师迈克尔·托姆博（Michael Tombros，1889—1974）博士的签名。迈克尔是希腊著名的雕塑及币章设计家，希腊当代雕塑艺术的创始人之一。他的作品参加过多次国际展览，而且曾获得罗马艺术大奖。大铜章的另一面是希腊国民银行创始人乔治·斯托夫罗斯（George Stavros，1788—1869）的半身像，币圈有他的姓名和银行创立 125 周年的年份数。自 1902 年希腊国民银行首次发行纪念银行创立 60 周年的大铜章之后，100 周年时恰逢第二次世界大战，因而未发行纪念章，因此，1966 年发行的该章是第二枚纪念希腊国民银行创立的大铜章。为纪念该行创立 125 周年，当年还举办了银行的历史展，并发行了纪念邮票。

希腊最古老和最大的商业银行的创立

1841年,在希腊国家审计院成员、前财务长乔治·斯托夫罗斯和瑞士银行家让-加布里埃尔·埃纳尔(Jean-Gabriel Eynard,1775—1863)的持续推动下,希腊国王奥托于1841年3月30日签发了国王令,批准成立希腊国民银行(见图14-2)。经过短暂的筹建,1841年11月13日首届董事会成立,1842年1月22日希腊国民银行正式公告营业。乔治·斯托夫罗斯成为首任行长,并任职28年直至他过世。出生于商人家庭的乔治·斯托夫罗斯不仅是一位银行家,也是希腊的革命者和慈善家。他参加了反对奥斯曼帝国的战争,并担任指挥官。他对希腊的独立给予了巨大的财力支持。1825年,他担任希腊独立战争后首届临时政府委员会的首席财务官。在之后的几年中,他成为希腊国家管理经济的三人委员会成员之一,负责管理希腊首家国有银行——希腊金融银行(National Financial Bank),这家银行也发行了货币和债券。令乔治声名远扬的是他于1841年创立的希腊国民银行,希腊国民银行是希腊首家私营商业银行,银行创立资本为500万德拉克马,分成5 000股,但直至1847年才募集到位。最早的股份包括希腊政府1 000股(占20%),银行创始人让-加布里埃尔300股和尼古拉斯·左西马斯(Nikolaos Zossimas)500股,股东还有罗斯柴尔德家族等。该行在创立次年开始发行银行券,并将希腊货币德拉克马唯一发行银行的特权地位保持了87年,直至1928年希腊中央银行(希腊银行)成立后才被替代。为了纪念乔治·斯托夫罗斯,他的肖像出现在不少年份和面值的希腊货币上(见图14-3)。

—14 3000 年的金融荣耀今何在

图 14-2 希腊国王奥托批准创立希腊国民银行的油画

注：奥托国王手持批准创立该银行的国王敕令。希腊画家尼基弗洛斯·利特拉斯（Nikiphoros Lytras）于 1898—1899 年作此画。

图 14-3　1926 年印有乔治·斯托夫罗斯肖像的希腊纸币

希腊国民银行的另一位创始人是瑞士银行家让-加布里埃尔（见图 14-4），他对希腊国民银行的创立起到了重要作用。早在 1827 年，他就写信给时任希腊总统的好朋友，认为独立后的希腊需要一家新银行。他也被希腊国民银行第一届董事会选举为该银行的两位名誉行长之一，以感谢他对希腊国民银行创建的出色贡献。他诞生于瑞士贵族（同时也是商人）家族，出生地为法国里昂，曾在意大利设厂。他在意大利热那亚建成的大厦直至今天还是以文化遗产的身份作为市政厅被使用着。他担任过维也纳议会的欧洲大使，更是希腊独立运动热情的支助者和参与者。

让-加布里埃尔的人生经历非常丰富。今天的人们一般认为蓝色牛仔裤的发明者是美国的李维·斯特劳斯（Levi Strauss），他在 1849 年美国淘金热时代，用积压的帐篷和马车棚帆布制成耐磨的长裤，大受淘金工人的欢迎。不过，这一说法遭到欧洲人的反对。意大利人说他们才是牛仔裤的始祖，因为牛仔裤的英文名称 jeans 是热那亚海港的

—14 3000年的金融荣耀今何在

图 14-4 让-加布里埃尔的画像

法文译名,它是当地海员穿的耐磨蓝色工作裤。法国人则称牛仔布来自法国城市尼姆,是当地特产的一种粗厚蓝棉布,耐磨经穿,法国人认为他们会造布当然也会缝裤子。其实,银行家让-加布里埃尔也有权参加牛仔裤发明者的争夺。他曾经在服装行业备受推崇,并在1800年获得为法国安德烈·马塞纳军队制作蓝色衣裤的生意,当时使用的蓝布就称为"bleu de Genes",今天扬名世界的"blue-jeans"牛仔裤,应该是其后生晚辈了。1801年以后,他投身风险投资基金行业,积累了巨额财富。1803年,他应埃特鲁斯坎皇后之邀赴佛罗伦萨,为设计与改善卢卡和皮翁比诺公国的金融体系出谋划策。希腊独立战争之后,他又成为希腊临时政府的驻欧洲首席代表和新政府的金融顾问。1841年，他与乔治一起创立了希腊国民银行。他一生都非常热爱希腊，在1842年英国向希腊追讨借债时，慷慨的让-加布里埃尔用自己的资金替窘迫的希腊政府偿还了50万金法郎。令人意想不到的是，兴趣广泛的让-加布里埃尔并不满足于他从商人到政治家再到金融家的人生经历，他还是瑞士第一个使用银版照相的人，最终成为一名著名的摄影家。他从1839年开始学习摄影，那年他64岁。鉴于照相技术直到1826年才在实验室里获得成功，1839年8月19日才是全球公认的摄影术发明纪念日，让-加布里埃尔绝对是全球最早的摄影家。直至1863年逝世，他从未放下手中的照相机。他到处旅游，用达盖尔银版法拍摄下许多珍贵的风景、家庭和个人肖像照片。为了纪念他，希腊国民银行将教育基金会的大楼命名为埃纳尔厅（Eynard Hall），雅典至今还有以他名字命名的大街。

前进着的希腊国民银行

希腊国民银行的首届董事会是在乔治·斯托夫罗斯的家中召开的。希腊国民银行总部的豪华古典大楼建成于19世纪末。图14-5的大铜章是1902年为希腊国民银行成立60周年（1841—1901）而发行的首枚纪念章，同时也为庆祝时任希腊国民银行行长的斯特凡诺斯·斯特赖顿（Stefanos Streit）服务银行30周年。大铜章重70克，直径为53毫米。大铜章设计庄重典雅，历史沧桑积淀成为大铜章的厚重包浆。大铜章的一面是希腊国民银行总行大楼，楼前的喷泉花坛、楼后的太阳光射与光圈中的希腊神像交相辉映，精美绝伦；下端有发行年份"1902"字样。铜章的另一面雕刻了银行自创立以来的

图 14-5　希腊国民银行成立 60 周年（1841—1901）纪念铜章

四位行长的半身像，上方是四位行长的姓名，下方是"1841—1901"字样。铜章的设计者吉欧吉奥斯·雅克比德斯（Georgios Jakobides，1852—1932）系希腊著名艺术家，希腊艺术运动的主要代表人物，曾任希腊国家美术馆的首任馆长，他的绘画作品被希腊乃至欧洲的博物馆广泛收藏。1901 年，希腊国民银行为了庆祝成立 60 周年，重修了总部大楼，出版了有关银行历史的书籍。建筑往往见证了从传统到现代的沧桑变迁。2002 年，希腊国民银行总行搬迁到现在的现代化大厦（见图 14-6），大楼外墙由砂岩和花岗岩组成，大楼所在处的重要考古遗迹都得到了很好的保护，从大楼内的金属桥上可以看到雅典阿卡米基（Achamiki）古街的地质层。

希腊国民银行一直为其悠久的历史以及曾经作为希腊发钞银行的身份而骄傲。1870 年希腊加入"拉丁货币同盟"，希腊国民银行发行的新希腊流通货币也成为"国际货币"。这个货币同盟由比利时、法国、意大利和瑞士等一些欧洲国家组成，后来西班牙、希腊等国也

图 14-6　希腊国民银行总行 2002 年迁入的新大厦

参加进来。货币同盟存在于 1865—1927 年，加入国发行的货币与黄金、白银等值挂钩并可以在同盟国中流通，其作用算是一种早期的"欧元"。

1880 年希腊国民银行在雅典证券交易所上市，1891 年它建立了自己的保险公司——希腊国家保险公司（National Hellenia Insurance, Co.）。希腊国民银行贷款支持了 1896 年雅典奥运会的设施建设。成功的希腊国民银行逐步开始对外扩张：1896 年在伦敦设立机构，1899 年在当时自治的克里特岛建立克里特银行，并于同年收购于 1882 年成立的希腊银行伊庇鲁斯和色萨利特许银行（Privileged Bank of Epirus and Thessaly），1907 年在塞浦路斯建立它的第一个海外分行，1919 年收购希腊克里特岛银行（Bank of Crete）。第一次世界大战时，希腊国民银行因拒绝为希腊政府提供军事装备资金而被政府接管成为国有银行。之后，希腊被法西斯德国侵占，希腊国民银行被德意志银行接管，幸运的是，希腊国民银行已将其黄金和外汇储备转移至南非的中央银行，避免了更大的资金损失。

图 14-7 是一枚 1981 年发行的珍贵的希腊国民银行方形大银章。银章的一面是该银行总部的古典式旧办公大楼，下方有纪念年份"1841—1981"字样；另一面的文字表达的意思是"纪念希腊国民银行于 1981 年 3 月 19 日启用其在英国伦敦的新办公大楼，同时也纪念

图 14-7 希腊国民银行成立 140 周年（1841—1981）
暨服务伦敦 85 周年（1896—1981）纪念银章

希腊国民银行在伦敦服务85周年"。

希腊国民银行自成立后一直保持着希腊最大银行的地位。20世纪60年代中叶，它的存款余额曾经占希腊所有商业银行存款总余额的2/3。今天，该行在希腊全国有600多个分支机构，在希腊之外有1 200多个分支机构。在20世纪，希腊国民银行进行了一连串的收购兼并，并在海外设立机构：1927年成立希腊国民按揭银行（Bank Ktimatili）；1939年在美国设立子银行——希腊银行信托公司（Hellenic Bank Trust Company）；1953年收购希腊第二大银行——雅典银行，并将希腊国民银行更名为希腊和雅典国民银行，到了1958年又改回原名希腊国民银行；1998年通过子银行——希腊国民按揭银行购并了希腊另一家按揭银行，成为希腊业务份额领先的按揭银行；2002年收购希腊国民产业发展投资银行（National Investment Bank for Industrial Development）；2005年后通过收购希腊的几家投资银行成为希腊最大的证券经纪和投行业务商。1999年，希腊国民银行在纽约交易所上市。

此后，希腊国民银行开始了它在欧洲的扩张。2000年，它收购了马其顿最大也是最古老的斯托潘斯卡银行（Stopanska Banka）的控股权，同年又收购了联合保加利亚银行（United Bulgarian Bank）89.9%的股份。2003年，它收购罗马尼亚银行（Banca Romaneasca）88.7%的股份——该银行在罗马尼亚有90个分行——它还试图收购罗马尼亚储蓄银行，但因价格因素而失利。在欧洲东南部进行激进购并的同时，希腊国民银行却卖出了其在加拿大和美国的机构与资产，其中2006年它卖出在美国的子银行——纽约大西洋银行，一举获得4亿美元，将其用于更加激进的东南欧的银行收购。同年，希腊国民银行与金融巨头花旗集团对阵获胜，豪掷 27 亿美元收购了土耳其第八大银行——土耳其金融银行（Finansbank of Turkey）46% 的股份，次年增持到 80%，后又增持到 94.8%。希腊危机后，土耳其金融银行给希腊国民银行带来的收入占其总收入的 35%。更有甚者，2012 年第一季度，希腊国民银行亏损 5.37 亿欧元，而土耳其金融银行却赢利 1.25 亿欧元，这使希腊国民银行尝到了"鸡蛋不要放到一个篮子里"的好处。2006 年，希腊国民银行又花费 3.85 亿欧元购买了伏伊伏丁那银行（Vojvodjanska Bank）99.44% 的股份。目前，希腊国民银行在全球 18 个国家有机构和业务，其国际化已见雏形。

图 14-8 为 1977 年发行的纪念希腊国民银行子银行——国民按揭银行成立 50 周年的大铜章。其一面是银行的徽标，另一面是打开幸福之家的钥匙。

图 14-8　希腊国民按揭银行成立 50 周年（1927—1977）纪念大铜章

"跳水"的希腊

2012年8月24日，希腊总理萨马拉斯在同德国总理默克尔会晤后举行的新闻发布会上说："请给正处在'跳水'过程中的希腊以更多的喘息空间。"希腊怎么了？希腊曾经是欧洲人羡慕的国家，在2008年以前，希腊年均经济增长率在4%以上，远高于欧盟同期的平均增长水平。慷慨的希腊政府给予人民的退休福利，仅次于石油富国沙特和2008年金融破产国冰岛。"生之者寡，食之者众"，岂能久之？希腊经济的隐患在不断积聚。

另一金融病因，恐怕要从2001年谈起。当时希腊刚进入欧元区，就踯躅于欧盟成员国两个难以跨越的"门槛"前，即成员国预算赤字和负债率要分别低于本国GDP的3%和60%。为使希腊政府迈过"门槛"，高盛为希腊设计出一套极其复杂的"货币掉期交易"方式，用一种信用证来对冲它在这笔交易中的风险敞口，最终为希腊政府掩饰了一笔高达10亿欧元的公共债务，使希腊顺利过关。据说，希腊和高盛之间的交易涉及价值超过100亿欧元（合计136.9亿美元），以美元、日元计价的希腊国债换为欧元，付息时间延续到2019年，后一届希腊政府又将付息时间延长到了2037年。获利的高盛当然不会承担风险，2005年，高盛将该交易转移给了希腊国民银行。2008年，希腊国民银行又在高盛安排的一项交易中，将这一掉期产品转移给了一家特殊目的公司。一旦进入特殊目的公司，就如同进入了黑匣子，个中情况游离于公众视线之外，只有交易者才能知晓。

然而，2008年欧洲的金融风暴终于将积患已久的希腊击倒，其经济开始急速衰退。"屋漏偏逢连夜雨"，货币掉期交易到期的日子来临了。希腊债务问题暴露,希腊经济破产的谣言频传并成为国际炒家投机操作的对象,经济金融状态迅速恶化,对希腊支付能力承保的"信用违约互换"(CDS)价值急剧上涨。2012年,希腊国民银行的CDS甚至超过闻所未闻的1 500点,成为全球之最。极度下滑的投资和消费信心,与令人无奈的财政和信贷紧缩交互影响,仅在2009—2011年,希腊的经济就萎缩了五分之一,民众生活水平下降了三分之一,退休人员的养老金减少了五分之一,一半的年轻人没有工作。

欧洲想解决希腊的债务问题,只能不停地注资。然而,"借新债还旧债"的模式不可能从根本上解决希腊的债务问题,只会加重其债务负担,使违约风险不断积累。这种机制在确保援助资金源源不尽的情况下或能维系,然而一旦遭遇资金瓶颈,市场信心便会立刻崩盘,危机会更加严重。事实也证明,自欧元区巨额救助机制设立以来,成员国的债务负担不降反增。希腊债务总额约为3 400亿欧元,主要债权人是欧洲商业银行、保险公司、养老基金及欧洲各国央行。花旗集团预计,假如希腊的债务重组拖延一两年,债权人可追回的款项将由50%缩水至30%;若再多拖延几年,能追回的款项可能所剩无几。

而进行希腊债务重组的负面效应也显而易见。截至2010年12月月底,全球银行对希腊的直接风险敞口总额为1 609亿美元,其中,欧洲国家就占1 301亿美元。如果希腊进行债务重组,无论是采用减免本金还是拖延支付的方式,都会对欧洲银行业乃至全球金融市场带来冲击,甚至引发连锁反应,导致第二波国际金融危机。围绕希腊的债务重组,欧洲央行、IMF、欧盟、德、法等相关各方争议不断。面对两难之选,只能"两害相权取其轻",重组希腊债务恐怕是摆在欧元区国家面前的现实选择。至于负债累累的希腊,其前景是黯淡的,只能勒紧裤带，洗心革面，今后一直保持收支平衡，使长期债券平均利率不超过5.7%。此外，在未来20年，它必须像中国一样每年保持不低于8%的经济增长率，才能使其公共债务占国内生产总值的比例降至90%以下。但是，这就好比骑着自行车上月球一样荒诞不稽。

希腊经济的长期衰退，导致希腊银行业风险暴露。2011年，希腊四家最大的银行亏损279亿欧元。2000年，希腊国民银行的不良贷款率只有0.19%，但是到2012年中期，希腊的银行业不良贷款率已升至20%，而且该比例还在不断上升。480亿欧元的不良贷款额，已经基本吞噬了原定的500亿欧元重组救助资金。若不良率继续上升，银行业的危机将不断加剧。2012年5月，希腊国民银行因核心一级资本充足率低于8%，失去了向欧洲中央银行融资的资格，希腊政府紧急向希腊国民银行注入资本70亿欧元。但是好景不长，注资也无济于事，欧洲中央银行最终关闭了对希腊银行业的融资，认为其合格抵押品不足，不再接受希腊银行业以希腊国债为抵押来申请贷款。岌岌可危的希腊银行业转而向希腊中央银行借款，仅7月份一个月就借了1 063亿欧元。而希腊中央银行的钱袋子又破又小，只能向法兰克福的欧洲中央银行乞援，为此必须达成"城下之盟"，接受救助协议的苛刻条件，并实施严格的紧缩措施。

如今，深受债务危机冲击，希腊政府及银行业不得不借助抵押、租赁和出售国有资产的方式来融资。作为希腊最大的商业银行，希腊国民银行2012年第一季度出现5.37亿欧元（合计6.71亿美元）亏损，核心资本充足率只有6.4%。根据救援协议规定，希腊国民银行的核心资本充足率必须在当年9月前达到10%，其融资压力可见一斑。希腊国民银行准备出售旗下知名的豪华度假村"阿斯蒂尔宫殿"，以充实银行财务状况，达到援助协议所要求的水平。这个度假村位于首都雅典，占地 30 万平方米。希腊国民银行持有"阿斯蒂尔宫殿"度假村母公司 85% 的股权。这个度假村自 1960 年开始营业以来，凭借美丽的海景和出色的服务吸引过不少名流，包括南非前总统纳尔逊·曼德拉、英国前首相托尼·布莱尔、美国前"第一夫人"杰奎琳·肯尼迪、好莱坞影星简·方达等。有人问，曾经作为希腊国民银行象征而多次登上纪念章的总部古典大楼（见图 14-9，1938 年发行的重修使用纪念铜章见图 14-10）之门，也会向投资者打开吗？

图 14-9　希腊国民银行总行古典大楼

图 14-10 希腊国民银行大楼重修使用纪念铜章

注：1938年希腊国民银行发行的纪念大铜章，为庆祝希腊国民银行的古典大楼又一次重修使用。币章的一面是时任希腊中央银行行长埃马努伊尔·措伍德罗斯（Emmanouil. Tsouderos）的半身像，另一面是银行大楼的大门。当时该币章发行镀金、镀银、铜三种，直径相同，重量基本相同。

"没有希腊，欧洲将缺乏智慧……"

希腊银行业的问题不仅是资本或风险问题，而是整个银行业已陷入了恶性循环。一位希腊银行家甚至认为，希腊银行业已经是千疮百孔。连续五年经济衰退，千千万万的中小企业破产，70%的按揭抵押贷款无法偿还。银行业务需求大幅下降，银行业放贷的勇气被不良贷款的急剧上升摧毁。强烈的担忧演变成恐慌，人们对希腊经济前景担忧，对银行的安全心存疑虑，并担心存款贬值，这导致希腊银行业存款大量流失，资本外逃。从 2009 年债务危机爆发到 2012 年上半年，希腊银行业共损失 720 亿欧元的存款，约占存款总额的 30%。其中，希腊国民银行估计流失 80 亿～90 亿欧元，银行的现金匮乏，储户要取 1 000～2 000 欧元都要事先预约。危急时一些希腊银行甚至开始限制储户取款，人们开始购买金条、金币等进行保值。缺乏资金的银行，更是小心翼翼地对待放贷。国际金融协会的总裁达拉曾在都柏林的一次会议上警告："希腊银行体系将会崩溃，程度比现在还更严重。"

现金流动性对希腊银行业的重要程度，就像濒危的病人不能中断输血一样，但为了获得 1 300 亿欧元的新一轮国际救助，希腊政府必须在 2014 年年底将财政赤字从 9% 降至 3%，紧缩的短期效应使衰退的希腊经济雪上加霜。为了获得援助，希腊被迫实施苛刻程度不断升级的财政紧缩政策，这让债务危机逐渐上升为政治危机，进而引发国内强烈的不满情绪。可怜的希腊政府只是希望将压缩赤字的期限再延长 2 年，然而，已经承诺向希腊提供总计 2 400 亿欧元的欧洲国家的民众却不为此所动。欧元区曾经对希腊不会退出信誓旦旦，但现在承诺的声音越来越弱了。欧洲中央银行行长德拉吉在2012年5月甚至说："欧洲中央银行不会为了让希腊留在欧元区而妥协。"市场上已经有人在为希腊退出做预案了。但就像国际货币基金组织总裁克里斯蒂娜·拉加德（Christine Lagarde）所警告的，希腊退出欧元区的代价"极其昂贵"。希腊一旦退出欧元区，其新货币对欧元的贬值可能达到75%，这将会导致希腊的银行业、企业甚至个人对海外债主大量违约，国家经济会崩溃。欧盟曾尝试用贷款的方式拯救希腊，要求希腊政府缩减财政支出，进行经济改革，但收效甚微。希腊尽管接受了各种各样的经济援助项目，但仍未能走出经济危机。据分析，2 000多亿欧元的贷款中，只有不到5%用于国家财政，其余全部注入了欧洲的银行，用于偿还旧债、支付利息和为希腊银行注资。这些钱基本打了水漂。希腊的银行自2013年注资以来，股价又下降了98%。

在英国脱欧之后，"潘多拉魔盒"已经打开。人们都在观察未来的连锁反应。在剧烈动荡的今天，希腊或其他欧洲国家脱离欧盟或欧元区不会再被人看成是不可思议的"黑天鹅"事件了。欧盟和欧元区的分裂实际上在加大，不确定的是下一个退出者是谁呢？特朗普对北约的指责再次撕开了欧洲的裂痕，一个曾经团结的欧洲正处于犹豫和摇摆之中。欧洲对包括希腊在内的国家的救援能坚持多久？希腊最终会不会离开欧元区？一切仍处在风雨飘摇之中。

欧洲能离开希腊吗？曾因《铁皮鼓》（*Die Blechtrommel*）获得诺贝尔文学奖的德国作家君特·格拉斯（Günter Grass）曾经写过一首名为《欧洲的耻辱》（*Europas Schande*）的24行诗歌，诗歌中写道：

你（欧洲）从奥林匹斯诸神手中抢夺财富，众神将异口同声诅咒你；

有权国家将无权国家的腰带越勒越紧，债务人被赤身裸体地钉在耻辱柱上；

被判了穷刑的国家，欠了钱，光着屁股被人游街示众；

没有希腊，欧洲将缺乏智慧；

没有了这个用精神抚育过你的国家，欧洲啊，你将无精打采，一路颓败。

15

上帝的银行家

意大利安布罗斯银行金属币章背后的惊骇故事

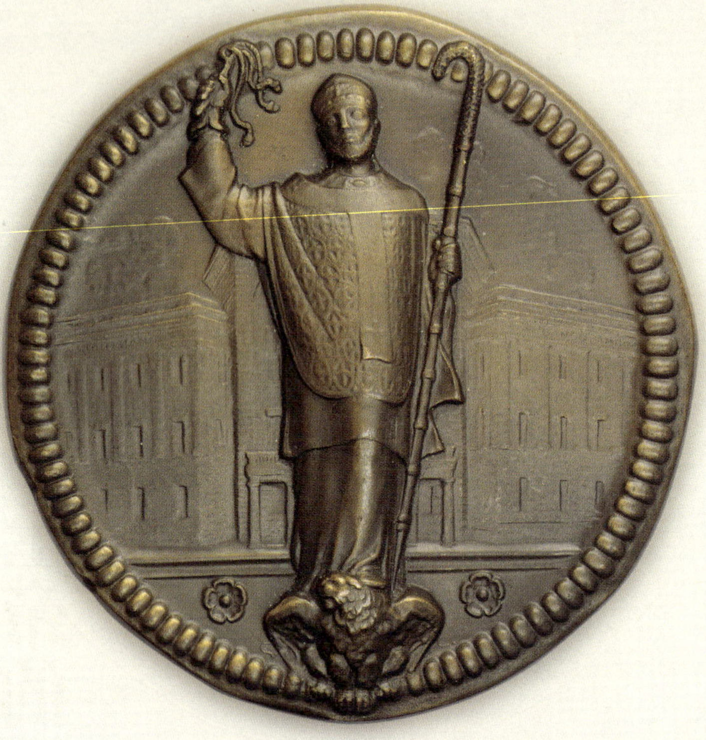

—15 上帝的银行家

《上帝的银行家》

意大利惊险影片《上帝的银行家》（*The Bankers of God*）拍摄于 2002 年，一度享誉世界影坛（见图 15-1）。该影片取材于一个真实的

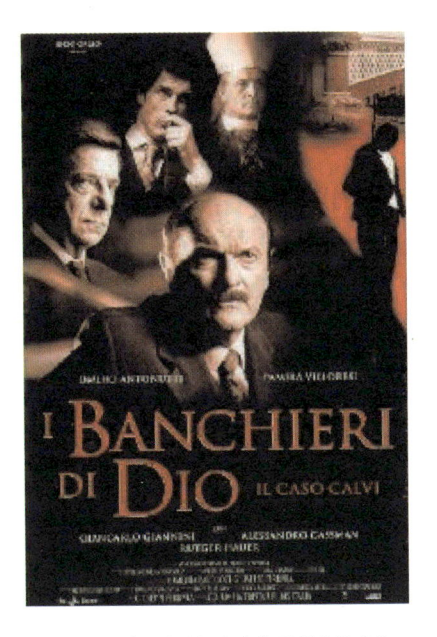

图 15-1 《上帝的银行家》影片宣传广告

故事，以第二次世界大战以来最大的银行倒闭案之一——1982年意大利安布罗斯银行（Banco Ambrosiano）的破产案为背景。故事以该银行主席、号称"上帝的银行家"的罗伯托·卡尔维（Roverto Calvi）与梵蒂冈银行主席马尔钦库斯大主教（Bishop Paul Marcinkus）的交易为线索，揭露了意大利政坛公开的和地下的势力（包括黑手党和梵蒂冈共济会等）的各种阴谋，揭示了安布罗斯银行的资金如何逐渐流往国外势力手中，以及此后卡尔维为了掩盖银行资金黑洞如何一步一步踏上不归路。片中，包括教皇、国务秘书、银行家和杀手等在内的人物都使用了真实姓名。

影片还对梵蒂冈最高层的秘闻予以了披露：1978年，锐意改革、简朴清廉的阿尔比诺·卢恰尼（Albino Luciani）在教皇保罗六世去世后，成为新教皇——约翰·保罗一世。登上了梵蒂冈的权力顶峰后，他决心着手解决梵蒂冈最棘手的教廷管理处和梵蒂冈银行问题。梵蒂冈下设的教廷管理处和梵蒂冈银行掌管的财富巨大，资本触角伸向全球。1968年，教皇保罗六世任命马尔钦库斯主教为梵蒂冈银行行长。而马尔钦库斯与美国黑手党有联系，1973年，马尔钦库斯以梵蒂冈银行的名义，订购了黑手党组织伪造的股票，得到了巨额的回扣，为了以假乱真，马尔钦库斯又将150万元股票存入苏黎世银行。他还用大量的假股票买下一家从事金融、采矿和化工等业务在内的超级公司，从而获得了极为丰厚的利润。美国司法当局曾派人进行了大量的调查，由于梵蒂冈是一个独立的国家，参与此事的神职人员都守口如瓶，调查工作遭遇障碍，无法深入。

马尔钦库斯有一个重要的合作伙伴，即意大利银行家米歇尔·辛多纳（Michele Sindona）。辛多纳也是黑手党成员，从事大量的非法活动。他从瑞士买下了日内瓦投资银行（Banque de Financement），而梵蒂冈在这家银行中占有相当多的股份。他们私自将储户的大笔钱款从梵蒂冈银行转移到日内瓦投资银行中辛多纳的账户中，一旦客户发现就归咎于计算机错误。在辛多纳和马尔钦库斯的背后，还有一个凌驾于他们之上的黑手党人物利考·杰利（Licio Gelli）。杰利原是意大利冲锋队的一名中尉，移居拉美后从事军火生意。1963年，杰利加入了共济会。参加该组织的都是一些身居要职、地位显赫的人物，其中包括辛多纳和梵蒂冈的一些神职人员。教皇保罗一世也似乎感觉到了巨额财富带来的种种邪恶，他决定将梵蒂冈在意大利所拥有的财产中的相当大一部分变卖掉，然后在其他国家重新投资。于是，辛多纳利用这个机会，将他在意大利银行的高额款项，由梵蒂冈银行转至日内瓦投资银行，将钱大批大批地塞进了自己的腰包。1974年4月，意大利股票和里拉汇率双双骤跌，这使辛多纳的银行出现了2 000亿里拉的窟窿。两年后，辛多纳被捕，但梵蒂冈的许多神职人员都为他开脱。

　　非法的经济活动引起了舆论界的密切注意，各方密谋勾结的内幕被逐步揭露出来。教皇约翰·保罗一世下令国务秘书维洛特（Jean-Marie Villot）立即调查。维洛特在罗马教廷是个老奸巨猾的实权人物，他从马尔钦库斯和辛多纳那里得到了不少实惠，所以他始终保持缄默，不置一词。教皇渐渐知道了梵蒂冈银行的黑暗内幕，他对这些贪赃枉法的行为十分愤恨，向维洛特宣布了对马尔钦库斯解除职务的决定，还宣布解除银行行长卡尔维等许多人的职务，并要求梵蒂冈银行与辛多纳等人断绝一切联系，维洛特的国务秘书一职也被替换。

　　当天晚上，教皇约翰·保罗一世在准备讲稿后，还向两位神父道晚安，谁知这成为他的遗言。次日清晨，人们发现这位就任仅34天的教皇已与世长辞了。结论是,教皇死于急性心肌梗死,教廷立即对其尸体做了防腐处理,且宣布不允许对教皇进行尸体解剖。约翰·保罗一世死亡前后的种种疑团,使人怀疑教皇究竟是自然死亡还是被人谋杀。然而,刀光剑影过后,这一切已成千古之谜。这位被誉为带有"上帝的微笑"的教皇的笑声永远消失了。1978年10月25日,新教皇产生了,他就是卡罗尔·约泽夫·沃伊蒂拉(Karol Józef Wojtla)红衣主教——一位折中的候选人。维洛特被再次任命为国务秘书,马尔钦库斯继续控制着梵蒂冈的银行,故事似乎还没有结束……

伦敦桥下的罪恶

图15-2所示的铜章是意大利安布罗斯银行发行的,此章重26克,直径为40毫米。图15-3所示的铜章是意大利安布罗斯银行成立60周年纪念铜章,此章重336克,直径为96毫米。这家位于梵蒂冈的银行成立于1896年,破产倒闭于1982年。

这家意大利银行的破产与一桩命案有关。1982年6月18日早晨7时30分,伦敦的邮递员发现黑衣修士桥下有一名身着灰色西装的男子上吊身亡,警察发现死者约60岁,大腹便便。死者的脚下及衣服口袋里都是砖头石块,还有15 000美元和一本护照,似乎给人留下了自杀的迹象。但是,深入调查的结果令人大吃一惊,死者是被称作"上帝的银行家"的意大利安布罗斯银行的行长罗伯托·卡尔维(1920—1982,见图15-4)。

这一消息立即成为全球头条新闻,吸引了全球新闻媒体的好奇心。人们追踪发现,卡尔维于一周前的6月10日持假护照并剃掉胡

图 15-2 意大利安布罗斯银行纪念铜章

图 15-3 意大利安布罗斯银行成立 60 周年（1896—1956）纪念铜章

子，神不知鬼不觉地离开了意大利，先去奥地利，然后去伦敦。也许人们已经预感到了什么，在接下去的那个星期一，安布罗斯银行的股价暴跌，一落千丈；星期三，银行董事会解散；星期五，卡尔维命归西天，留下安布罗斯银行高达 35 亿美元的欠债。

图15-4 罗伯托·卡尔维

传闻及疑惑越来越多：银行的秘书在卡尔维死亡前几日跳楼自杀，卡尔维随身携带的公文包此后也不见了踪影。有关梵蒂冈给共济会成员下达密令以及帮助黑手党洗钱的传闻，都暗示着卡尔维是被谋杀的。有人说卡尔维是因为他的公文包里装的东西而被谋杀的；一些了解内情的人怀疑卡尔维去伦敦是为了见某些银行家，想胁迫他们支持安布罗斯银行；还有传闻说卡尔维是被黑手党杀害的，因为他拒绝向黑手党贷款，而且掌握了太多黑手党同梵蒂冈违法进行资金往来的证据。当卡尔维和梵蒂冈银行行长马尔钦库斯大主教的交易刚刚露出冰山一角的时候，一个更大的通天阴谋或许就此被揭开。

马尔钦库斯是来自美国的天主教大主教。年轻时他辗转多国，后来到了梵蒂冈，成为教宗保罗六世教皇的英文翻译和处理教宗的海外旅行安排助理。马尔钦库斯身形健壮，外号"大猩猩"，还是保罗六世的私人保镖。1981年后，他成为梵蒂冈继教皇、国务秘书之后第三有权势的人，成为一名红衣主教，并担任梵蒂冈银行的行长。马尔钦库斯涉嫌与安布罗斯银行高层有不正当往来，意大利监管部门认为他对银行的倒闭应负有责任。然而，由于证人离奇死亡及高级神职人员具备外交豁免权等原因，意大利司法部门最终放弃起诉马尔钦库斯。教皇约翰·保罗一世的愿望还是没有实现。

伦敦官方的最初说法是，卡尔维是因为安布罗斯银行背负巨额债务导致破产而自杀身亡的。不过经过一年多的侦查，英国法院给出了"无法确定死亡的确切原因"的报告，这位"上帝的银行家"死亡的真正原因及这一丑闻背后是否还隐藏着更大的丑闻，可能永远没人知道了。虽然这一系列案件涉及意大利政坛公开的和地下的势力，包括黑手党、梵蒂冈、共济会等，但其情节错综复杂，以至直到今天都没有人能把案件理出头绪，对相关嫌疑人的调查一直持续到2011年，最终还是以"无罪"结案。图15-5为破产前的安布罗斯银行办公大楼。

　真实版《上帝的银行家》影片上映后，被人以"诽谤"为由告上了法庭，结果被迫在意大利影院下线。但是，反映卡尔维故事的虚拟版电影《教父3》（The Godfather：Part Ⅲ）又随之上映了。1991年

图 15-5　安布罗斯银行办公大楼

英国人拍摄的喜剧电影《教皇必死》(The Pope Must Die)甚至极尽讽刺揶揄之能事,让一名黑手党当上了教皇。

宗教与金融

上一章《3 000年的金融荣耀今何在》曾介绍过,借贷行为如同人类社会一样古老,或更确切地说,同以交换为基础的人类社会一样古老。银行具有悠久的历史,甚至可能追溯到公元前2000年两河流域的苏美尔人。已经发掘出来并经破译的楔形文字泥版揭示,早在公元前2000年,在该地区已有银行业务的雏形。承担银行功能的是宗教场所神庙,当时的神庙作为人们表达信仰和精神寄托的载体,受到统治者的庇护,也成为社会、经济和金融中心。存款或负债源于人们对神庙僧侣的侍奉,也有神妓们(妓女)将其积蓄交给神庙委托生息。贷款申请者多数是农户,他们向神庙申请融资,可能是金钱,也可能是畜力、粮食等。

宗教与金融的联系是不分国界的。古代中国敦煌的庙宇也从事银行借贷业务。法国学者童丕(Éric Trombert)曾在《敦煌的借贷:中国中古时代的物质生活与社会》(中华书局2003年出版)一书中,通过对公元8~10世纪中国敦煌借贷契约的详尽研究发现,敦煌寺庙或都僧统司也起到了银行和银行家的职能,他们向佃农、农民或僧人发放贷款和收取利息。莫高窟出土资料中,无论是严格的借贷契约,还是主掌财政金融的僧人记录贷款的簿册,大都完整地反映了贷款的性质、原因、时间、担保方式、债权债务人等信息。根据对同期西域出土文物的分析,在公元7~8世纪,货币借贷在西域地区的借贷中占据一定的优势。但敦煌的文物揭示，该地区还是以实物（粮食、织物、畜力）的借贷为主。粮食一般出自寺庙，而织物则来自私人，这就有了揽存放贷的意义了。

关于金融与宗教组织共生或有密切联系的传说，数千年来更是流传甚广。在中世纪时，一些建造教堂及其他公共建筑的石匠组成了秘密行会，这就是共济会的初始由来。18世纪诞生的光明会，与共济会有千丝万缕的关系。至今，光明会仍被人们描述为一个由社会精英人士组成的控制国际银行家并从幕后掌控世界经济与政治的组织。《货币战争》及其他的"货币阴谋说"，对国际金融背后的宗教身影做了细微描述，当然见仁见智，读者不信则无。

提到梵蒂冈，大多数人本能地想到它是一个宗教机构，即罗马天主教会。其实，梵蒂冈是一个教皇国，是世界上最小、人口最少的主权国家。它位于意大利首都罗马城西北角，四面都与意大利接壤，是一个"国中国"。只要花一个小时，就能漫步梵蒂冈城一周。因天主教在全球庞大的信仰人口，梵蒂冈在拉丁语中意为"先知之地"，它在政治和文化领域拥有世界性的影响力。教皇与教会是该国的统治者，早在公元4世纪，梵蒂冈就建立了君士坦丁大教堂。到了15~16世纪，君士坦丁大教堂被改建成如今的圣伯多禄大殿，成为天主教会举行最隆重仪式的场所。公元756年，法兰克王国国王丕平（Pepin）把罗马城及其周围的区域送给教宗，这里逐渐成为西欧教会和政治生活的中心。1870年普法战争后，意大利完成统一，教宗被迫退居罗马城西北角的梵蒂冈宫中。1929年2月11日，意大利墨索里尼政府同教宗庇护十一世签订了《拉特朗条约》，意大利承认梵蒂冈为主权国家，其主权属教宗，成为独立的梵蒂冈城国。

梵蒂冈虽小,但它的财富却多得难以计算。当然,这些财富不是一天之内积聚起来的,其部分取决于墨索里尼和希特勒的"慷慨"。《拉特朗条约》规定,罗马教廷不必为它的财产和公民交纳任何税款,不必为进口商品交纳关税,此外还享有其他种种特权。意大利向教廷提供了 75 亿里拉,并移交给教廷 10 亿里拉的公债券。希特勒也于 1933 年与梵蒂冈签订了协议,还确立了教会税,即每年将全国个人所得税的 8%~10% 交给天主教教会。仅 1943 年,梵蒂冈就收到了 1 亿美元的款项。梵蒂冈虽无资源和工农业,但其在国内外的投资和不动产出租、旅游、邮票、特别财产款项的银行利息、梵蒂冈宗教银行盈利、教徒的捐赠款等,都给教会带来了巨额的财富。

梵蒂冈在北美洲和欧洲许多国家有数百亿美元的投资,其金融资本渗透到了意大利众多经济部门,特别是在银行信贷系统和不动产投资领域具有相当的实力,可谓一个庞大的国际金融托拉斯。与教会联系最密切的银行还数安布罗斯银行,这家银行管理着教会的巨额财产,只向教皇或主教们负责,使原本不透明的银行更显神秘。掌管那些银行的银行家被称为"上帝的银行家"。傲慢的"上帝的银行家"认为,他们是不需要接受世俗监管的,然而,这些"上帝的银行家"并不比人间的凡夫俗子离上帝更近,而明察天下的上帝可能也看不到鼻子下的阴影。

"上帝的银行"

安布罗斯银行于 1896 年由意大利天主教徒约瑟夫·图费尼(Giuseppe Tovini)提议创立于意大利米兰。银行的名称源于 4 世纪时意大利米兰的一位著名大主教圣·安布罗斯（Saint Ambrose）的名字。创建者要将该银行建成一家宗教银行，以抗衡当时意大利的那些贪婪的世俗银行。圣徒们心目中想建成的银行，是能"服务道德，虔诚的劳动，支持宗教组织的慈善事业"的机构。之后，也有人称安布罗斯银行为"祭司的银行"。教皇庇护十一世的侄子佛朗哥·拉蒂（Franco Ratti）曾任银行董事长。

图 15-6 所示的金章是 1971 年安布罗斯银行发行的，其设计刻模者为 Lorioli。这款金章同图 15-2 所示银章的一面都是圣·安布罗斯的立像，这位曾经是医生、律师和总督的米兰人，因教会两派对主教接班人争执不下而意外地成为主教。作为早期天主教中通晓金融的人，他在公元 377 年撰写的《托比特书》（*Book of Tobit*）中对高利贷问题进行了研究。金章的另一面则是安布罗斯银行的大楼。这枚金章是为表彰员工服务银行 25 周年（1946—1971）而发行的。金章周边是纪念银行创始人约瑟夫·图费尼的拉丁文字。

图 15-6　意大利安布罗斯银行纪念员工服务 25 周年（1946—1971）纪念金章

巧合的是，安布罗斯银行时任行长卡尔维也符合领取图15-6中金章的条件。意大利人卡尔维于1946年进入该行，1971年成为总经理。当时，安布罗斯银行在意大利声名显赫，是意大利第二大私人银行。不过，卡尔维行长的行为却颇有疑点。1974年10月，卡尔维就被传闻牵涉美国当时第十二大银行——富兰克林国民银行（Franklin National Bank）坏账和外汇交易损失的倒闭案中，该银行的倒闭使梵蒂冈教会损失3 000万美元。出生于意大利西西里的富兰克林国民银行老板米歇尔·辛多纳是欺诈、贪污犯，据说也与梵蒂冈银行有密切的关系，并与意大利黑手党有牵连。前文曾说起的日内瓦投资银行倒闭一案中，因梵蒂冈很多人的帮忙，身陷其中的米歇尔·辛多纳最终得以逃脱。但1985年，米歇尔·辛多纳又因谋杀罪被终身监禁，几天后他喝下有毒咖啡暴死狱中。此外，在1978年，意大利中央银行即照会安布罗斯银行存在着几十亿里拉的洗钱犯罪行为，并对此进行犯罪调查。1981年因证据确凿，卡尔维以洗钱罪名被捕，在缴纳了1 980万美元的保释金后，他被判缓刑4年并保留其行长职务。在短暂的羁押期内，卡尔维试图自杀，其家人申冤说，卡尔维是无辜的，是受人摆布的。1982年6月5日，在卡尔维死亡前13天，他写信"警告"教皇约翰·保罗二世："即将到来的事件，将给梵蒂冈教会带来难以想象的灾难和破坏。"卡尔维死后，安布罗斯银行被发现有35亿美元的亏空，被迫进行破产清算。人们这才发现安布罗斯银行与梵蒂冈有着密切的联系，掌管梵蒂冈资产的梵蒂冈银行是其大股东，而其大部分资金已被梵蒂冈银行抽走。

卡尔维的离奇死亡和安布罗斯银行破产一案，被认为是意大利和梵蒂冈的最大政治丑闻之一。梵蒂冈银行否认对安布罗斯银行的倒闭负有法律责任，但承认"道德参与"，最终向债权人支付2.41亿美元的赔偿款了事。

1982年8月6日，安布罗斯银行被意大利监管机构强制停业清盘，同日成立了"新安布罗斯银行"（Nuovo Banco Ambrosiano），承接了原安布罗斯银行的资产负债。1989年，新安布罗斯银行与意大利天主教威尼托银行（Banca Cattolica del Veneto，其纪念铜章见图15-7）合并，改名为安布罗斯威尼托银行（Banco Ambrosiano Veneto，图15-8所示为安布罗斯威尼托银行博物馆纪念铜章）。两家银行都源于米兰，都与天主教有着深厚的渊源，于是它们走到了一起。1998年，安布罗斯威尼托银行与1823年6月成立的意大利伦巴第省储蓄银行（Cassa di Risparmio delle Provincie Lombarde，简称Cariplo，其纪念铜章见图15-9）合并，组成了一家新银行——意大利联合银行（Banca Intesa），银行的网点增至400余家。2001年5月它又与意大利商业银行（Italian Commercial Bank）合并，银行名字改成Intesa Bci，2003年又改成

图15-7　意大利天主教威尼托银行纪念铜章

Intesa。2007年1月1日,该银行再与意大利圣保罗银行(San Paolo IMI)合并,构成了今天意大利最大的银行——意大利联合圣保罗银行(Intesa Sanpaolo)。

图 15-8　安布罗斯威尼托银行博物馆纪念铜章

注：这家银行博物馆收藏了原意大利天主教威尼托银行在1892—1973年收藏的25万多张珍贵照片,以及海报、视听资料和安布罗斯银行的历史档案。

图 15-9　意大利伦巴第省储蓄银行纪念铜章

"好像上帝睡着了"

前文多次谈及的梵蒂冈银行,又名梵蒂冈宗教事务银行(Istituto per le Opere di Religione),也称教廷银行(Vatican Bank),由教宗庇护十二世于 1942 年 6 月成立。该银行负责管理教廷所有的宗教或慈善资产,管理梵蒂冈城中的 ATM 机和梵蒂冈数千名雇员的养老金体系,不对公众开放,只有教会工作人员和机构可以开户,银行的存款人名单是保密的,客户的户名仅以数字代替。全球大约有 40 万~45 万名教会人员、教廷官员、宗教团体和那些为教皇慈善机构提供资金的人与这家银行有业务往来。该银行管理层由 5 名枢机主教(即红衣主教)组成,包括梵蒂冈国务秘书,银行的日常业务由董事会主席管理。

读者大概会认为,这家银行应该是全世界最具"道德标准的银行"。出乎意外的是,该银行多次涉及洗黑钱等经济罪行,比如前文提及的 1982 年时任梵蒂冈银行行长的红衣主教马尔钦库斯涉嫌与意大利安布罗斯银行高层不正当往来,导致银行倒闭一案。当时梵蒂冈援引其教皇国地位,拒绝与意大利金融监管当局合作。梵蒂冈声称与安布罗斯银行只涉及正常的银行业务。不过 2010 年梵蒂冈银行再次涉嫌洗钱 2 300 万欧元,将资金转移到摩根大通银行及意大利富奇诺银行(Banca del Fucino)。意大利警方对银行高管进行调查。梵蒂冈国务秘书处发表声明,对此事表示"疑惑"和"惊愕",因为梵蒂冈银行已经向意大利央行提供了必要的信息,而且梵蒂冈银行也经常和意大利其他银行进行类似的转账交易。梵蒂冈表示对梵蒂冈银行的高层"非常有信心"。虽然梵蒂冈发言人在给英国《金融时报》的信中抱怨称"梵蒂冈银行不是一家通常意义上的银行,比如它没有贷款和顾问咨询业务……办理许多业务需要通过其他银行"，但是罗马教廷还是在2011年改革了法案，创建了独立的梵蒂冈金融监管机构，名为"金融信息局"（The Financial Information Authority）。其职责是确保梵蒂冈的所有金融交易都遵循新的法律，旨在打击洗钱、提高金融透明度，希望通过遵循欧盟标准，弥补法律漏洞，防止罪犯在宗教金融行业中牟利。此外，金融信息局还将与国际金融组织分享信息，这对名声不佳的梵蒂冈金融体系而言是一个很大的转变。

不幸的是，2012年5月26日，教皇管家保罗·加布里埃尔（Paolo Gabiele）因涉及教皇机密文件和私人信件泄密丑闻被捕。这一泄密事件被媒体称为"梵蒂冈解密"，影射与爆料网站"维基解密"有类似之处。泄露文件的内容揭示梵蒂冈金融系统存在腐败，指控中聚焦梵蒂冈银行和梵蒂冈第二号人物——教廷国务秘书贝尔托内（Tarcisio Bertone）。

事件发生后，梵蒂冈银行行长泰德齐（Ettore Gotti Tedeschi）提出辞职，梵蒂冈银行监督会对他进行了不信任表决。检查机构早在2010年就开始对泰德齐展开了涉嫌洗钱的调查，认为泰德齐没有达到"履行他的职务所必须具备的基本要求"。泰德齐2009年担任梵蒂冈银行行长时，还是一位"金融伦理学"专家。解密材料还显示教廷内部曾就教皇希望提高金融透明度而发生争论。这些文件的泄露严重影响了梵蒂冈为挽回金融丑闻影响所做出的努力，引起教皇本笃十六世的愤怒，他要求成立一个特别红衣主教委员会来调查这起事件。梵蒂冈警告，要对最先报道泄密文件的意大利记者詹路易吉·努齐采取法律行动。而努齐针锋相对，宣称不惧梵蒂冈的报复，又出版了一本名为《教廷圣座》的书，使得文件泄密事件升级。书内带有不少遭泄露的梵蒂冈机密文件副本,包括教皇与私人秘书之间往来的信件和备忘录,揭示了梵蒂冈银行的一些可疑交易。

2013年元旦,意大利央行再次宣布暂停梵蒂冈的所有电子付款交易,其中包括银行信用卡付款。原因是梵蒂冈没有充分落实《反洗钱法》,不符合欧盟打击洗钱的规定。2012年全年有500万名游客参观梵蒂冈博物馆,这样一来,他们必须使用现金来购买门票和纪念品了。本笃十六世教皇外出也必须带足现金备用,不过他可能无心外出购物了。2013年2月28日,8年来被丑闻和教廷争斗困扰而心力交瘁的他宣布退位,时年85岁的他也成为梵蒂冈近600年来第一位退位的教皇。

在退位前日的公开讲话中,他影射那些丑闻时说了这样意味深长的话:"主会赐予我们风和日丽的天气,适合捕鱼。但有时候,我们也会遇到惊涛骇浪……好像上帝睡着了。"

16

银行的诞生之地：神庙还是板凳

从罗马银行的纪念章追溯罗马银行

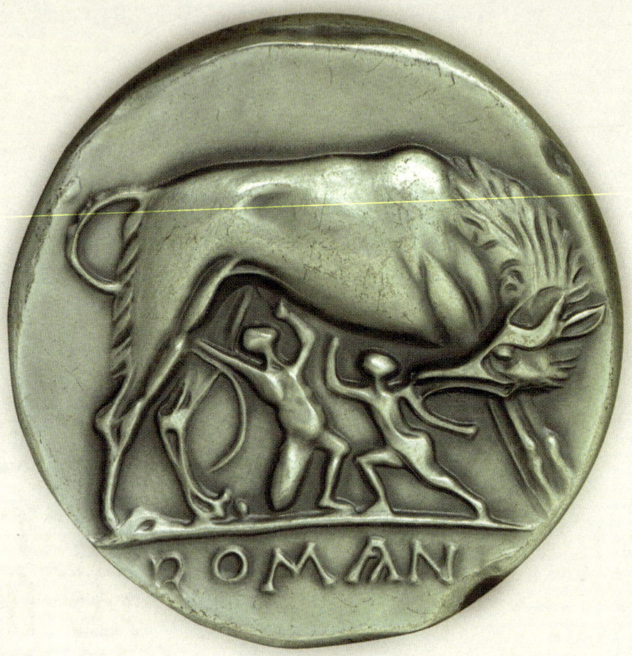
ROMAN

—16 银行的诞生之地：神庙还是板凳

图 16-1 所示的银章是意大利罗马银行（Banca di Roma）发行的纪念银章，属于手工铸造型。银章重 92 克，直径为 56 毫米。银章一面的方框内是罗马银行名，上方驾犁的人像象征着罗马银行为农业服务的起源；方框下方有含银 80% 的标记，以及刻模设计大师的签名。引人注目的是，银章的另一面可见两个喝狼奶的孩子，下方镌刻 "ROMAN" 字样。任何一个民族，都有其传承或传说。狼孩是罗马人和罗马城的著名传说。图 16-2 所示为意大利罗马银行 "狼孩" 纪念章。

罗马不是一天建成，却是一天诞生的。它的创建者被描绘成一个

图 16-1 意大利罗马银行纪念银章

图 16-2 意大利罗马银行"狼孩"纪念金章

史诗般的英雄。传说特洛伊城沦陷后，英雄埃涅阿斯（Aineías）与希腊女神阿佛洛狄特（Aphrodite）的儿子侥幸逃生。几代人后，其后裔努米托尔（Numitor）当上了国王，却被兄弟阿穆里乌斯（Amulius）篡夺王位，并强令努米托尔的女儿列阿·西尔维娅（Res Silvia）成为终身不嫁的神殿贞女。但是，列阿·西尔维娅私下与战神马尔斯相爱，并生下了一对孪生子，她的叔叔阿穆里乌斯大怒，以她违背神誓而将其处死，并将双生子投入河中。侥幸的是，婴儿篮漂至岸边，两个饥饿的孩子被一头母狼喂乳。不久后他们又为人所救，并起名为罗慕路斯（Romulus）和列慕斯（Remus）。长大成人的双胞胎最终杀死了阿穆里乌斯，并使自己的祖父努米托尔重新登上王位。之后，他们决定去新建一座城市。在选择城市地址时，兄弟二人发生了争吵，而且罗慕路斯刺死了列慕斯。罗马（Roma）的名称就是从罗慕路斯的名字引申而来的。罗马人根据这个神话，精确地计算出罗马城建成于公元前 753 年 4 月 21 日。那天建成的罗马改变了世界，也改变了世界金融业。

304

—16 银行的诞生之地：神庙还是板凳

古代银行在罗马

我在《3 000 年的金融荣耀今何在》一章中，介绍了古代银行业的起源。从两河流域到古希腊与古埃及，大多是坚实可靠的神庙与地位崇高的僧侣行使着银行和银行家的职责。在公元前 200 年，罗马也有类似希腊银行业的机构出现。有所进步的是，罗马的银行不仅经营货币兑换和贷款业务，还综合经营信托业务，对银行的管理与监督也有明确的法律条文。罗马法中对所有权和契约执行有严格的规定，这保护了市场经济和信用发展。同时，市场需求又推动了金融创新。为适应当时国际贸易的需要，在罗马签发的汇票可以在雅典兑付，罗马教育家西塞罗的儿子远在雅典求学时就使用汇款业务。对于雅典和数千公里之外的罗得岛之间的商贸活动，商人可以向本地金融机构购买船货保险，若发生海难损失，金融机构可以支付一半的船货赔偿。这恐怕是有史记载的最早的保险业了。

罗马人以古希腊银行作为范式，开办了私人银行和公共银行。在古罗马，私人银行的营业场所被称为"金钱商铺"（tabernae argentariae）。一些银行受政府委托收取税款。罗马银行业已具有近代银行业务的雏形，甚至有了杠杆率。参观过庞贝古城的人都会对其当初"繁华"大街上的银行遗址留下深刻的印象。在古城遗址的万神庙附近就发现了 7 处公元 1 世纪的金钱商铺，有些铺子里还有当时的钱币。当年放贷者用于清点现款的长方形桌子的支脚至今仍清晰可见。或因为存款保险制度还没有建立，当时的存款人可选择在多家金钱商铺存款，以分散自己的风险。

经济学家克里斯托弗·卡罗尔（Christopher Carroll）把古罗马金

融中心庞贝城的毁灭与美国财政部长亨利·鲍尔森（Henry Paulson）的"问题资产救助计划"(Troubled Assets Relief Program）进行了比较。他说，假定在公元 79 年的 8 月 24 日（即维苏威火山爆发的前一天），罗马银行拥有 1 亿塞斯特斯（古罗马的货币单位）储蓄存款，同时罗马银行向罗马帝国公民放贷 1.1 亿塞斯特斯。第二天，维苏威火山爆发，吞噬了庞贝城居民借款所抵押的财产达 2 000 万塞斯特斯，因此罗马银行资不抵债。当时，罗马处于欧洲金融中心的地位，这是否可算是全球第一次金融危机呢？

　　由于罗马神庙是官方特许经营银行，所以它信誉卓著，地位超然。罗马银行业的资金来源主要有三个方面：一是神庙信徒供奉和放贷收息积累。二是罗马帝国在内外战争中的掠夺，例如，对内敌抄家（苏拉），以及武力战胜外敌后强加给战败国的赋税和掠夺被占领城市的财富（庞培就从亚细亚带回 2 亿两白银）。公元前 2 世纪，罗马战胜迦太基后得到了它从西班牙金矿和银矿开采中聚敛的大量财富。此外，对外扩张中碰到的货币兑换、税款征收、军队后勤供给等问题，也推动了海外金融的发展。三是对战败国的神庙实行军管，控制其金融权，形成与国家权力相关的金融垄断雏形。

　　早期的罗马帝国是政教合一的国家，帝国皇帝同时又是罗马神庙的大祭司。当时的神庙俨然成为"垄断"银行，钱袋子岂能旁落？恺撒本人就曾兼任朱庇特-阿波罗神庙大祭司，即兼任最大"银行"的"董事长"。罗马帝国和皇帝的财预政算，除了临终遗嘱会在元老院宣布外，一般不公之于世。罗马皇帝的财政支出大部分是军费，这从内库的税收项目中支付，而政府开支、基建投资及"面子工程"也是财政支出的重头。当国库税收不足以满足罗马帝国的奢华生活时，赤字财政和宽松的货币政策就出现了。神庙里的财产怎么支配,皇帝说了算。神庙独立于罗马共和国的元老院,成为不透明的"预算外"资金。缺钱时,罗马皇帝就从其控制的大银行(大神庙)中拨资、借调。但钱总是不够花的。欠债多了,皇帝就要求罗马权贵向神庙(银行)捐钱,向小神庙(小银行)"打秋风"也成为一种常态。时间久了,大家都明白这是"肉包子打狗"的把戏了。希腊和罗马信奉多神教,尽管皇帝当"董事长"的朱庇特-阿波罗神庙是大银行,但其他大庙的信徒客户也不少,地方小神庙的金融资源也可以争夺。因此,中央、地方争夺金融资源,争夺金融话语权,这是否就埋下了罗马政治基督教化的伏笔呢?

早期罗马皇帝信奉多神教,基督教徒是被欺凌的少数派,之后罗马帝国实行一神教。罗马皇帝控制下的一神教不仅为皇帝世袭提供了"君权神授"的合法性,而且可以更多地敛钱。在传统神庙被榨干了油水后,就轮到基督教会向皇帝提供奉献基金了。基督教堂在君士坦丁大帝(Constantine the Great)后开始富裕起来,掌管教堂财富的是主教,皇帝也无法过问。囊中羞涩的背教者犹利安(Julian the Apostate)转而"迫害"基督教徒,当基督教会也被榨干时,罗马皇帝又皈依了基督教。

尽管罗马金融起初还为农业和商业服务,但此后它逐渐背离实体经济,这一现象在罗马时代已露端倪。虽说古罗马最早的法典《十二铜表法》(*Law of the Twelve Tables*)中规定了资本的最高利率为10%,但对高利贷的罚金阻吓不住货币交易,许多金融家因此致富。从史书记载中可知,罗马时代的贷款之一是司法诉讼的保证金贷款,若拿不出诉讼额的保证金则算败诉,因此即使利率再高,被告也得忍受。不过即使讼棍横行，这类业务也不可能成为主流。

最早记载的政府融资平台贷款是罗马时代对官员和政府放贷，尽管历史对其记载篇幅不及诸王朝名人政治家的秘闻野史，但远比对民间金融经济介绍得丰富。对官员贷款的还款来源是官员任上的行省包税收入，可想而知，欠了巨款必定靠上任后搜刮民脂民膏来偿还。这类政府平台贷款中很著名的例子是恺撒担任过罗马的财务官，他非常善于利用金融为其政治抱负服务。他为了竞选执政官而进行了巨额融资，负债累累，因被元老院抵制几乎无法到西班牙赴任。在恺撒势力扩张的过程中，很多金融家都愿意为恺撒提供融资，恺撒则运用信贷资金训练了一支忠于自己的强大军队。战争给这位统帅带来的不仅仅是荣誉，还有大笔的金钱。融资者也获得了高额回报。

罗马对战败国的勒索毫不留情，对马其顿战争的胜利使马其顿每年须支付35吨白银作为战争赔款。战败国即使倾尽所有，也难以满足战胜者的欲壑，无奈只能向银行借取高利贷。于是，战胜国通过债权关系形成对战败国的长期金融奴役和盘剥。第一次世界大战后，战胜者法国以牙还牙，对德国的残酷金融索取，不就是罗马时代的遗产吗？这也酿成了法西斯上台的民粹环境。在这种情况下，清政府除了榨干百姓的最后一滴血，只能向西方列强借款，并被迫让出中国的关税、盐税等主权，使中国陷入了千年未遇的深重苦难。而对一般罗马农民来说，他们因欠款而失去土地，转而成为罗马帝国或城邦统治者的依附者，为其掠夺而战。一个残酷的制度岂能长而久之，最终罗马帝国成了自己的掘墓人。

罗马也是货币名称和通货膨胀的创始者。大约公元前300年，罗马发行了铸币。传说中女神朱诺是宙斯的妻子，这位天后是家庭和婚姻的保护神。有一次，朱诺神庙中的白鹅因发现高卢人偷袭而叫唤，不料此举保护了罗马。人们认为是朱诺女神显灵，又给予朱诺以"警戒者"（Moneten）的尊称。公元前280年，朱诺神庙旁曾建立罗马造币厂（见图16-3），人们习惯性地以女神名称钱币为"moneta"，今天货币的英文名称"money"就是由此得来的。

图16-3 罗马古造币厂——朱诺神庙遗址

有趣的是，直到今天，金钱在许多人的眼中依然是家庭和婚姻的"保护神"。金融游戏对统治者始终充满了诱惑，他们赤裸裸地掠夺民众财富，又隐晦地通过滥发货币、降低货币成色和重量来制造通货膨胀，掩耳盗铃般地希望民众对其盗窃行为视而不见。在公元260—268年，罗马皇帝加里恩努斯（Gallienus）统治时期，他的铸币被民众及银行视为"薄铜片"而拒绝接受。这是有历史记载的早期发生在罗马的通货膨胀和货币危机。

神庙退出金融业也与宗教有关。早期的基督教认为对贷款收取利息是不道德的，这制约了罗马银行业的进一步发展。加上罗马帝国从公元 2 世纪后逐步衰弱、分裂，西罗马帝国甚至走向灭亡，罗马时代辉煌的金融业也随之湮灭。公元 325 年，罗马教会开始禁止所有神职人员放贷收息，不久后，教会将这一禁令扩大到所有世俗人群。1179 年，罗马教皇宣布，放贷收息的基督徒都将被教会开除。高利贷是与教会慈善之心相悖的"毒瘤"。虽然当时的欧洲社会有交易和买卖，但人们对经济的观念和金钱捆绑得不是十分紧密，世俗社会奉行"朋友间无须金钱"，放贷取息在当时被大众厌弃。莎士比亚名著《威尼斯商人》就对放贷者犹太人夏洛克进行了深刻的抨击和无情的嘲弄，夏洛克这一犹太食利者的形象坐上了四大著名吝啬鬼的头把交椅。意大利中世纪最伟大的诗人但丁的代表作《神曲》中，有一部分专门描写高利贷者的内容，但丁把他们放在了第七层地狱。

因为教义上的区别，最早突破宗教伦理和道德的约束并允许放贷收息的是犹太人。犹太教义规定，如果将钱借给同为犹太人的朋友，是不可以收息的；但是如果将钱借给非犹太教人，就可以收取利息。因此，犹太人成为最早放贷收息的民族，而这一行为也使犹太人在欧洲各国遭到不同程度的歧视和排挤。1182 年，法国将以放贷收息为生的犹太人驱逐出境；1275 年，英格兰宣布放贷收息是犯罪行为；1290 年，英格兰颁布《驱逐令》，将生活在英格兰的所有犹太人驱逐出境。第二次世界大战中，犹太民族惨遭纳粹大规模屠杀，也存在着历史和宗教歧见的根源。

—16 银行的诞生之地：神庙还是板凳

文艺复兴、银行复兴与长凳的故事

自公元2世纪后，罗马帝国开始衰退。公元7世纪后期至11世纪，由于阿拉伯人入侵及其他一些原因，欧洲陷入了沉睡期，商业与市场呈停滞状态。

欧洲盼望着复兴。人们常常将现代银行的起源地归于中世纪和文艺复兴早期的意大利，而意大利中部的佛罗伦萨被一致认为是文艺复兴运动的中心，这两者之间有什么关联吗？文艺复兴的英文是Renaissance，前缀"Re"表示重新出发，"Naissance"则是发芽新生的意思，两个词合并起来就是创新再造。

文艺复兴给欧洲带来了政治、哲学、文学、文化、社会及宗教上的重大改革。重生的来源是重新发现的一些西方文明古代典籍，尽管它们已经几乎被人遗忘，但是仍然保存在寺院图书馆或强盛及富裕家族的私人图书馆中。用"文艺复兴"这个名称是因为它是代表埋藏在古代经典篇章中许多经典思想的"重生"，拜占庭灭亡时抢救出来的手抄本，罗马废墟中发掘出来的古代雕像等，都在惊讶的西方世界面前展示了一个新世界，意大利出现了前所未有的繁荣。实质上，"文艺复兴"是资产阶级借助古典"幽灵"同基督宗教神学进行的一场思想、文化领域的资产阶级革命。与文艺复兴同样重要的是罗马银行业得以又一次复兴，这种繁荣也像是古希腊、古罗马金融时代的回光返照。

然而，金融业的需求却是宗教与法律无法禁止的。虽然12世纪初十字军东征引发的资金筹集、转移和管理带动了"国际"银行业务和银行创新的发展，但是金融的真正推动与贸易密切相关。早期银行业的产生与国际贸易的发展有着密切的联系。意大利是一个重视贸易的国家，早在公元前1世纪，老普林尼（Pliny the Elder）在其《自然史》（*Naturalis Historia*）中抱怨："每年与印度、阿拉伯和中国（赛里斯国）的贸易要花费至少1亿塞斯特斯。"据中国《后汉书》记载，公元166年，罗马皇帝安敦（即马可·奥勒留·安东尼，Marcus Aurelius）派遣使臣到达中国境内。11世纪起，意大利北部城邦由于航海贸易、羊毛和纺织业而发展起来，从威尼斯到热那亚，从佛罗伦萨到比萨，到处商贾云集，世界各国的贸易商都在这里会聚、交易。复杂的各国及各城邦的金银币的成色、重量、价值的交换评判，催生了金匠行业与货币兑换业的发展。

时至今日人们还常说，银行这个高贵的词有着一个卑微的起源。银行的意大利语为"banca"，译为长凳。最初的银行家（金匠）均为祖居在意大利北部伦巴第的犹太人，他们为躲避战乱迁移到英伦三岛，以兑换、保管贵重物品、汇兑等为业；他们在市场上每人各坐一凳，据此经营货币兑换业务。他们地位低下、收入不高，一条长凳是他们主要的固定资产。久而久之，银行（banca）这个名称就被固化下来了。

金银天然就是货币，从事这个行业的银行家们必须十分重视自己的信用。偶尔也会发生挪用、贪污或因借贷金银后客户违约导致的交叉违约，那银行家们就大祸临头了，那条长凳会被愤怒的客户拿来砸向他们的脑袋。头破血流的银行家和断裂的长凳，给英语留下了一个生动的形容词——破产（bankrupt）。长凳加上断裂（rupt），不就是那个年代银行家破产的真实写照吗？

中世纪时，贸易最发达的地中海地区还处于许多城邦的统治下，意大利诸城邦在开放宽松的学术自由及艺术发展的同时，也因为开放商业和金融活动而闻名于世。贸易和金融的兴起又促进了文艺复兴的早期发展，封建主义的衰微和城市资本主义兴起互相影响。宗教戒规被抛弃，禁止高利贷或只能与天主教徒做生意的法律，在北意大利的许多城邦被废止或重新制定。

银行的重要性被欧洲人重新发现。银行在其发展过程中，曾与享有特权的骑士团所经营的寺院银行进行斗争，最终取得了胜利，并形成了一个商人兼银行家阶层。他们手中积累了巨额的货币财富，从而为资本主义生产活动提供了资金。经济及贸易活动的兴盛，又推动了人文主义及文艺复兴的发展。在城邦国家对跨国交易及所有权的保护尚不能有效发挥作用时，民间金融及信用制度发挥了保护契约的作用。随着异地交易和国际贸易的不断发展，来自各地的商人为了避免长途携带金钱而产生的麻烦和风险，开始把自己的货币交存在专业货币兑换商处，委托其办理汇兑与支付。1156年，第一份外汇合约已经诞生，热那亚的两兄弟借了115镑，同意向君士坦丁堡的银行代理人偿还460枚拜占庭金币。此后的13世纪，外汇合约变得很寻常。12世纪的威尼斯银行（Bank of Venice）创新发行了第一笔政府债券，为与君士坦丁堡之间的战争筹集资金。这时候的金匠和货币兑换商已反映出银行萌芽的最初职能，汇兑和存贷等商业银行业务也随之开展，银行家们把汇兑业务中暂时闲置的资金用于放贷，货币信用也随之出现，这标志着现代银行的本质特征。最早的银行是私有的，1171年意大利威尼斯银行就已创立，到1338年佛罗伦萨已经有80多家商号经营货币兑换业务，1407年设立了圣乔治银行。银行业成就了这座城市的商业繁荣，首屈一指的是巴尔迪（Bardi）家族和佩鲁齐（Peruzzi）

家族，他们的银行被称为巴尔迪银行和佩鲁齐银行。这些家族银行在西欧的主要城市都设有分支机构，欧洲的大部分贸易都掌握在它们手上。市场需求创造了信贷需求，这为佩鲁齐家族创造了巨额财富。

依赖活跃的银行业务和强大的银行家族，佛罗伦萨也成了当时整个欧洲的金融中心、贸易中心和经济中心。1325年，势力强大的佩鲁齐银行就拥有临近的那不勒斯王国的所有财政税收权，它负责组建和管理国王的军队，任命官员，征集税收并销售粮食等必需品（意大利城邦国家大多不产粮食），垄断了英国的羊毛销售。早期欧洲的银行业都将各国政府视为融资的大客户，将政府平台融资作为低风险业务。佩鲁齐家族是英国王室和法国国王的债主，是教皇和许多大贵族的座上客。当然，政治风险难以避免。这些强大的银行家族，崩溃于1339年的英法战争。无赖的法国政府通过绑架佩鲁齐商业分支机构的代表来索要赎金。战前，佩鲁齐银行和巴尔迪银行为英国王室提供了近50万英镑的巨额贷款，英国国王爱德华三世干脆直接赖账，按今日的黄金价格计算，此平台贷款坏账相当于15亿美元，这直接导致1345年巴尔迪银行和佩鲁齐银行的崩盘和破产。两家银行的破产在欧洲金融中心佛罗伦萨掀起了多米诺骨牌的恐慌效应，加上三年后黑死病的传染，欧洲金融业和实业都遭受了毁灭性打击。这是早期金融危机的又一个经典案例。

尽管不能说没有银行家美第奇（Medici）家族（其大楼外景见图16-4），就没有意大利文艺复兴，但可以肯定的是，没有美第奇家族，意大利文艺复兴肯定不是今天我们所了解到的面貌。

—16 银行的诞生之地：神庙还是板凳

图 16-4 美第奇家族大楼的外景

佛罗伦萨是文艺复兴运动的诞生地，也是艺术与建筑的摇篮之一，拥有众多的历史建筑、藏品丰富的博物馆。历史上有许多文化名人诞生或活动于此。从14世纪晚期开始，佛罗伦萨最重要的家族——美第奇家族，掌控了当时欧洲最大的银行与佛罗伦斯和其他地方庞大的企业体系。这一家族在三个世纪都权倾天下，富甲一方。美第奇家族为佛罗伦斯带来了稳定与繁荣，也是文艺复兴时期最重要的艺术赞助者。1385年，美第奇家族的乔万尼（Giovanni di Bicci de'Medici）成为一家银行罗马支行的经理，他以外汇交易员的身份而声名卓著，也为教皇提供货币兑换业务。他于1397年在佛罗伦斯创立了美第奇银行。1420年，他把业务移交给他的长子科西莫（Cosimo di Giovanni de'Medici），自己在威尼斯、罗马、日内瓦、比萨、伦敦和阿维尼翁设立了银行分支机构。原先从事羊毛生意的美第奇家族发现开办

315

银行是一个更赚钱的买卖，它不需要经历开办牧场的艰辛，也不用担心瘟疫给羊群带来灾难。美第奇家族银行在1402年拥有2万弗洛林（Florin）金币的资本，在册职员最多时达17人；1397—1420年，该家族所赚取的利润为151 820弗洛林金币，大约每年是6 326弗洛林金币，年收益率为32%，其中罗马分行公告的年收益率就超过了30%。这些经营数据在佛罗伦萨纳税记录上得到了证明。有钱便可以任性，富甲天下又热爱艺术的美第奇家族，难怪在艺术上的投入不遗余力。

尽管基督教有禁止放高利贷的传统，但伦巴第人和意大利银行家多年来一直对贷款收取利息。没有人能够阻止精明的金融家从此类交易中获利。1403年，佛罗伦萨裁定对贷款收取利息为合法行为。在金融业的推动下，现代商业基础萌芽得以发展，出现了股份公司与国际银行体制，以及保险及国债。佛罗伦萨成为欧洲银行业的中心，佛罗伦萨使用的弗洛林变成了国际贸易实际上的通用货币。美第奇家族早期的银行业务中特别重要的工具是商业汇票，这是中世纪发展起来的一种贸易融资手段。1494年，关于复式记账的第一本书在意大利出版，这种会计方法当时在意大利已经采用了多达一个世纪以上。不过，盛极而衰的故事也在不断上演，14世纪中叶是佛罗伦萨经济由盛而衰的转折点。美第奇银行在各国的分行不断倒闭，1338年佛罗伦萨拥有80家银行，1516年只剩下8家。最终导致了该家族的衰败和佛罗伦萨银行业的破产。城市财富再也没有达到14世纪初的水平，欧洲的金融中心开始转移……

罗马银行的故事

图 16-5 中的大铜章系 1980 年由罗马银行为纪念本行成立 100 周年（1880—1980）发行的。铜章重 155 克，直径 69 毫米。铜章的一面可见手持地球的女神，暗指抱有全球化野心的罗马银行，地球的光芒射线巧妙地迎合了罗马的徽标，上方是罗马成立 100 周年的文字；另一面是四匹骏马，中间为银行行徽，下方刻有铜章设计与刻模师韦罗伊·约翰逊（Veroi Johnson）的签名。

正如罗马这座城市一样，罗马银行也不是一天建成的。图 16-5 所示铜章的发行银行——罗马银行成立于 1880 年 3 月 9 日。在一百年内，罗马银行也经历了风风雨雨。第二次世界大战前，意大利还是一个以农业为主的经济落后国家。第二次世界大战刚刚结束时，意大利山河破碎，一片凋零。20 世纪 30 年代资本主义世界经济大危机时期，罗马银行由于资助和拯救那些财务困难或面临倒闭的工业企业曾濒临破产，所幸得到政府国有化资金的支持才渡过难关。在庆祝百年生日后两年的 1982 年 8 月，三家位于罗马的最古老的银行合并成罗马

图 16-5　意大利罗马银行成立 100 周年（1880—1980）纪念铜章

银行集团（Banca di Roma S.p.A.）。除罗马银行外，还有两家是圣灵银行（Banco di Santo Spirito）和罗马储蓄银行（Cassa di Risparmio di Roma）。

要说这几家银行古老，一点也不假（图 16-6 所示为意大利罗马银行的古老支票）。圣灵银行成立于 1605 年 12 月 13 日，由教皇保罗五世创建，它是欧洲第一家教皇国银行，是罗马第一家吸收公众存款的银行，也是罗马最古老的连续营业的银行。圣灵银行这一名称源于其古老的行址——一座 14 世纪的大楼名。20 世纪 30 年代，一群盗匪想挖掘地道进入圣灵银行老金库，不料盗掘开了 1836 年罗马大霍乱时的骷髅堆。而罗马储蓄银行在 1836 年由罗马的私人资本和宗教机构组建，从它当初的董事会成员名单可以看到，这是一个贵族和宗教界上层的俱乐部。正因为如此，罗马储蓄银行成立后信誉良好，这也鼓励了储户放心存款，传播了互利节约的原则。也许是罗马时代小神庙众多的历史传承，意大利的中小银行众多，银行业高度分散，结构复杂，因此，几十年来意大利银行业的收购兼并层出不穷。

图 16-6　意大利罗马银行的古老支票

1997年11月，罗马银行完成了私有化。政府控股公司出售了其拥有的罗马银行股份。新资本注入后，罗马银行加快了并购步伐。罗马银行集团与托罗公司（Toro，隶属于菲亚特集团）组建了人寿保险公司，并把从事投资银行业务的意大利中央中期信贷银行（MedioCredito Centrale，简称 MCC）和从事资产管理、租赁与银行销售保险业务的 Fineco 集团纳入旗下，此举进一步巩固了集团在意大利银行系统的领先地位。罗马银行在全国各地均设有分支机构，尤以中南部地区为主，有1 750家分行。和意大利其他商业银行一样，中小企业一直是罗马银行的主要客户。而中小企业很早就开始了全球化运作的尝试。罗马银行敏锐地发现了其中的商机，成为意大利第一家开设海外分行的银行，其国际网络扩散到20个国家，海外有17家分行、7个代表处和2家子公司。在这一阶段，它的海外网络不仅带来了账面的丰厚回报，还提升了罗马银行集团在国际市场上的品牌形象和影响力。罗马银行资助创办的《意大利经济评论》，几十年来向国外提供有关意大利经济形势的信息、学术成果和真知灼见，成为意大利的著名经济学术刊物。

2002年7月，三家银行再度合并。罗马银行和1999年2月成立的意大利比波普-卡里雷银行（Bipop-Carire）、西西里银行（Banco di Sicilia）合并成为资本银行集团（Capitalia Gruppo Bacario），总部仍在罗马。银行合并及结构重组之后，罗马银行依托资本银行集团，实力大大增强，至2005年，资本银行集团的总资产达到1 340亿欧元，年度净利润也达到10.28亿欧元，几乎是2004年的3倍，雇员总数达到28 264人，成为意大利第四大银行集团。图16-7所示是罗马银行为在罗马举行的第十七届奥运会发行的纪念银章。

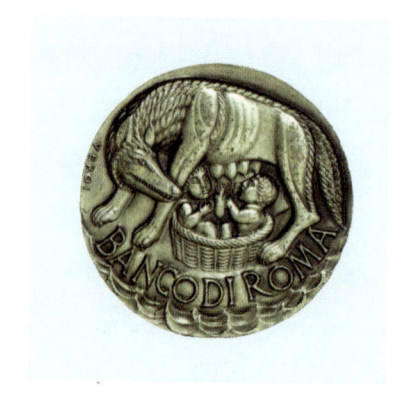

图 16-7　罗马银行为第十七届奥运会发行的纪念银章

注：罗马银行纪念银章，重 30 克，直径为 35 毫米。银章的一面是在摇篮内吃奶的孩子。摇篮下方是罗马银行名，狼头边是银章刻模设计大师韦罗伊·约翰逊的签名。银章的另一面是奥运会五环、面具及带翅膀和双腿的盔帽。下方是含银量 80% 的字样和银章铸造单位的徽记。此章是为第十七届奥运会（1960 年 8 月 25 日—9 月 11 日）而发行的。对东道主意大利而言，罗马奥运会是意大利第二次世界大战战败后在国际舞台上重新亮相的一场盛会。

也许是受到当时巴克莱银行（Barclays Bank）竞购荷兰银行的刺激，意大利历史上规模最大的银行合并案随之发生了。2007 年 5 月，资本银行集团被意大利联合信贷银行（UniCredito Italiano）并购。联合信贷银行出资 218 亿欧元（约 295 亿美元），收购了意大利资本银行的一部分股份，合并后银行名为联合信贷集团。合并之后银行的名称仍保有三个，在意大利北部地区的意大利联合信贷银行集团所属的银行分行（包括比波普-卡里雷银行、罗马银行和西西里银行的分行）以意大利联合信贷银行名称出现；在意大利其余地区的银行分行被统一命名为罗马银行；在西西里岛，意大利联合信贷银行集团将以西西里银行的面貌出现。联合信贷集团的员工数超过 16 万人，在全球拥有客户 4 500 万人。拥有 9 200 个分支机构，其中 5 000 个在海外，业务遍及近50个国家和地区。此次合并，加速了欧洲银行业调整的步伐。

古老的银行，各有各的故事。联合信贷银行最早的历史可以追溯到5个世纪前，它的前一次并购发生在1998—1999年，由意大利9家银行九九归一而成，包括最古老的银行——1473年成立的罗洛银行（Rolo Banca）、都灵储蓄银行（Cassa di Risparmio di Torino）、特伦多和罗维雷托储蓄银行（Cassa di Risparmio di Trento e Rovereto）、卡萨玛卡银行（Cassamarca）等，还有著名的大银行——1870年成立的意大利信贷银行（Credito Italiano）。

作为难兄难弟，意大利联合信贷银行与罗马银行、意大利商业银行曾是意大利三家"全国系统重要性银行"，它们一起在20世纪30年代被政府国有化。意大利联合信贷银行集团组成后，购并没有停步。2000年，它收购了北美历史悠久的资产管理公司先锋集团（Pioneer Group），新组建的先锋投资是意大利顶级的资产管理公司和欧洲第三大互助基金管理商，在波兰、爱尔兰和捷克都有投资管理业务；随后收购了中欧和东欧地区的波兰、克罗地亚、斯洛伐克和保加利亚的4家银行，从而使意大利联合信贷银行成为中欧和东欧地区的第三大银行集团；2005年6月，联合信贷银行花费154亿欧元，以每5股股票换取1股裕宝股票，收购了德国裕宝银行（HypoVereinsbank AG），开启了欧洲银行业当时最大的一宗跨国并购交易。然而，2007年联合信贷银行对资本银行集团的收购，才使其达到了自身发展的高峰，成就了欧元区市值第一大银行。合并后新银行的市值可达1 000亿欧元（约1 350亿美元），其一举成为继英国汇丰银行之后的欧洲第二大银行，在全球范围将位居第六。在中国，该银行并未使用"意大利联合信贷银行"为其中文名称，而翻译成"意大利裕信银行"。

然而，盛极而衰的故事会不会又一次重演？2012年，意大利联合信贷银行宣布巨亏106.4亿欧元，评级下调，资本金逼近红线，加上希腊债务的减记，经营陷入困境，被迫裁员6 150人，并削减投行核心业务，出售海外银行股份等。为了缓冲金融市场带来的冲击，意大利联合信贷银行不得不将其储备资金增加逾100亿欧元。2012年1月4日，该行宣布以43%的高折扣出让股权融资。因投资者的恐惧情绪，银行的股价自由落体般地下滑，其市值蒸发了80亿欧元，缩水逾40%。

舆论认为，意大利银行业危机才是头号威胁，2012年，意大利银行业的不良贷款额已高达842亿美元。债务危机和银行业危机交织引发了政治动荡，而政治动荡反过来加剧了债务危机。一旦意大利情况恶化，1.9万亿欧元的债务已经超出欧盟的援助能力了。大量意大利债券被欧洲银行所持有，欧洲对意大利的合计风险敞口为7 536亿欧元，为希腊的7倍多。

意大利的银行业若发生危机，其威力将远超庞贝火山带来的后果，恐怕欧洲债主也无力举起长凳了。

图16-8为意大利联合信贷银行前身之一——意大利信贷银行于1970年为纪念成立100周年（1870—1970）而发行的高浮雕大铜章。其作者为意大利著名的雕塑家恩里克·曼弗里尼（Enrico Manfrini）。他完成了大量不朽的作品，被誉为"雕塑界的教皇"。铜章的一面是象征勤俭的蜜蜂；另一面是一位正在称量金银和记账的银行家。从其工作的长条凳是否可以形象地想起银行"Banca"这个名称的由来？

—16 银行的诞生之地：神庙还是板凳

图 16-8　意大利信贷银行成立 100 周年（1870—1970）纪念铜章

后 记

意大利银行依然危机重重。在欧盟银行业压力测试中，意大利的锡耶纳银行表现最差。意大利的联合圣保罗银行、地中海银行和联合信贷银行在英国宣布"脱欧"的短短几天内就蒸发了差不多三分之一的市值。部分意大利银行的市值跌幅超过七成。意大利的银行业随着其经济陷入了一个恶性循环——不断衰退的经济循环。银行系统不能帮助意大利经济复苏，不能帮助改善意大利高达 37% 的青年失业率，反而成为进一步拖累该国经济的罪魁祸首。这一欧元区第三大经济体在泥潭中越陷越深，银行业风险甚至可能会在欧洲其他国家蔓延。

17

优雅的『老妇人』去向何处

比利时通用银行及其历史纪念章赏析

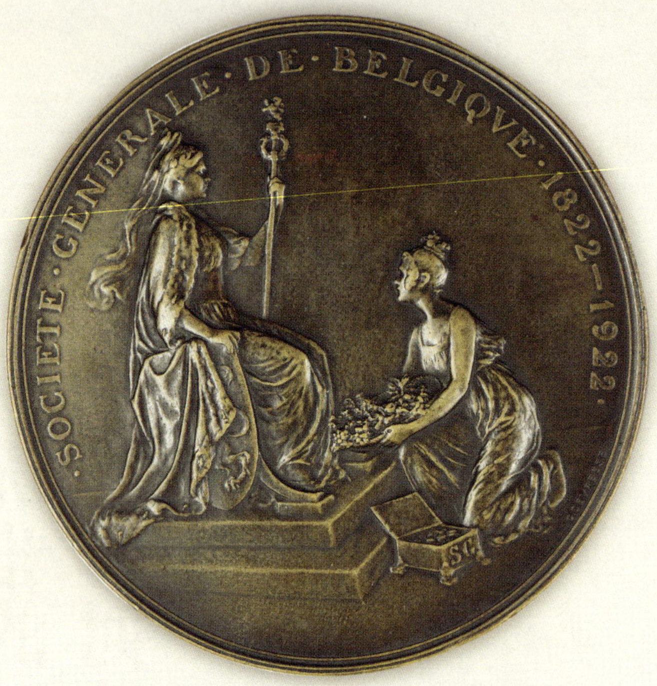
·SOCIETE·GENERALE·DE·BELGIQVE·1822–1922·
SG

—17 优雅的"老妇人"去向何处

图17-1 和图 17-2 呈现的两枚比利时通用银行大铜章和镀银纪念章已历经 90 余年。两枚币章的重量都是 128 克，直径都是 75 毫米。纪念章上覆盖着醇厚的包浆，默默述说着历史的沧桑。纪念章一面的图案为跪着的女仆向女神贡献花环，她身边打开的钱盒上有"SG"（通用银行）字样；上方的文字是"比利时通用银行 100 周年"（Société Générale de Belgique, 1822—1922），由此可知，此章是比利时通用银行为纪念成立百年而发行的。纪念章的另一面镌刻着坐在海边礁石上眺望远方的女神。纪念章上辽阔的海洋、闪耀的五星、财富的蛇杖都象征着通用银行图谋世界市场的野心。其实，Société Générale 直译是"通用公司"，而且成立时该公司的名称应该是"荷兰通用公司"。1822 年的荷兰王国时期，比利时王国还未诞生。1822 年，荷兰国王威廉一世为推行经济复兴计划，创立了通用公司。1922 年，比利时通用银行将成立日提前至荷兰王国时期的通用公司。

纪念章的设计刻模师是比利时著名的雕塑艺术家戈德弗鲁瓦·德弗尔斯（Godefroid Devreese），他一生设计了 500 多种雕塑艺术品。他设计的大理石和青铜的塑像、喷泉、浮雕，今天在欧洲仍然可见。

图 17-1 比利时通用银行成立 100 周年（1822—1922）纪念铜章

图 17-2 比利时通用银行成立 100 周年（1822—1922）纪念银章

全球最早的投资银行

荷兰国王威廉一世时代（1815—1840年）的统治地包括荷兰、比利时、卢森堡。1814年，在维也纳会议上，普鲁士建议比利时独立，但英国的代表认为比利时疆域太小，没有能力维持独立而否定了建议。当讨论由哪一国统治比利时，英国代表说服了威廉一世，条件是将比利时公爵的遗产交付给威廉一世。于是，维也纳会议决定将比利时并入荷兰。

1822年12月16日，威廉一世成立"荷兰国家工业总公司"（General Company of the Netherlands for National Industry，即荷兰通用公司）来管理比利时公爵的这笔遗产。这家公司最初的资本金是5 000万荷兰盾，那时，荷兰南部省份年税收仅3 000万荷兰盾。威廉一世将自己的房地产折股2 000万荷兰盾，剩下的3 000万荷兰盾打算发行6万股股票募集。尽管威廉一世个人还做出每年5%的股票收益率的承诺，但实际只发行了5 426.5股股票。公司成立的目的是振兴荷兰南部的经济，实际上是为了弥补和维持比利时常备军费的开支。1826年起，该公司每年须向威廉一世个人供奉50万荷兰盾。不过，通用公司也因此获得了垄断的政府出纳权和荷兰比利时省份的货币发行权。应威廉一世的要求，通用公司在比利时设立了20家分行。1830年，威廉一世的专制统治引发了革命，比利时获得独立并成为君主立宪王国。萨克森-科堡-哥达公国的王子利奥波尔德成为比利时第一任国王。通用公司也归属比利时所有，总部设在比利时布鲁塞尔。公司改名为"国家工业发展总公司"（Société Générale pour Favoriser l'Industrie Nationale），人们习惯称它为比利时通用公司（Société Générale de

Belgique），它的命名与法国兴业银行十分相像。

我在前文中曾讲过，在18、19世纪的一段时间内，法国不使用"银行"名称，而用"公司"，是拜法国的金融改革家约翰·劳（John Law）所赐，他造成的银行危机把法国人的苦胆都吓破了，他们从此闻"银行"而色变。

成立于1909年的比属刚果银行是比利时通用公司的控股子银行。图17-3所示铜章的一面是非洲五兽之一的非洲象，周边环绕比属刚果银行和银行建立50周年的文字；另一面的上部是比属刚果银行1909年成立时在刚果马塔迪简陋的草屋办公楼，其下为1959年在刚果利奥波德维尔的现代化银行办公大楼。

图17-3　比利时刚果银行成立50周年（1909—1959）纪念铜章

1822年成立的通用公司（银行）被称为世界上第一家投资银行，远早于1869年成立的高盛公司和1935年成立的摩根士丹利公司，可谓是现代投资银行的先驱。当时，比利时的工业和农业已经很发达，有别于荷兰的商业和捕鱼业经济。1831—1870年，比利时的煤炭和冶炼工业迅速发展，比利时通用公司成为比利时工业化的重要资本来源。1850 年前，它在比利时独享发钞权。

比利时通用公司既经营商业银行业务，也向采矿业、冶炼业和制造业投资，成为欧洲全能经营模式的第一家银行。比利时通用公司与罗斯柴尔德银行巴黎分行紧密合作，开展了对比利时政府的借贷业务，还将一系列比利时矿业公司推向巴黎交易所上市。比利时通用公司在比利时的城镇设立了不少分行，既开办储蓄、信贷、商业票据贴现，又开办投资银行业务，通过吸收小额存款、发行银行券而投资于公路、铁路和运河等大型项目。其核心业务是参与修建铁路网络，这打破了英国人修建铁路的资金由私营部门筹集的惯例，随后这一做法被其他国家效仿。比利时通用公司的业务模式很像当时法国的动产信贷银行（Crédit Mobilier），在拿破仑三世的第二帝国时期，比利时通用公司积极参与了巴黎的重建。通过投资，它控制了许多工业企业，操纵了多家银行和保险公司，在国外控制了众多重工业企业。那些年，比利时通用公司意气风发，业务发展迅速。

19 世纪末，比利时开始走向海外，它投资俄罗斯矿山，参与瓜分非洲。1876 年比利时侵占刚果领土，1884 年建立刚果自由邦，1908 年比利时政府接管刚果自由邦，并将其改名为比属刚果，1919 年比利时从德国接管欧本-马尔梅迪和卢旺达-乌隆迪。从 1909 年起，比利时通用公司就在刚果设立了比属刚果银行（见图 17-4）；1929 年后，比利时通用公司成为比利时海外殖民地比属刚果的主要开发者和经营者。工业化和殖民化使比利时通用公司迅速发展为全球领先的银行。1835—1850 年，其业务收入是成立初期的 15 倍。19 世纪中叶，比利时通用公司客户数量是成立之初的 20 倍。在 19 世纪 50～60 年代，比利时通用公司成为世界上第一家股份制上市银行，作为跨国银行，它是比属刚果银行（Banque du Congo Belge）和南美洲意比银行（Banque Italo-Belge，现 Banque Européenne pour l'Amerique Latine）的大股东。

图 17-4　1909 年比利时通用银行的子银行——比属刚果银行在刚果马塔迪开设的第一家分行大楼

比利时通用公司成立后也经历了种种磨难。比利时煤炭经济泡沫在 1838 年破裂，之后 10 年的经济危机几乎给比利时银行业带来灭顶之灾。比利时通用公司也因短期负债与长期信贷的流动性错配风险爆发而濒临破产，其发行银行的功能被政府取消，并于 1850 年转移至比利时国民银行。

第一次世界大战期间，比利时被德国占领，比利时通用公司总行临时搬迁至伦敦分行，其在比利时的机构遭到强制关闭。它在海外发行比利时法郎，以替代德国占领军在比利时强推的德国马克。1929 年的比利时大萧条，更使比利时通用公司"受伤"不轻。1934 年，按投资公司与商业银行不能兼营的法规，比利时通用公司将银行部分正式命名为通用银行，比利时通用公司作为控股大股东。1965 年，通用银行与成立于 1902 年的比利时银行公司（Société Belge de Banque）、成立于 1827 年的安特卫普银行（Banque d'Anvers）合并，合并后的银行名称为比利时通用银行（Société Générale de Banque），该行成为比利时首屈一指的大银行。当时，比利时通用银行在比利时国内有 1 000 余家分支机构。

20 世纪 80 年代，成立于 1858 年、为建设和经营苏伊士运河而创立的苏伊士公司（SUEZ）收购了比利时通用公司的大部分股权，之后成为其唯一的股东。1967 年，苏伊士公司收购了成立于 1880 年的法国里昂水务公司。1996 年，苏伊士公司从东方汇理银行撤资，却对比利时通用银行增资，成为其大股东。1997 年，苏伊士公司与里昂水务公司合并为苏伊士里昂水务集团。1998 年，苏伊士里昂水务集团在公开市场进一步收购比利时通用银行股票后，持有比利时通用银行 99.4% 的股份，实现了对该银行的绝对控股和全面接管。尽管老板一变再变，但比利时通用银行的"百年老店"招牌始终没有改变。

安特卫普银行（Bank of Antwerp）于 1965 年被比利时通用银行收购合并。图 17-5 所示铜章为比利时安特卫普银行成立 125 周年的纪念铜章，其设计刻模师为阿瑟·杜邦（Arthur Dupon，1890—1972 年）。铜章的一面是象征海外扩展的帆船图案，以及用荷兰文和法文表述的银行名；另一面是双蛇缠绕的权杖，及 1827—1952 年的罗马数字。

1958 年，比利时通用银行为世博会发行了纪念大铜章（见图 17-6）。

铜章的一面是比利时通用银行大楼和楼前的骑士喷泉，周边是"比利时通用银行（布鲁塞尔）"字样；另一面是 1958 年世博会的文字。铜章的设计及刻模师为 P. 德·格里夫（P.De Greef）。

图 17-5　比利时安特卫普银行成立 125 周年（1827—1952）纪念铜章

图 17-6　比利时通用银行世博会纪念铜章

"落地即跑、见风即长"的富通集团

比利时有一家以保险业著称的金融集团——富通集团（Fortis Group），它的根基原本在荷兰。1990年，荷兰保险业巨头荷兰保险公司（AMEV）与一家荷兰银行合并，组建了一家横跨保险、银行两大业务领域的金融集团。同年，该集团又与比利时最大的保险公司通用保险集团（Compagnie Belge d'Assurances Générales，AG）各以50%的比例合并（图17-7所示为比利时通用保险集团成立100周年的纪念铜章，铜章一面的图案是女神与孩童，代表着保险对大众的关爱。）。这场跨国"婚姻"形成了欧洲新的金融巨头——富通集团。

图17-7　比利时通用保险集团成立100周年（1824—1924）纪念铜章

富通集团认识到保险业的生存必须依赖庞大的网络。1992年它提出了银保结合（bancassurance）的理念，由此进军银行业。富通集团先后把比利时ASLK-CGER储蓄银行、荷兰Vsbbank储蓄银行、比利时SNCINMKN银行、荷兰万贝银行等多家金融机构收入囊中，通过银保交叉销售，迅速扩大保险和银行的规模与市场份额。

富通集团的这些银行新成员都经过悠久历史的浸润，在竞争激烈的国际金融界显得老到。在先期的整合过程中，这些百年知名品牌的优秀的客户传统还是被保留了下来，因此，富通集团对不同地区客户的需求有着更为深刻的认识。不过，人们公认富通集团与通用银行的合并才最具里程碑意义。1998年欧元启动前夕，已撑大胃口的富通集团与比利时最大的银行、总资产43 377亿比郎的比利时通用银行完成了强强联合，形成了国际银行、保险、投资领域的新"大鳄"，成为荷兰、比利时、卢森堡三国最大的金融机构。富通集团登上世界顶级金融控股集团的"豪华邮轮"。

富通集团构建了富通银行（FORTIS BANK NV-SA）、富通国际保险公司和富通基金管理公司三个业务板块。富通银行正式挂牌于2000年3月21日，总部设在比利时布鲁塞尔。商业银行业务强大的原比利时通用银行成为富通集团银行业务的新旗舰，负责商行和投行业务，在世界65个国家和地区开展业务，拥有200家左右具备法人资格的公司，向个人、企业和公共机构提供广泛的金融服务，是荷兰、比利时、卢森堡三国市场最大的信用卡发行商，是当时欧洲第十大银行。而富通国际保险公司拥有"比利时国际保险公司"、"荷兰保险公司"以及在美国的保险业务，在比利时、荷兰和卢森堡等国家的金融保险市场处于领导地位。富通基金管理公司负责全球范围内的资产管理业务，是欧洲股市和债市最大的机构投资者之一。

1990年才诞生的富通集团，比之花旗集团、汇丰集团等"百年老店"，似乎名不见经传，然则后生可畏。富通集团讲述了一个有关"落地即跑、见风即长"的商业故事：在2006年《财富》500强排名中，富通以1 123亿美元的总资产排名第18位，在银行金融类排名中仅次于花旗集团。16年光景，富通的总资产翻了20多倍。

富通集团（其银条如图17-8所示）的历史，就是一部收购兼并史。它由荷兰、比利时、卢森堡的200家银行、保险公司及其他公司组成，在全球拥有员工近6万人，在50多个国家设有分支机构，是一家活跃于银行、保险和资产管理领域的真正的全球性金融机构，但其资产的80%还是集中于荷兰、比利时、卢森堡这三个国家。

图17-8　富通集团的银条

注：银条上的文字是"富通——对变化世界的一个确定答案"。

变化的世界有太多的不确定

2000年以后，你若在比利时首都布鲁塞尔的街头问当地人："富通集团总部怎么走？"路人在短暂惊讶后，一定会大笑着回答你："比利时到处都是富通集团。"

在全球银行业中，有两家著名的银行被称作"老妇人"，我在前文中曾经介绍过英格兰银行被戏称为"针线街的老妇人",而历史悠久的通用银行则被比利时人尊称为"无冕皇后"和"优雅的老妇人"。在 2003 年富通集团收购通用银行后,通用银行的名称被取消了。当地媒体评论说:"收购决定的董事会像一场一流的葬礼。"这家较比利时国家还年长 8 岁的银行名称的消失,象征着一座时代丰碑的消失。然而,通用银行人始料不及的是,强强联合给他们带来的却是一场噩梦,他们的新主人富通集团不久后就轰然倒地,"百年老店"最终烟消云散,百年"老妇人"寿终正寝。这时他们才明白过来,变化的世界有太多的不确定。

成于斯,亦败于斯。在收购兼并领域驰骋疆场、百战百胜的富通集团,最终倒在了血腥的并购战场上。著名的"荷兰银行"收购案,成为富通集团的"滑铁卢"。精确地讲,是富通集团与其合作伙伴刚获"大胜",却不幸地死亡在庆祝胜利的酒桌上。这家被艰难收购却梗塞在喉的荷兰银行的前身,是成立于 1824 年的荷兰贸易商会(Netherlands Trading Society)。1991 年,它与荷兰通用银行(ABN)、阿姆斯特丹-鹿特丹银行(AMRO)合并,形成了荷兰银行(ABN-AMRO)。当时,荷兰银行总市值为 520 亿欧元,在全球拥有 4 500 个分支机构,员工达 10 万人。2007 年,荷兰银行因持续 7 年业绩不振,股东回报率落后于绝大部分的欧洲同行,被谴责缺乏运营效率。股东中一些人联合起来,要求荷兰银行出售或分拆股份以使股东得益。

荷兰银行收购案,成为当时世界上最大的金融敌意收购案。有 300 多年历史、总市值约 650 亿欧元的英国巴克莱银行,率先提出了总价值 670 亿欧元,以 3.225 股巴克莱股份换购 1 股荷兰银行股份,由英国巴克莱银行与荷兰银行整体合并的方案。这个不分拆荷兰银行、不更换其管理层的温和方案，较为荷兰银行管理层所认同。荷兰银行也宣布将旗下的拉萨尔银行（La Salle）以210亿美元的价格出售给美洲银行，以此作为让巴克莱银行并购的前提。不料两天后又杀出个"程咬金"，苏格兰皇家银行表示，欲以每股39欧元的价格收购荷兰银行的全部股份，其中30%的收购额以苏格兰皇家银行的股票支付，70%的收购额以现金支付，这一收购额刷新了当时全球银行收购的最高纪录。2007年5月29日，苏格兰皇家银行将收购价格调整为每股38.4欧元，收购额达711亿欧元，其中79%以现金支付。苏格兰皇家银行不是单枪匹马，其阵营中包括西班牙桑坦德银行（Santander）和比利时富通集团，野心使它们结成了一个牢固的同盟。有别于巴克莱方案，苏格兰皇家银行收购团要求将拉萨尔银行保留下来，不卖给美洲银行。而且，苏格兰皇家银行收购团计划在收购后将荷兰银行"三马分尸"，由三家银行"撕裂吞食"。粗暴的分拆令荷兰银行管理层厌恶，但高价却对股东有诱惑力。在收购的过程中，苏格兰皇家银行团妥协了，同意拉萨尔银行出售，并在总报价不变的情况下，将现金比例从79%提高到93%。这一举击中了荷兰银行的软肋。虽然荷兰银行宣布引入中国开发银行、淡马锡公司参与收购，它们的报价为675亿欧元，但现金只占37%。

　　人们曾经认为，像荷兰银行这样有183年历史、1.12万亿美元资产和107 000名员工的庞然大物是不可能被捕获的，但利欲难挡，收购还是尘埃落定了。2007年10月，苏格兰皇家银行收购团以价值1 010亿美元的现金加股票赢得了对荷兰银行的收购。获胜的英雄豪情万丈，富通集团在收购荷兰银行业务后成为欧洲最大的金融机构之一。其在2008年《财富》500强中排名升至第14位，在商业及储蓄类银行中更升至全球第2位，2008年其银行业务盈利占集团总利润的72.3%。

然而，"英雄交响乐"尚未结束，灾难的前奏"钱荒曲"已经响起。富通集团出资240亿欧元购买了荷兰银行在荷兰的机构、私人银行业务和资产管理业务后，元气大伤，资本状况受到严重影响。富通集团宣布了筹资计划，预计通过发行股票和出售资产、房产增资80亿欧元，刚买进的荷兰银行资产管理业务也被出售，同时还取消了2008年中期股息的派发，以改善偿付能力并维持及补充资本。消息传出后，投资者都不看好富通集团收购的前景，富通集团股价遭遇重挫。

这里还有一桩逸闻，2005年和2006年中国工商银行寻找国外战略投资者时，曾与富通集团的先后两任CEO接触，他们都表示有兴趣投资中国工商银行，不幸却遭到富通集团董事会的反对，错过了躲避风险并投资增值的良机。若看不清当时的中国工商银行的潜在投资价值，还情有可原，但更不幸的是再次判断失误。2008年8月，富通集团两次特别股东大会都以超过95%的高赞成票，顺利通过了参与收购荷兰银行议案，并同意富通集团向股东发行股票，募集约为富通集团市值三分之一的130亿欧元资金。股东们集体"大脑缺氧"，无可救药地将富通集团推入了万劫不复的深渊，这成为富通集团永远的噩梦。

压倒富通集团的"最后一根稻草"是美国次贷危机，已经脆弱不堪的富通集团又逢暴雨来袭。客户一直从富通集团提走资金，加上富通集团在债券衍生产品投资上有巨大亏损，其持有的57.15亿欧元的债务抵押债券有90%来自美国次贷市场，富通集团不良贷款日益显现。

—17 优雅的"老妇人"去向何处

对于富通集团的困境,银行同业袖手旁观,不愿意给富通集团拆借资金,使富通集团深陷危机无法自拔。富通集团哀叹"黄金还卖不出废铜价",对于花费 240 亿欧元买来的荷兰银行资产,忍痛以 100 亿~70 亿欧元也卖不出去。从 2007 年年初到 2008 年年末,富通集团的股票价格从 27.67 英镑骤跌至 0.563 英镑,跌了 98%。为避免富通集团破产,2008 年 10 月,荷兰、比利时、卢森堡三国政府决定分别注资 40 亿欧元、47 亿欧元和 25 亿欧元,三国政府持有富通集团在三国的共 49% 的股份。几天后见情况不妙,荷兰政府再出资 168 亿欧元,将富通集团在荷兰的银行和保险业务国有化,包括富通集团高价收购的荷兰银行股份。这一举措使比利时和卢森堡的投资者与储户惊慌失措。法国巴黎银行及时出手,成为拯救富通集团的"救世主",它以价值 90 亿欧元的股票以及 55 亿欧元现金的形式换取富通集团比利时银行业务 75% 的股份,富通集团在比利时的所有保险业务以及富通集团卢森堡银行业务 67% 的股份。比利时政府则保留富通集团在比利时剩余的 25% 股份,卢森堡富通集团剩余的 33% 由卢森堡大公国持有。收购后,比利时富通银行改名为法国巴黎银行富通(BNP Paribas Fortis)。这场危机使比利时失去了富通集团,但换取了巴黎银行约 11.7% 的股份,另外,比利时政府还须为富通集团所持贷款向法国巴黎银行提供 15 亿欧元的担保。卢森堡也拥有巴黎银行 1.4% 的股份。富通集团完全退出了银行业务,只余下富通国际保险公司业务。一些结构型商品投资组合也由富通银行转移到由富通集团(66%)、比利时政府(24%)和法国巴黎银行(10%)合资的实体管理。

历史喜欢开玩笑,富通集团又回到了原点。2008 年,富通国际保险公司所残留的保险业务的收入只占原富通集团的 6.4%。保险公司收购银行是否"诸事不宜"呢？从美国旅行者集团收购花旗银行，到德国安联集团收购德累斯顿银行，再到富通集团收购通用银行，都以失败告终，最终都回到了原点，这是否是个"魔咒"呢？连在资本市场上屡战屡胜的中国平安保险集团，也受到这一"魔咒"的影响。2007—2008年，中国平安以224亿元人民币收购了富通集团4.99%的股权，成为中国保险业在海外的最大投资。2008年，金融危机爆发后，不顾中国平安等股东的反对，富通集团被国有化及出售，中国平安被迫计提减值损失227.9亿元。中国平安力图通过磋商、诉讼挽回一些损失，然而覆巢之下安有完卵？

通用、富通与中国工商银行的渊源

图17-9是比利时银行有限公司（Banque Belge Ltd.）成立50周年发行的一枚大铜章。铜章重70克，直径51毫米，铸造商为詹姆斯·法图日尼公司（Thomas Fattorini）。尽管华比银行（Banque Sino-Belge）于1902年在上海设立了分行，但铜章中还是将1909年作为比利时华比银行的创立日。1934年该行改名为比利时海外银行（Banque Belge pour L'Etranger），1957年改名为比利时银行有限公司，1965年该公司并入通用银行。

通用银行是比利时最重要的海外业务银行，曾在超过40个海外国家和地区设立分支机构。它通过控股子公司比利时银行有限公司在开罗、伦敦和纽约等设立分行或附属银行。其在中国的经营有百年历史。1902年，华比银行在上海设立了第一家分行，后来又在天津、北京和汉口等地开设了7家分行，1935年设立华比银行香港分行。华

—17 优雅的"老妇人"去向何处

图17-9 比利时银行有限公司成立50周年（1909—1959）纪念铜章

比银行初始资本为100万法郎，之后增加至500万法郎。在20世纪30年代，华比银行旗下各国分行陆续改为当地注册公司，唯有中国的业务仍由布鲁塞尔总部管理，但在上海设有总经理处负责中国的具体事务。1903年，华比银行在上海参加了国际银团组织，成为经办庚子赔款和保管关税的外国银行之一，还参与了陇海铁路和京汉铁路的修建，开平煤矿的开采，以及控制了比商天津电车电灯公司等。该行主要经营汇兑、抵押放款和投资业务，在中国发行过钞票。1941年太平洋战争爆发后，它被日军封闭，1945年复业。中华人民共和国成立后，华比银行作为经营外汇的指定银行逐渐萧条，1956年起实际上已经停业，在中国的机构于1976年被解散。1984年和1987年，通用银行又分别在北京和上海设立代表处。

通用银行在中国香港的分行逐渐发展为香港的一间中型银行，在香港拥有22家分行，5家中小企业服务中心，员工900名，在资产管理、外汇兑换以及其他金融产品服务方面都十分活跃。1999年通用银行被富通集团收购后，富通集团将其与荷兰万贝银行合并，并在2000年5月更名为华比富通银行（Fortis Bank Asia HK）。2003年，中国工商银行（亚洲）宣布以现金和换股共25.3亿港元收购华比富通银行，使其在港业务和盈利上了一个重要的台阶。2004年5月1日，华比富通银行易名为华比银行（Belgian Bank），换上了中国工商银行的标志。2005年10月10日，华比银行正式并入中国工商银行（亚洲）。"百年老店"名称不复存在。

富通集团曾投资中国香港的中保国际和中国大陆的太平寿险、太平财险公司。中国工商银行（亚洲）也曾投资中保国际及其子公司太平财险公司，获得不菲回报。在中国工商银行先后十几次的收购案中，许多历史悠久的外国银行的涓涓支流，汇入了中国工商银行的大河。在这些支流中，历史最久远的还数华比银行，它将中国工商银行的支流历史推溯至100多年前。中国和比利时关系良好，比利时政府十分欢迎中国工商银行在比利时开设分行。2011年1月19日，在中国工商银行布鲁塞尔分行开业时，比利时首相莱特姆亲临开业仪式（见图17-10）。为表庆祝，比利时方面破例让著名的"撒尿的小男孩"穿上了唐装，这至今仍为一桩美谈。中国工商银行与比利时安特卫普世界钻石中心在钻石金融领域也开展过合作，如图17-11所示。

—17 优雅的"老妇人"去向何处

图 17-10　2011 年 1 月 19 日，在比利时首都布鲁塞尔，
中国工商银行布鲁塞尔分行举行开业庆典

注：中国工商银行董事长姜建清（左二）、比利时首相莱特姆（中）、中国驻比利时大使张援远（右二）、中国驻欧盟使团团长宋哲（右一）、中国工商银行副行长王丽丽（左一）共同出席中国工商银行布鲁塞尔分行的开业庆典。

图 17-11　2011 年 10 月 24 日，比利时王储菲利普（左二）与中国工商银行
董事长姜建清（右二）在北京共同见证中国工商银行与比利时安特
卫普世界钻石中心签署框架合作协议

345

18

在中国澳门发钞的葡萄牙大西洋银行

大西洋银行及其母行的大铜章欣赏

BANCO NACIONAL ULTRAMARINO
CEM ANOS DE
ACTIVIDADE
1864 LISBOA 1964

"死亡绿海"带来了生机

公元1500年前后的这一段时期，是人类历史的一个重要分水岭。葡萄牙率先在世界上崛起并迈向海洋，拉开了世界大发现、欧洲文艺复兴、启蒙思想运动、工业革命以及科技革命的序幕。此后，世界上前后有数个国家成为世界列强，直到美国成为当代世界唯一超级大国。尽管葡萄牙先后被罗马人、日耳曼部落和北非穆斯林侵略占领，但是，顽强的抗争、流血和牺牲，终于换来了其宝贵的自由。

世事无常，不幸往往是幸运之父。流行于14世纪的鼠疫夺去了欧洲大陆2 400万人的生命，葡萄牙人以其强壮的体魄和强大的免疫力避免了这场浩劫。葡萄牙土地贫瘠，农业和渔业收成均比较有限，人口却急剧膨胀，国土又远离欧洲的商业通道，从东北部西班牙通往葡萄牙的商路被限制，这些都导致输入商品的价格暴涨。而且由于金矿稀缺，黄金供应不足，货币成色下降，信用降低，导致经济陷入绝境，国内矛盾高度激化。那时的葡萄牙危机四伏，风雨飘摇。

葡萄牙民族的未来在哪里？1406年,《地理学指南》(*Geography*)的出版（地理学家克罗狄斯·托勒密著），在葡萄牙引发了一场地理知识和观念的革命。尽管从今天来看，托勒密绘制的世界地图谬误百出，比如非洲和南极紧紧相连，除欧洲、亚洲、非洲以外，世界是漫无边际的海洋，赤道没有动植物生存，等等。世界真的是托勒密描绘的这个样子吗？大西洋真的无法航行吗？巨大的问号折腾着欧洲大陆，也折腾着痴迷于地理学和航海战略的葡萄牙国王若奥一世的三王子恩里克。

葡萄牙濒临大西洋，临海的生活经验使恩里克把目光投向被称作"死亡绿海"的大西洋。当时，海上没有强大的对手和敌人，扩张阻力较小。恩里克权衡利弊，决定向未知的大西洋进发。"死亡绿海"带来了生机，葡萄牙人捷足先登，最早开始了向东方的扩张。他们先后占领了波斯湾的霍尔木兹港、印度的港口果阿、东印度群岛的马六甲和中国澳门四个战略据点，建立了印度洋殖民商业帝国，开辟了通往东方世界的新航线，并发现了西半球新大陆，垄断了东亚与欧洲的香料贸易以及西方与中国、日本的贸易。孤立的世界各国历史开始向统一的世界史过渡。葡萄牙在欧洲最早建立了强大且辽阔的海外殖民帝国，开始了依仗坚船利炮统治世界的格局。强大的海权带来的是滚滚的财富，从广州经澳门出口到印度果阿和欧洲的商品有生丝、绸缎、瓷器、砂糖、中药等，其中以生丝为最大宗。由里斯本经澳门输入广州的商品有胡椒、苏木、象牙、檀香和白银，其中以白银为最大宗，仅1585—1591年，经澳门运入广州的白银约有20万两。

几十年间，传统的农业国葡萄牙一跃成为西欧最富有的国家。1494年6月7日，葡萄牙与西班牙签订《托德西利亚斯条约》，确定以佛得角群岛以西约2 200公里处的"教皇子午线"为界，界东属葡萄牙，界西则属西班牙。这个昔日的欧洲弱国，在人类历史上第一次

—18 在中国澳门发钞的葡萄牙大西洋银行

与"老东家"西班牙人一道,如切西瓜一样瓜分了地球,在非洲、亚洲、美洲拥有大量殖民地(葡萄牙殖民地银行的象征如图18-1所示)。在这一时期,无论是经济、政治还是文化,葡萄牙都已远远超越欧洲其他国家,此时距葡萄牙建国不过350年。

图 18-1 葡萄牙殖民地银行的象征

注:大西洋银行里斯本大楼外墙上雕有葡萄牙殖民帝国的徽章,包括中国澳门、佛得角、葡属几内亚、莫桑比克、葡属印度、圣多美和普林西比、葡属帝汶的徽章。

海外殖民地的代表银行

图18-2所示的大铜章是一家与澳门有密切关系的银行——大西洋银行于1964年发行的。那年正值大西洋银行成立100周年(1864—1964)。百年纪念大铜章的设计师是莫雷拉(Moreira)。大铜章重207克,直径为81毫米。

图 18-2　葡萄牙大西洋银行成立 100 周年（1864—1964）纪念铜章

　　铜章的一面图案为葡萄牙海上扩张象征的卡拉维尔帆船。在恩里克王子的主持下，葡萄牙建立了人类历史上第一所国立航海学校，该校系统研究航海科技，把原先只配备一副四角风帆的传统欧洲海船改造成铜章上的三副大三角帆的多桅卡拉维尔帆船，正是这些长 20 多米、重达 60 吨～80 吨的三角帆船，最终成就了葡萄牙航海者的雄心。公元 1487 年 7 月，葡萄牙三艘帆船沿大西洋南下，经过半年的航行，绕过非洲的好望角，1498 年 5 月，葡萄牙航海家达·伽马率领的船队抵达印度，最终打通了与东方的贸易通道。由于海上之路使葡萄牙从贫穷到繁荣，大西洋银行将帆船作为银行的行徽。大铜章的另一面为大西洋银行全球扩张版图。以罗马神话中的商业守护神墨丘利的三个形象为代表，从左到右的图案和文字分别是扛镐（工业）、扶犁（农业）和持蛇杖（商业）。

　　墨丘利是罗马主神朱庇特与女神迈亚所生的儿子，担任诸神的信者和传译者，并完成朱庇特交给他的各种任务。他是商业、畜牧业的

―18 在中国澳门发钞的葡萄牙大西洋银行

保护神，还是小偷们所崇拜的神。他行走敏捷，精力充沛，多才多艺。其常见的形象为头戴一顶插有双翅的帽子，脚穿飞行鞋，手握蛇杖。今天拉丁文字 mercari（贸易）和 merces（工资），也是从墨丘利的名字演化而来的。

大西洋银行（葡文 Banco Nacional Ultramarino，直译为"国家海外银行"），是葡萄牙在其殖民地设立的银行，于 1864 年 5 月 16 日在里斯本建立。图 18-3 是其创始人弗朗西斯科·德奥利维拉·查米库（Francisco de Oliveira Chamiço）。他担任大西洋银行首任行长，直至 1888 年 3 月去世。他还是葡萄牙北部商会的创始人，里斯本地理协会创始人，葡萄牙著名景点"水晶宫"（见图 18-4）建设的推动者。

葡萄牙建立海外银行的目的是推动殖民地经济发展。大西洋银行成立后，既在葡萄牙本土、海外扩展其网络，拓展葡属殖民地的业务，也肩负着通过发行葡萄牙海外殖民地的钞票达到控制殖民地经济的重任。1865 年大西洋银行在殖民地安哥拉和佛得角开设分行，1868 年

图 18-3　弗朗西斯科·德奥利维拉·查米库

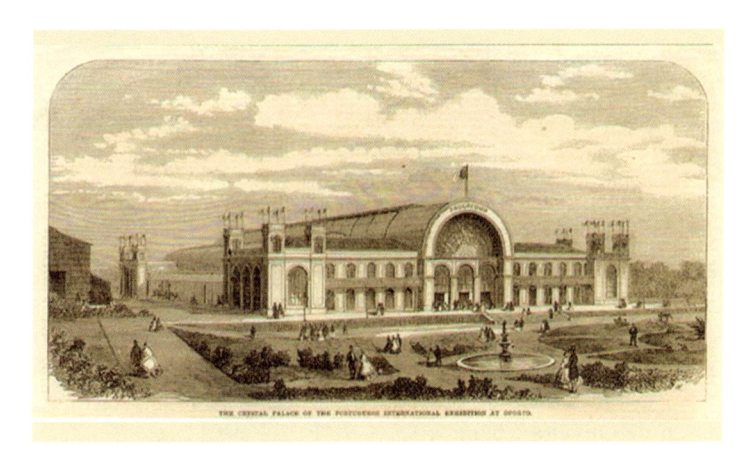

图 18-4　葡萄牙著名景点——1861 年始建的葡萄牙"水晶宫"

在圣多美和普林西比以及莫桑比克开设分行，1902 年设立中国澳门分行与几内亚比绍分行，东帝汶分行则于 1912 年成立，并且，这些银行都无一例外地先后成为上述地区的发钞银行。

大西洋银行也是葡萄牙银行业国际化的先驱。1884 年，大西洋银行在南非开设分行。1913 年，开设巴西分行，之后该行被整合到大西洋银行控股的巴西子银行。1919 年开设的大西洋银行伦敦代表处，于 1929 年被改造成"葡萄牙殖民地盎格鲁及海外银行"，后又多次改名。1919 年和 1920 年，分别在金沙萨和孟买设立代办处。1929 年，在伦敦及巴黎分别开设了附属银行。至 20 世纪 60 年代，大西洋银行成为葡萄牙本土拥有最多分行网络的银行（图 18-5 所示为大西洋银行成立 107 周年纪念铜章）。20 世纪 70 年代，大西洋银行在南非开设葡萄牙里斯本国际银行（南非）（其成立 25 周年纪念白铜章见图 18-6），同时购入一家卢森堡银行（Banque Interatlantique）的股份。1974 年，葡萄牙政府奉行国有化政策，大西洋银行于同年被国有化。

—18 在中国澳门发钞的葡萄牙大西洋银行

图 18-5　葡萄牙大西洋银行成立 107 周年（1864—1971）纪念铜章

注：铜章的一面是熟见的大西洋银行徽记——航海的帆船，以及周边的文字——大西洋银行经营 107 周年。铜章的另一面是纪念第一届国际汽车拉力赛和汽车、路径等图案及文字。

图 18-6　葡萄牙里斯本国际银行（南非）成立 25 周年（1965—1990）纪念白铜章

1988 年 7 月 5 日，大西洋银行实行"私有化"。葡萄牙通用储蓄银行（Caixa Geral de Depósitos）成为其最大股东（持股 99%），葡萄牙政府仅持股1%。不过，这依然是"换汤不换药"，因为葡萄牙通用储蓄银行仍是一家政府全资控股银行。其间，大西洋银行在英国伦敦开设分行（1991年），在中国特区珠海（1993年）和东帝汶帝力开设分行（1999年）。2001年3月28日，大西洋银行和葡萄牙通用储蓄银行宣布合并，前者并入后者并被取消大西洋银行的名称。唯一例外的是，大西洋银行澳门分行成为葡萄牙通用储蓄银行一家中国澳门特别行政区的本地注册子银行，仍然沿用大西洋银行的名称。

大西洋银行在中国澳门

自从《马可·波罗游记》盛行于欧洲之后，东方成为欧洲人眼中财富与黄金的同义词。葡萄牙与明朝朝廷的交涉，被称为近代中国与欧洲接触的开端。1517年，葡萄牙商人及官员费尔南·佩雷兹·德·安德拉德（Fernão Pires de Andrade）来到广州，1542年，葡萄牙商人开始在中国宁波定居。对于葡萄牙人正式在中国澳门定居的时间，古书说法不一，应该是在1553年左右，葡萄牙人以船遇风暴，货物被水浸湿为由要求借地晾晒货物，当地官员一口答应，自此葡萄牙人便赖着不走。

在葡萄牙殖民统治的前300年里，澳门的葡萄牙殖民政府还没有关注发行货币所带来的红利。当时在澳门流通的货币五花八门，有墨西哥银圆，也有中国银锭、银元和银毫，以及外国银元等。一直谋划着永久占领澳门的葡萄牙殖民者，逐渐意识到发行货币是体现其殖民权益的存在，想操控澳门、吞噬澳门经济须在澳门废除中国货币。为此，从1901年开始，葡萄牙政府着手改变中国银元在澳门流通的局面，在当地建立发行银行被提上了议事日程。

—18 在中国澳门发钞的葡萄牙大西洋银行

1901年11月30日，被葡萄牙政府赋予在海外殖民地设立及经营银行、发钞等特权的大西洋银行与在澳门的葡萄牙政府签订合约，决定在中国澳门设立分行。1902年8月8日，大西洋银行正式在澳门设立分行（图18-7所示为1964年葡萄牙大西洋银行成立100周年发行的纪念邮票套票）。该行为中国澳门的首家银行，也是当时唯一一家欧洲银行，它拥有在中国澳门发行钞票的特权。成立初期，该银行的中文名称为"大西洋国海外汇理银行"。20世纪60年代有一段短暂时期，其曾改名为"葡国海外银行"。

图18-7　1964年葡萄牙大西洋银行成立100周年发行的纪念邮票套票（一套3枚）

大西洋银行澳门分行的总部大楼建于1910年（见图18-8）。为庆祝澳门大西洋银行成立90周年和迎接1999年澳门回归祖国，大西洋银行于1996—1997年，对银行总部办公楼进行改扩建。原办公楼为西洋古典建筑，改扩建保留了两层高的原建筑立面，以纪念大西洋银行的历史。除了位于新马路的总部外，该行于澳门半岛和凼仔共开设了13家分行，其中9家位于澳门半岛，4家位于凼仔。

图 18-8　1926 年大西洋银行澳门分行外景

1905年9月4日,葡萄牙政府授权大西洋银行在澳门发行澳门元钞票。该行成为澳门地区唯一的发钞银行,履行货币印制和发行职能。1906年1月19日,首批澳门元1元和5元纸钞开始在澳门流通,从此揭开了澳门货币的发行历史。其余面值的钞票也于次年陆续问世流通。澳门元又被称为"葡币"或"西洋纸",其初始发行额达17.5万澳门元。

当时澳门居民仍习惯使用银元、铜元,并不接受澳门元,一般收到后即到银号以"贴水"形式兑回银元。从19世纪开始,墨西哥银圆逐渐在澳门大量流通,成为澳门主要的商业汇兑货币。同时,由10多家澳门银行或钱商发行的凭单,被当作本地纸币而广泛使用。澳门元只在日常小额支付中使用。澳门元的葡语名字"Pataca"源自曾在亚洲广泛使用的墨西哥银圆"八个雷亚尔"(葡语 Pataca Mexicana),有别于葡萄牙的本土货币"埃斯库多"(Escudo)。在葡萄牙的殖民地中唯有澳门没有将埃斯库多作为流通货币，因此不能将澳门元与"葡币"混淆。

抗日战争时期，澳门作为中立区，涌入大量的难民。随着香港商贾逃难去澳门，港元取代墨西哥银圆成为澳门的主要流通货币，形成了澳门元、港元同时在澳门流通的格局（图18-9所示为1945年葡萄牙大西洋银行在澳门发行的纸币）。至澳门回归前的1998年年底，港元在澳门M1（狭义货币）和M2（广义货币）供应量中的比重分别是48.1%和52.8%，高于澳门元的42.0%和29.9%的流通量。澳门元作为一种地区性货币，维持了与港元挂钩并间接与美元挂钩的固定汇率制。1980年，澳葡政府颁布命令，大西洋银行成为澳门发行机构授权的唯一的发钞代理银行，负责澳门货币的发出和回收。1989年，澳葡政府成立澳门货币暨汇兑监理署，由政府直接授权大西洋银行行使澳门发钞代理职能及代行政府库房职能。1995年，葡萄牙与澳葡政府签署了一份协议书，根据协议规定，澳门大西洋银行继续担任发钞银行的角色，最少至2010年（图18-10所示为1996年葡萄牙大西洋银行

图18-9　1945年葡萄牙大西洋银行在澳门发行的纸币

在澳门发行的纸币）。此外，大西洋银行澳门分行也是澳门唯一的公共库房出纳代理银行，到 2000 年与中国银行澳门分行共同担任澳门政府公共库房出纳代理银行为止。

图 18-10　1996 年葡萄牙大西洋银行在澳门发行的纸币

　　1999 年澳门回归祖国后，《中华人民共和国澳门特别行政区基本法》确立了回归后澳门元为澳门特别行政区的法定货币的地位，容许其继续流通。但考虑到历史的成因与现状，自 1995 年 10 月 16 日起的 15 年内，由中国银行澳门分行与澳门大西洋银行共同发钞，发钞的额度均为 50%。合约期满后，可根据《中葡联合声明》的精神修约、续约或签订新合约。澳门的货币政策由澳门金融管理局管理。澳门元是中华人民共和国澳门特别行政区法定流通货币，常用缩写 MOP$ 表示，其在国际标准化组织 ISO 4217 中正式的简称为 MOP（Macau Pataca）。葡萄牙本土于 1999 年取消埃斯库多，开始使用欧元。

　　大西洋银行最早于 1865 年发行货币，这些纸币流通于佛得角、圣多美岛和莫桑比克岛。大西洋银行（安哥拉）发行货币直至1926年。在此之前，非洲殖民地的货币发行权逐步移交给独立非洲的国家。其在印度的发钞权于1952年结束，在东帝汶于1975年结束，在澳门虽于1989年结束独自发钞，但至今仍与中国银行澳门分行一起分享发钞权，成为中国澳门的发钞银行。

由盛转衰的葡萄牙通用储蓄银行

图18-11是葡萄牙通用储蓄银行的纪念铜章，重211克，直径为80毫米。铜章的正反面都是葡萄牙储蓄银行的名称，"射线"条上为该行各综合经营部门及海外子公司的名称。1876年4月10日，葡萄牙处于路易一世时期，受天主教储蓄及节俭文化影响，仿效法国储蓄机构，在国家公共信贷局的支持下，葡萄牙通用储蓄银行创建于里斯本。1880年，另一家葡萄牙储蓄银行（Caixa Económica Potuguesa）成立，其业务对象是葡萄牙的贫困阶层。1885年两家葡萄牙储蓄银行

图18-11　葡萄牙通用储蓄银行纪念铜章

合并。1896年5月21日新银行与公共信贷局脱钩,开始从事一般银行业务。图18-12和图18-13分别为葡萄牙通用储蓄银行成立100周年与125周年纪念铜章。

图18-12　葡萄牙通用储蓄银行成立100周年(1876—1976)纪念铜章

注:铜章的设计刻模师为何塞·坎迪多(José Cândido)。

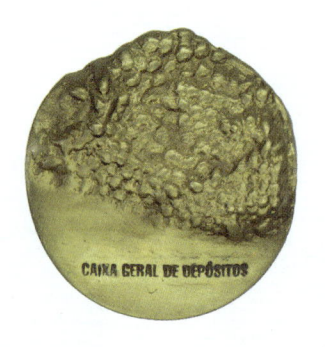

图18-13　葡萄牙通用储蓄银行成立125周年(1876—2001)纪念铜章

注:铜章的图案是抽象画。

20世纪90年代，葡萄牙通用储蓄银行加大了购并力度：1991年其从大通曼哈顿银行（西班牙）（Chase Manhattan Bank España）手中收购了创立于1939年的西班牙的埃斯特雷马杜拉银行（Banco de Extrema-dura），1994年又收购了创立于1857年的西班牙的西棉银行（Banco Simeón），1996年葡萄牙通用储蓄银行上市，2001年一举将大西洋银行购并。2004年年末，该行客户存款占全国的30.3%，贷款占全国的22%，抵押业务占全国的11.6%，保险业务占全国的19.6%，共有基金占全国的19.1%，房地产租赁业务占全国的14.4%。该行也是葡萄牙唯一的完全国家持股的银行机构。尽管对葡萄牙通用储蓄银行是否该私有化还存在不少争议，但葡萄牙政府似乎十分在意该银行发挥的作用（不仅仅是对葡萄牙的经济发展和中小企业的融资支持）。2010年，葡萄牙商业银行因巨额亏损，濒临破产，政府将其国有化，并要求葡萄牙通用储蓄银行予以托管。如今，葡萄牙通用储蓄银行已是葡萄牙最大的金融集团，在主要业务领域均保持最高的国内市场份额。

不过，葡萄牙政府做好买单的准备了吗？在2010年开始爆发的葡萄牙主权债务危机[1]中，葡萄牙深陷经济衰退泥潭，财政赤字和公共负债率居高不下，经济走上持久复苏之路。

虽然葡萄牙已获欧盟、欧洲央行和国际货币基金组织780亿欧元的纾困借款允诺，成为继希腊、爱尔兰之后第三个受援国，但葡萄牙须承诺在2011年、2012年和2013年将政府财政赤字在国内生产总值中所占比重分别下降到5.9%、4.5%和3%，并要求出售葡萄牙商业银

---

[1] 葡萄牙主权债务危机的发生最早可追溯到2008年美国次贷危机。

行等的国有股份。葡萄牙满口承诺，然而出师不利。2012年，葡萄牙财政赤字占国内生产总值的比重为6.4%，未能实现葡政府制定的减赤目标；公共债务占其国内生产总值的123.6%，位列欧盟第三；其国内生产总值萎缩了3.2%，为该国30年来最大的经济降幅。

勒紧裤带"减赤"。葡萄牙决定在2013年之前冻结大部分养老金和工资，失业者每月领取的失业金数额不得超过1 048欧元，最长支付期限为18个月，失业金和养老金每月超过1 500欧元者需要缴纳个人所得税。这一决定导致葡萄牙政府当年财政支出增加13亿欧元，赤字占国内生产总值的比例将达6.3%，使实现"减赤"目标更加困难，国际援助项目面临被切断的危险。2013年4月7日，葡萄牙总理科埃略百般无奈之下，只能宣布国家进入"紧急状态"。

经济萧条，金融业如何能独善其身。受到金融危机的影响，葡萄牙银行业的状况也是阴霾连连，其中葡萄牙通用储蓄银行就受伤不轻，银行业资产质量和盈利状况急剧恶化。由于欧债危机的困扰，葡萄牙的商业银行无法介入同业拆借市场，并无法通过市场进行融资，因此资本严重不足。2013年上半年，葡萄牙商业银行业向欧洲央行借款高达587亿欧元，银行业所欠外债高达国内生产总值的56%，葡萄牙政府只能向葡萄牙通用储蓄银行、葡萄牙商业银行、葡萄牙投资银行这三大银行注资66亿欧元，成为最新依靠国际纾困资金救助本国金融业的欧元区国家。葡萄牙通用储蓄银行开始向外出售资产以进行减负。2014年，该行以10亿欧元的价格向中国的复星集团出售葡萄牙忠诚保险公司（Fidelidade）等三家保险公司的股权。

葡萄牙又一次面临"死亡绿海"。然而这一次，它能够再次战胜前景未卜的险恶气候和惊涛骇浪吗？

19

源出一体、殊途同归的银行博物馆

各国银行及金融博物馆纪念章闲拾

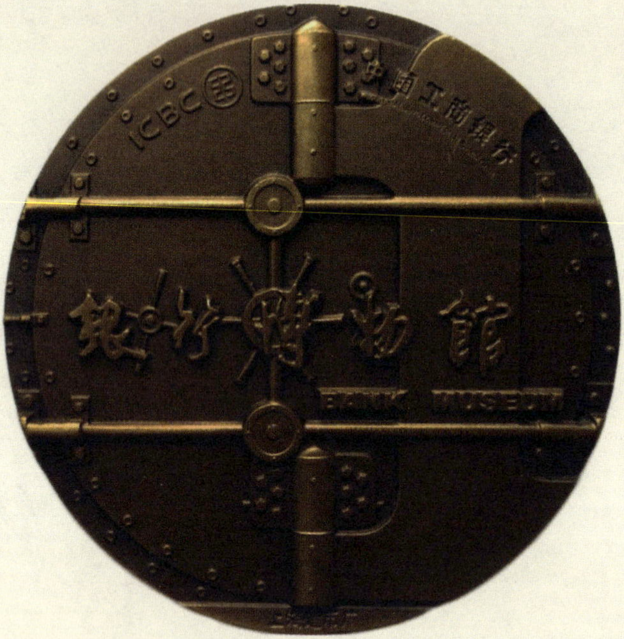
ICBC
銀行博物館
BANK MUSEUM

中国首家"银行博物馆"

图 19-1 为中国工商银行所属的银行博物馆于 2008 年发行的大铜章。此章为黄铜质,重 375 克,直径为 80 毫米。铜章的一面呈现了银行金库大门、行名、行徽及"银行博物馆"(这几个字由著名书法家周慧珺书写)字样;另一面汇集了银行博物馆珍藏的钱庄招牌、扑满、钱币、老银行票据、信用卡、ATM 机等银行业演变发展的代表性物品。此铜章限量铸造 1 200 枚。银行博物馆是中国工商银行创办的

图 19-1 中国工商银行银行博物馆纪念铜章

中国首家金融行业博物馆，1998年开始筹备建馆，2000年4月正式开馆，展厅面积为1 500平方米，拥有藏品近30 000件，如今已成为传播中国金融文化的重要窗口。

　　漫步银行博物馆，仿佛进入了时光隧道，中国百年金融风云一览无遗，每件展品都诉说着我们熟悉与不熟悉的金融旧事（如图19-2和图19-3所示）。为了不让历史成为过眼云烟，同时也为了更好地续写历史，银行博物馆工作人员怀着高度的历史责任感，收集和发掘金

图19-2　清末民初人们在上海钱庄办理业务（博物馆场景）

图19-3　20世纪80年代初的中国人民银行（中国工商银行前身）（博物馆场景）

注：这里陈列的每一件物品都是原物。

融文物,为了挽救中国银行业历史文物而进行抢救性的保护。许多银行员工和社会人士也主动为博物馆捐赠文物,热心地为博物馆献计献策,动人的故事不胜枚举。他们曾从银行库房的一个布袋中惊喜地发现 87 枚雕刻精细的牛角图章,其中包括民国时期的中国银行、中央银行、中国农民银行,以及钱庄、当铺、保险公司的业务公章。这些公章当年被上海军管会接收,见证了新旧政权金融体系更替的历史时刻。他们从尘封已久的银行大楼防空洞内,发现了美国在 20 世纪 20 年代生产,中国银行在 20 世纪 40 年代引进的"国民"牌机械记账机——眼下连美国厂商都没有这台原机了。他们花费 3 000 元,从一位上海居民手中购买到 1948—1949 年一整套连续的上海电车月票(17 张)。1948 年 1 月上海电车的月票价格为每张 12 万元(法币),同年 9 月上海电车月票就涨到了 1 000 万元(法币),同年 10 月法币改成金圆券后,1 000 万元法币折合 3.33 元金圆券,1949 年 5 月的上海电车月票又涨到了 121.5 万元金圆券,8 个月涨幅近 34 万倍。这与当时新疆银行发行的中国面值最大的"陆拾亿圆"纸币(在当时的上海只能买到 70 余粒大米)一起生动地揭示了旧中国的恶性通货膨胀与滥发货币的因果关系。

从清朝至中华民国时期,中国的大小银行、银号、钱庄、票号等金融机构数以万计,在政局动荡、战火连绵、外房入侵的年代,金融机构的衰落、破产变化无常;而它们留下的银票、钞票、钱贴、票据及银行实物,在历史的长河中迅速被湮没。行色匆匆的人们无暇去关注金融业和金融人留下的足迹,而沙滩上的履痕随着风雨的侵蚀还能保持多久呢?我曾经看到过一则消息:美国纽约图书馆几十年来收藏了近万张中国银行业和商店发行的钱票。是否会有一天当中国人想研究中国民族银行史时,还要到美国去观看实物呢?

银行博物馆悄悄地在与时间赛跑，集腋成裘，聚沙成塔，精心收集着不起眼儿的金融"杂物"。经过十多年的持续努力，时至今日，银行博物馆收藏的中国钞票、钱贴，中、外银行发行的票据、银券、老股票，以及银行的老照片、老宣传画、银行器物等的数量都堪称中国第一。遍览博物馆的件件珍藏，无论是清朝钱庄的存折、广告，还是早期银行提出的"一元开户"的服务宗旨；无论是银行开办的零存整取业务品种，还是钱庄恪守的"顾客是衣食父母"的行训等，无不闪烁着中华民族诚信为本、崇俭戒奢、业广惟勤的传统文化光芒。银行博物馆的"镇馆之宝"有珍贵的印钞钢雕版和美国钞票公司印制的中国纸钞存档样本，后者呈现了20世纪上半叶中国独特的发钞历史。中国纸钞存档样本共有三巨册，包括清代至中华民国54家银行委托美国钞票公司印制的样票（1 113张）。整部纸钞存档样本可谓存世孤品，不仅极具收藏价值，而且极具珍稀文史档案价值。

　　博物馆的历史和金融的历史同样悠久。如同我在前文所述，在公元前1000年，古希腊和古罗马的神庙曾起到银行的作用，而最早的博物馆（Museum），其词义源于希腊语"Mouseion"，它也是供奉主管艺术和科学的9位缪斯女神的神庙。可以看出，银行和博物馆曾在神庙"合署办公"，源出一体。没想到数千年后，银行和博物馆又合二为一，殊途同归。尽管如今的金融交易使很多人感到错综复杂，困惑难解，但人们还是在孜孜探索金融世界的奥秘。世界上众多国家开办银行和金融博物馆的目的，不仅是保留金融行业发展的轨迹，也是希望人们能从中得到启示，并把学到的知识运用到个人的金融生活中。在金融危机肆虐、全球经济尚未复苏的今天，通过银行博物馆开展金融教育的重要性和必要性，更是不言而喻的。

―19 源出一体、殊途同归的银行博物馆

全球银行及金融博物馆一瞥

让我们巡览一遍世界各国的银行及金融博物馆吧。

成立于 1988 年的美国金融博物馆坐落于纽约华尔街的前纽约银行旧址，该址本身就是美国金融史的一部分。该博物馆耗资 900 万美元重新整修、搬迁新址，并于 2008 年 1 月对外开放。该博物馆通过大量的历史文物（包括 1929 年股市大崩溃时的收报机纸条、华盛顿总统 1792 年签署的政府债券，以及从一艘在 1857 年失事的沉船中找到的重达 60 磅的金块等实物）、历史录像短片和录音资料探讨着深刻的金融话题，不知该博物馆是否已经开始征集次贷危机的历史文物。美国金融业成功或失败的历史，对全球金融业的影响都是"永载史册"的。

美国私人博物馆集藏丰富。图 19-4 是美国大通国民银行（Chase National Bank）"世界货币展"纪念铜章。铜章的一面是萨蒙·蔡斯（Salmon P. Chase，1864—1873），他是林肯时代的美国财政部长和首席大法官，铜章另一面的英文意思是"美国大通国民银行世界货币展观展纪念章"。

大通国民银行成立于 1877 年，创始人是一位名叫约翰·汤普森的教员，他使用萨蒙·蔡斯的姓作为银行的名称。1929 年，约翰·洛克菲勒取得了这家银行的控制权。1946 年，戴维·洛克菲勒进入大通国民银行，1961 年他出任大通曼哈顿银行[1]总经理，1969 年任董事长。洛克菲勒财团还形成由花旗银行、大通曼哈顿银行等四家银行和三家

---

1 大通曼哈顿银行由大通国民银行与曼哈顿银行公司于 1955 年合并组成。

图 19-4 美国大通国民银行"世界货币展"纪念铜章

保险公司组成的金融核心机构,这七大企业当时控制了 12% 的美国银行业资产和 26% 的美国保险业资产。

　　财经杂志《福布斯》对照历年来的美国国内生产总值,并将个人资产转化为 2006 年的美元后计算得出,约翰·洛克菲勒是美国历史上最富有的人。如果今天他仍然健在,那么他的个人资产将是比尔·盖茨的数倍,这些资产成为洛克菲勒家族进行艺术收藏的坚强后盾。洛克菲勒家族真正介入收藏是从第二代开始,其家族对艺术品有着狂热的追求,将艺术品视为与生活息息相关的"必需品"。他们并不局限于某一地区或某一门类的艺术收藏,而是兴趣广泛,包罗万象。洛克菲勒家族六代人收藏了全世界十几万件艺术品,建立了当今世界最重要的现当代美术博物馆之一——纽约现代艺术博物馆（MOMA）。洛克菲勒家族在艺术方面的努力,不仅使自己的子孙从中得益,更对美国民众的艺术教育产生了极其重要的影响。美国大通国民银行是最早建立企业收藏的机构,它也收藏金融文物,比如收藏各

—19 源出一体、殊途同归的银行博物馆

国珍贵的钱币并进行展出。

在巴西的中央银行大楼大厅里，有一家银行货币博物馆，1972年开馆时发行了如图19-5所示的纪念铜章。巴西中央银行货币博物馆的藏品除了金银币、硬币、奖章等，还包括一块在巴西发现的全球最大的金块（重达60.82千克）。中国工商银行巴西子行在开业时还捐赠了最近几套新中国纸币给该博物馆。

图 19-5　巴西中央银行货币博物馆开馆纪念铜章

印度尼西亚银行博物馆位于科塔火车站对面的一家老银行内，馆中陈设了一些古老的银行设备，如各种打字机、点钞机、电话机、电风扇和收音机，以及银行古董机械。摩洛哥马格里布银行博物馆建成于2009年，前身为创建于1992年的该行钱币博物馆，现设有钱币、绘画、央行业务三大主题展厅，收藏了3万余件钱币文物和500余幅画作。比利时银行博物馆展示了比利时国民银行的总裁办公室及历任20多位总裁的画像，汇集了这个命运多舛的比利时国家拥有短暂发行历史的货币。卢森堡银行博物馆追溯了卢森堡 180 家银行的历史，并且展示了其银行业 140 年的历史与创新，从古董储蓄罐到现代自动柜员机，一应俱全。法国印刷暨银行博物馆是法国里昂著名的旅游景点，位于一幢 15 世纪的建筑物内，馆内展示了 16～19 世纪欧洲金融中心里昂及其银行的光辉历史。此外，一些大银行（如纽约梅隆银行和俄罗斯储蓄银行）虽然没有设立博物馆，但有自身的陈列馆或行史馆，它们成为本银行历史积淀和文化传播的场所。

图 19-6 和图 19-7 为罗马尼亚国民银行博物馆开馆纪念银章和铜章。两枚纪念章的一面是罗马尼亚国民银行大楼、银行名及博物馆馆址，另一面是三枚罗马尼亚古钱币及环绕周边的"国民银行博物馆开馆，1997 年 5 月 4 日"的文字。博物馆详尽介绍了这家成立于 1880 年的古老银行的历史。

图 19-6　罗马尼亚国民银行博物馆开馆纪念银章

图 19-7 罗马尼亚国民银行博物馆开馆纪念铜章

加拿大银行货币博物馆位于加拿大渥太华的中央银行大楼内,被游客称为"隐藏的珍宝"。1980年12月,它向公众敞开了大门。博物馆中有成千上万的银行文物及货币、票据、代用货币等藏品,在"货币的起源"展区还有一张中国明代的纸币,以及中国的古老茶砖,其中介绍茶砖曾具有中国流通货币的功能。

芬兰银行博物馆(其纪念铜章如图19-8所示)更重视银行的教育功能,它展示了芬兰银行的历史,介绍了芬兰银行在欧洲中央银行体系中的作用。该博物馆还特意为学生观众设计独特的参观方式,开设了在线学习网站,以生动、有趣的手法介绍货币经济的运行。无独有偶,位于惠灵顿的新西兰储备银行博物馆介绍了新西兰的经济和银行体系的历史,该馆收藏了不少有趣的文物,包括银行的古时钟,用皮革装订的分类账,1844年由总督发行的承兑票据,以及古老的封口机和货币实物,等等。这家博物馆还开发了3D创意,融合了文物、图片、图表等形式,旨在吸引对货币、金融和银行感兴趣的参观者。

图19-8　芬兰银行博物馆纪念铜章

图19-9为秘鲁中央银行博物馆的纪念银章。银章的一面为银行博物馆大楼，另一面为该银行博物馆开馆展览及1980年的文字。

韩国最棒的银行建筑之一是韩国银行的银行博物馆，它始建于

图19-9　秘鲁中央银行博物馆纪念银章

1907年，曾是韩国银行的总部，2001年开始作为银行博物馆（如图19-10所示）。该博物馆为三层建筑，外部是打磨过的花岗石，屋顶采用钢结构，整体建筑呈现H形的左右对称格局，左右两侧覆盖了圆形的穹顶，展现了法国城馆式文艺复兴式建筑外观。每当夜幕降临，灯光开启时，整个建筑呈橘红色，非常绚丽壮观。许多韩国人都会带着孩子来到这里，告诉他们韩国货币的起源及韩国银行的发展等历史知识。韩国银行博物馆的镇馆之宝是由时任韩国总统朴正熙签名的世界上唯一一张1972年版10 000韩元，传说其因宗教主题引起基督教徒的反感而未能发行。

全世界的银行博物馆，就藏品数量与质量，以及学术研究的深度

图19-10　韩国银行博物馆大楼

与学术成果等博物馆的专业指标来衡量,唯一能与中国工商银行所办的银行博物馆相媲美的,只有坐落在英格兰银行大楼西侧的英格兰银行博物馆(其纪念章如图19-11所示)了。这家因战争"钱荒"而成立的英格兰银行成立于1694年,如今还可以见到银行博物馆展览的那一纸特许书,正是1694年威廉三世颁布的这份国王敕令,使它成为全球最古老的银行之一。英格兰银行不仅是英国的中央银行,也曾是全球的中央银行。不过,成立初期的英格兰银行只是一家商业银行,但已经开始替代曾经的银行家"金匠"。博物馆内藏有一张1689年价值10英镑10先令的金匠支付凭据,即当时的存款单。

英格兰银行大楼位于伦敦市的针线大街,又被人称为针线街上的"老妇人"。厚厚一摞《英格兰银行史》表明了该银行的悠久历史。英格兰银行博物馆于1988年正式开放,由英国女王伊丽莎白二世主持

图19-11　英国英格兰银行博物馆纪念章

—19 源出一体、殊途同归的银行博物馆

开幕。该馆展品种类丰富,展厅布局独具匠心。古典式样的桃木柜台,笨重结实的橡木账柜,铸于 1700 年的银箱,栩栩如生的蜡人雕像,再加上柔和的灯光效果,真实再现了 18 世纪英格兰银行大厅的营业实景。展厅内陈列的还有《英格兰银行章程建议书》原文;各种各样的银行机械、枪支和员工服装;各种书籍、文件,如乔治·华盛顿、霍雷肖·纳尔逊等知名客户的档案;从古至今的金条、银币、古币、纸币(最早的纸币收藏可以追溯到 17 世纪),并存有纸币设计者当时设计的原始作品……林林总总的藏品无不表明英格兰银行博物馆的收藏独树一帜,领先世界。此外,在英格兰银行博物馆中还放有一个透明的柜子,你若想试试腕力,可以掂掂里面 13 千克重的标准金块。图 19-12 为参观英格兰银行博物馆的孩子们。

图 19-12　参观英格兰银行博物馆的孩子们

金融记忆的殿堂

我去海外银行考察时，曾参观过一些银行博物馆，每次参观，都能感受到一种金融文化的震撼。这里，历史已不是教科书上的文字，而是真情实景的重现。伫立其间，仿佛站在了银行发展历史的源头，看到其前进潮流的涌动。金融推动着经济的发展，从而推动着世界的进步。而金融自身的诞生、发展及百年兴衰形成的特殊案例和普遍规律，具有强烈的历史感染力。这种历史感染力是领悟行业兴替、辨清前进方向的重要财富。

博物馆也是民族记忆的殿堂，是民族精神的回响。一个民族如果忘记了自己的历史，就不可能深刻地了解现在和正确地走向未来。当一个民族在经济上富裕及政治上充满自信时，便将进入博物馆快速发展的时期。

中国银行业的发展史，也是中国近代发展史的缩影。虽然中国近代银行业源自西方，但熔铸其间的文化灵魂是与中华五千年文明密不可分的。一部中国近代银行史，就是西方科学技术与中华传统文化成功融合的典范。早在19世纪，欧风东渐，中国的有识之士就开始研究西方经济、金融。当年，中国人把"bank"译为"银行"，既体现了其与当时的钱庄、票号的区别，又妥帖、形象地把握了银行的性质，反映出中国人的智慧和对西方经济的领悟。19世纪40年代，帝国主义凭借其炮舰打开了中国的大门，外国银行登陆中国并控制了我国的金融命脉。中国银行业在屈辱和苦难中孕育，在风起云涌的社会变革、救亡图强的不懈抗争中发展。从1897年第一家华资银行——中国通商银行设立，到第一次世界大战结束，中国银行业在短短的20年间，走完了西方金融200年的进程，迎来了第一个金融繁荣期。但是，"弱国岂有强金融"，外国银行凭借治外特权及帝国主义霸权，中国的民族银行业怎能与其竞争抗衡？

新中国的金融从诞生、成长到强大，百年世界金融的沧桑变化为中国银行业的发展提供了宝贵的经验，今天中国银行业已经跻身世界金融业之林。鉴往知来，现代金融的发展离不开历史、文化底蕴的支撑，整理我国银行业珍贵的金融文化遗产，发掘前人创造的金融文明成果，对于我们更好地推进现代银行业的发展具有十分重要的意义，中国需要有展示自己金融文化的银行博物馆。时下，除中国工商银行的银行博物馆外，还有天津的金融博物馆、江西的农信联社办的银行博物馆、沈阳金融博物馆、宁波鄞州银行博物馆等。

格"物"致知，有"博"乃大。建立银行博物馆的重要意义在于教育、交流与研究。中国工商银行主办的银行博物馆自建馆以来，接待各方参观者已超过30万人次，各界人士络绎不绝，社会舆论好评如潮，引发了经久不衰的金融文化热，正日益成为中国金融文化中的一颗璀璨明珠。与此同时，银行博物馆还积极"走出去"，2007年在香港举办了"从钱庄到现代银行"展览，2011年在京、沪两地举办了"金融奇葩——银行博物馆馆藏书画精品展"，盛况空前。2012年，银行博物馆在台湾举办"汇通天下——从钱庄到现代银行"展览（其纪念铜章如图19–13所示），在海峡两岸引起热烈反响。参观者从中国金融业的历史轨迹，看到了中国金融业的美好明天。学术研究是博物馆专业水平的体现，众多的出版物层出不穷，无疑令银行博物馆引以为豪，其中对社会影响最大的莫过于《纸钞精粹——美国钞票公司印制中国老银行纸币存档样本》。这一研究成果，为中国纸币发行史及纸钞研究提供了翔实的资料。银行博物馆还推出了《中国近代银行业机构人名大辞典》，此书是有史以来第一部系统、完整地收录中国银行业从清末钱庄、票号等早期金融机构到近代中外资银行和重要人物的典籍，可填补该领域研究工作的空白，具有极为重要的历史价值和现实意义。抚今追昔，银行博物馆成为中国金融记忆的神圣殿堂。

图 19-13 "汇通天下——从钱庄到现代银行"银行博物馆展览（台北）纪念铜章

注：2012 年 10 月 30 日，由中国工商银行和台湾永丰金控共同主办的"汇通天下——从钱庄到现代银行"银行博物馆展览在台北隆重开幕。此次展览共汇集海峡两岸 600 余件金融类遗珍，全方位诠释了两岸金融业一脉相传的历史渊源及合作发展，成为台湾民众了解中国金融文化史实、领悟两岸金融文化精髓的重要平台。图 19-13 中的大铜章系银行博物馆展览大铜章，直径为 80 毫米，发行 1 000 枚。铜章一面图案的算盘珠显示数字为 1984、2012.11、1948，其中 1984 代表中国工商银行成立的年份，2012.11 是展览举办的时间，1948 是永丰金控（其前身）成立的年份；算盘珠子的挂钩上嵌有中国工商银行和永丰金控的行徽。铜章另一面图案为银行博物馆的珍贵藏品。

"你多久没去博物馆了？"借用中国国家博物馆馆长这一问句作为结束语。

20

终结的货币

终结的欧元区各国纪念币章追思

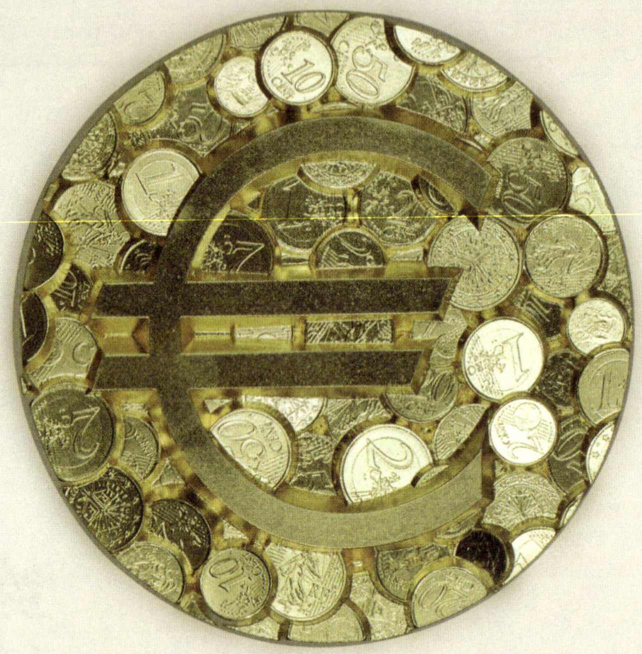

—20 终结的货币

从国家诞生起,货币制度就与国家(诸侯国、城邦、地区)的主权密不可分。统一铸币已经有近 3 000 年的历史。秦始皇统一中国后即统一币制,把春秋战国时期大小国家的布币、刀币、圜钱和蚁鼻钱通通取消,以"秦半两"代替,根绝诸侯的铸币痕迹,巩固自己的统治。货币主权是国家主权的主要内容,改朝换代的首要任务是更换货币。中国各朝各代的文字钱币与罗马帝王将相的肖像钱币有异曲同工之处,都是宣誓国家主权。这一切 3 000 年来从未改变,而改变只需要 30 年。

20 世纪前后,这一铁律被打破,欧元登上历史舞台。这个全新的货币,超越了欧洲各国传统的边界,颠覆了货币主权(即国家主权)的观念。图 20-1 是巴黎造币厂制作的欧元高浮雕纪念大铜章,相当精美,重 364 克,直径为 75 毫米。铜章的图案由一堆欧元硬币和欧元符号构成。欧元符号以英文的第三个字母 C 和希腊文的第五个字母 ε 为蓝本,象征着欧洲文化的摇篮,代表着欧洲文字的第一批字母,平行的双横线代表欧元的稳定。欧元符号的设计者是卢森堡官方出版署的原首席书画家阿图尔·艾森门格尔(Arthur Eisenmenger)。带有金色星环的蓝色欧盟旗就出自他的手笔。他在 1974 年受命绘制与欧洲有关的图案,其中包括欧洲单一货币符号的设计方案,没想到在20年后被录用。

图 20-1　欧元纪念铜章

20世纪60年代末,以美元为中心的世界货币体系发生危机后,时任卢森堡首相的皮埃尔·维尔纳(Pierre Werner)发出欧洲货币融合的倡议。"维尔纳计划"被视为通向欧元道路的第一座里程碑。20世纪70年代,布雷顿森林体系解体后,欧盟各国产生了建立单一货币的愿望。1979年,欧共体发明了共同的计账单位"埃居",来清算成员国的国际收支,充当外汇储备以及作为计算中心汇率标准的货币单位,但不用于流通。1992年,欧共体12个成员国共同签署了《马斯特里赫特条约》,就实现单一货币的措施和步骤进行了具体规定并提出了时间表。1993年1月1日,欧盟宣布统一大市场建成。1995年12月15日,欧盟《马德里决议》将单一货币正式定名为欧元,欧元是具有独立和法定货币地位的超国家性质的货币,具备货币的全部职能。1998年5月2日举行的欧盟特别首脑会议确定了首批进入欧元

—20 终结的货币

区的 11 个国家名单，它们是：德国、法国、荷兰、比利时、卢森堡、奥地利、意大利、芬兰、爱尔兰、西班牙和葡萄牙。希腊于 2000 年加入欧元区，成为欧元区第 12 个成员国。1999 年 1 月 1 日至 2001 年 1 月 1 日为欧元过渡期，其间各国货币继续存在，欧元区国家在商品上同时标明欧元和本国货币两种价格。2002 年 1 月 1 日，欧元纸币和硬币正式流通，半年内仍为"欧元、本币双流通时期"。2002 年 7 月 1 日以后，各本国货币退出市场，持币人在 10 年内还可到原国家发行银行兑换货币。

欧元是自罗马帝国以来欧洲货币改革最为重大的结果。欧元不仅使欧洲单一市场得以完善，而且使欧元区国家间的自由贸易更加方便，更是欧盟一体化进程的重要组成部分。1998 年 7 月 1 日起，行址设在德国法兰克福的欧洲中央银行（其纪念银章如图 20-2 所示）取代原欧洲货币局，接过确定货币政策的大权。

图 20-2　欧洲中央银行纪念银章

注：银章发行于 1999 年，图案是位于德国法兰克福的欧洲中央银行大厦。

2002年元旦前后，12个加入欧元区的国家举行了隆重的登场仪式：比利时布鲁塞尔举办了大型声光晚会《欧元之桥》；德国法兰克福为高15米的象征欧元的雕塑揭幕；奥地利在维也纳新年音乐会期间举行了欧元宣传活动，人民若在欧元流通最初的两小时兑换现金，将得到奥地利国家银行5欧元奖励；法国巴黎用灯光把塞纳河上一座拥有12个桥墩——象征欧元区12国的老桥装点成"欧元桥"；卢森堡市政剧院悬挂着1 000平方米的巨大宣传条幅，上有欧洲地图及通向欧元的各历史性时刻；意大利在位于"靴子尖"的雷焦卡拉布里亚举行庆祝音乐会迎接欧元的到来，演奏被认为是欧洲颂歌的贝多芬第九交响曲；西班牙首都马德里燃放烟火，并由250名艺术家和音乐家组成的表演队伍在市区主要街道上表演，演唱关于西班牙货币比塞塔的歌舞，举办了为期6天的比塞塔展览会，陈列各个时期制造的纸币与硬币实物，展示其发展历史；在启动欧元计划的《马斯特里赫特条约》签署地荷兰马斯特里赫特，12月31日一整天都有庆祝活动，包括"欧元集市"活动以及荷兰电视台迎新午夜前后播放数小时的欧元特别节目；葡萄牙在里斯本的商业广场上播放宣传欧元的电影及激光动画，午夜还鸣放礼花；爱尔兰人民身着象征欧元纸币和硬币的服装，向人们散发明信片，祝大家"欧元日快乐"；希腊雅典举办音乐会以及展示欧元硬币和纸币的激光表演等活动，人们憧憬着欧洲幸福的明天……

终极的法郎

新的欧元联盟给欧洲人带来了新的希望，冲淡了人们对离开本国货币的伤感。然而，"新欢"虽好，"旧爱"却难舍。艺术家们纷纷在

— 20 终结的货币

币章上留下了难舍的情感，铭刻下了永不磨损的金属记忆。

在众多发行了本国"关门"纪念币的欧元区国家中，人们公推法国造币厂 2001 年发行的波浪喷砂纪念银币——"最后的法郎"（如图 20-3 所示）为魁首。这枚法郎一经发行，便赢得国际钱币收藏家及爱好者的好评与追捧，在 2003 年"世界硬币大奖"评选中，一举摘得最佳创意币奖。该银币重 17.77 克，含银量为 98%，含纯银 0.559 9 盎司，直径为 33 毫米，发行量为 5 万枚。该银币之所以获奖是因其独具创意的设计：第一次打破了币面的平面设计，开创性地铸造出正背波浪形，成为纪念币和流通币中的"开拓者"。那看似简单的波浪形币面，实际有着复杂的工艺，以前无古人的创意挑战了传统硬币设计的极限，令许多造币厂的设计师自叹不如，也给世界钱币工艺的革新带来了新的理念。

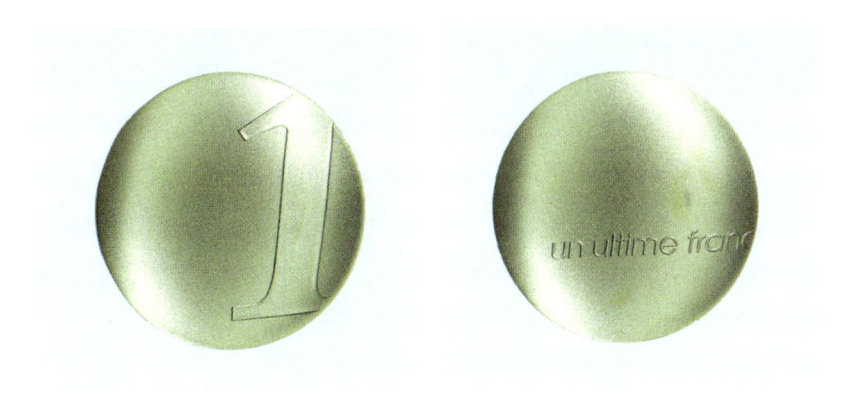

图 20-3　法国"最后的法郎"纪念银币

这枚纪念银币是对终极的法郎最好的纪念，用的是终极的工艺、终极的设计和终极的挑战。这种波浪形币面设计令人联想起挥泪送别

389

时的手帕,与法国人浪漫的天性再吻合不过了。币面简单到几乎不饰雕琢,没有国徽、国名、年号,甚至没有任何图案,只在一面用一句法文"最后的法郎"(Un Ultime Franc)贯穿钱币,另一面用一个阿拉伯数字"1"表示其面值,令人拍案叫绝!这似乎证明了一个道理:大音希声,大象无形,最简单的往往才是最极致的。币面上的那句"最后的法郎"也别有深意。"ultime"一词与拉丁语"ultimus"一脉相承,在翻译时可以简单地译作"最后",但在语感上,更有"终极""极致"的意味。这枚出自顶级设计师菲利普·斯塔克(Philippe Starck)之手的法郎银币,其设计也是最后的、终极的、无与伦比的。他是来自巴黎的设计精灵,是鬼才设计师,其灵感无处不在,对生活中的一切的创意都信手拈来,以至于有人评价说"整个世界都被他玩转在手中"。

从1360年法郎诞生,至2002年元旦法郎消失,历经642年。"法郎"(franc)的拼写与"法国"(France)虽仅有一个字母之差,但二者之间毫无关系。法郎诞生于英法"百年战争",法国国王约翰二世在普瓦提埃战役中被俘,在伦敦被囚禁4年,被迫交纳了300万金路易赎金才获释。为了庆祝重获自由,约翰二世于1360年12月5日下令铸造名为"自由"的含纯金3.87克的硬币,来纪念这一历史事件。在中世纪的法语中,"franc"即为"自由"之意。在此后的几个世纪里,法郎在法国一直与其他货币[如"埃居"(Écu)和"路易"(Louis)等]同时流通,直到19世纪初拿破仑才确立了法郎作为唯一国家货币的地位。法郎堪称世界上最古老的货币之一,失去了蕴含法国历史、文化积淀和独立精神的"自由",怎能不让许多法国人黯然神伤呢?

图20-4所示的银币发行于1999年。有趣的是,该枚银币的面值不是整数,而是6.559 57法郎,因为6.559 57法郎等于1欧元。银币

的一面是欧罗巴女神像、文字，还有 11 个欧元符号和旗帜，象征着首批加入欧元区的 11 个国家。银币的另一面周边环绕的是 11 个国家货币与欧元的兑换率，中间是法国历史上著名的法郎硬币图案和法郎与欧元的兑换率。这枚银币可谓是经典的"档案币"，它留下了欧元创立及与 11 国货币转化的历史瞬间。

图 20-4　法国造币厂欧元纪念银币

纯金的马克

马克（mark）存在的时间并不算短。马克原为 11 世纪德意志地区最常用的金银衡量单位（约重 8 盎司）。19 世纪，马克为德国各邦的普通铸币，其币值各异。德意志帝国建立后，1873 年采用马克作为标准的结算货币，1 马克等于 100 芬尼（pfennig）。第二次世界大战后，德国仍使用原来流通的旧货币——帝国马克、列支敦士登马克和占领区马克。由于境内通货膨胀日趋严重，1948 年 6 月 19 日，美、英、法三国军事占领当局发行德意志马克，废除帝国马克、列支敦士登马克和占领区马克。马克的诞生甚至早于西德国旗、国歌和宪法。马克不仅是德国的历史和象征,也是德国在第二次世界大战后创造经济奇迹的象征,成为德国人表达民族自豪感的为数不多的标识之一。德国前外交部副部长沃尔夫冈·伊申格尔(Wolfgang Ischinger)曾说:"德国国旗无法获得认可——希特勒时期也有国旗,但德国马克代表着一段清白的德国成功故事。放弃德国马克是很难的。"

和浪漫的法国人不同,冷静的德国人用更加"永恒"的方式留下他们的金属记忆。在马克即将退出货币历史舞台的前夕,为了顾及德国人对马克的难舍感情,德国在2001年用纯金铸造了一枚面值为1德国马克的金币,为德国马克货币史画上了一个句号,也用来庆祝德国首枚金马克诞生130周年(如图20-5所示)。

图20-5　德国马克永久退出流通的纪念金币

这枚1德国马克金币重11.85克,直径为23毫米,纯金含量为99.9%。金币背面的图案和文字与常见的联邦德国铜镍合金1德国马克流通币背面的完全一样。金币一面的上半部是位于两片传统德国橡树叶之间的面值数字"1",下半部是德文"Deutsche Mark"(德国马克）和发行年份。金币另一面中央仍是鹰徽，与流通硬币形态无异，但 1 德国马克金币的周铭是德文"Deutsche Bundesbank"（德意志联邦银行），与铜镍合金 1 德国马克币的周铭德文"Bundesrepublik Deutschland"（德意志联邦共和国）存在细微不同。这枚金币共发行 100 万枚，德国 A、D、F、G、J 五家造币厂的版本各 20 万枚。金币的价格以市场金价和发行费为基础。在金币发行的收益中，1 亿马克将用于资助一个叫作"货币稳定"的新基金，其余收益用于资助更新在柏林的博物馆。按当时金价折算，发行需用约 5.5 吨黄金。由于这是收藏者翘首企盼的近百年来唯一的马克金币，金币诞生后有过前所未有的剧烈市场炒作。

制作马克金币的历史可以追溯到 1871 年。德意志第二帝国建立后，第一枚金马克由普鲁士发行。20 马克面值的金币正面的肖像是德皇威廉一世，边缘有铭文"上帝与我们同在"，在威廉一世皇帝的肖像上围绕有文字"威廉是德意志的皇帝，普鲁士的国王"。1871 年，大约制作了 50 万枚马克金币。此后，巴登、黑森、巴伐利亚、萨克森、符腾堡等公国都仿效发行，马克金币上换成了各国国王或者大公的肖像和铭文。后来，其他面值的马克金币也开始发行流通，可是几年后逢世界金价升值，1878 年开始，马克金币逐渐退出流通，并少有发行了。最后一枚马克金币是 1913 年普鲁士为庆祝其国王威廉二世执政 25 周年发行的 20 马克金币。有趣的是，1915 年的这一版金币（数量为 1 270 566 枚），因大战爆发未流通，被藏入了柏林的尤利乌斯城堡塔楼，在战后却下落不明，踪迹全无，成为集币界之谜。因此，克劳斯出版社《世界硬币标准目录》对其标价高达 1913 年和 1914 年版本马克金币的 10 倍以上。为了两次世界大战的战争筹资和战败赔款，大量马克金币被熔掉,至今德国马克金币的存世数量相当稀少,成为德国人心目中的珍贵历史记忆,而发行马克金币作为"最后的马克"的纪念,是再恰当不过的了。

最后的里拉

意大利里拉作为官方货币走过了 140 年的历史(其发行 150 周年仿古纪念银币如图 20-6 所示)。里拉的隐退让意大利人产生了伤感的情绪。2001 年 11 月,意大利造币厂发行了"最后的里拉"纪念银套币,每套 2 枚(如图 20-7 所示),以纪念里拉的历史。"最后的里拉"纪念银套币为币中币,币的中央是 1946 年战后第一版 1 里拉和 1951 年第二版 1 里拉,大小、图案均同。一枚重 11 克,直径为 29 毫米;另一枚重 6 克,直径为 24 毫米。发行量均为 5 万枚。意大利众议院财

图 20-6　意大利里拉发行 150 周年(1862—2012)仿古纪念银币

注:银币一面的头像系曾用于 1944 年的 50 里拉和 100 里拉的钞票;另一面的女神图案取材自 1908 年的 20 里拉硬币,其他细小的图案则源自其他里拉货币。银币的设计刻模家为露西安娜·德·西莫尼(Luciana de Simoni)。

— 20 终结的货币

经委员会还提议，回收后的部分硬币金属将用来塑造一座纪念里拉的雕塑，雕塑将被安放在意大利经济和财政部罗马总部的庭院里。

图 20-7　意大利"最后的里拉"纪念银套币

意大利里拉的诞生与法国拿破仑一世的统治有关。1808 年，拿破仑一世命人在米兰铸造了第一枚里拉硬币。1862 年 8 月 24 日，里拉成为意大利官方流通货币。里拉最早在意大利南部流通，后来才逐渐在意大利半岛上被广泛使用，它也曾是圣马力诺和梵蒂冈的货币单位。里拉的名字来自拉丁文中的 libra（磅），是古罗马的重量单位。里拉的退场没有什么繁华的仪式，更多的是非常现实且艰巨的工作。大量的欧元投放流通，意味着同样数量的里拉要回收处理，包括纸币的回收、再生和循环使用，硬币回炉重新铸币。有些货币可回收提炼贵重金属，有些货币可用于生产绝缘材料，有些货币可被收藏进博物馆，还有些货币可被打孔作废用来制作纪念品或拼贴艺术制品。

在与里拉告别的最后时间里，大规模的里拉募捐活动在意大利全境展开，人们把手里"最后的里拉"拿出来接济穷人，援助病人，资助公益事业。开始最早、声势规模最大的要数癌症研究协会的里拉募捐活动。2001 年 11 月，癌症研究协会聘请了著名影星索非亚·罗兰

图 20-8　意大利影星索非亚·罗兰"里拉最后的善举"广告

(Sophia Loren)作为形象大使,不久,一张由她做模特的公益海报在意大利亮相(如图 20-8 所示)。索非亚坐在一个夸张的储钱罐上,号召同胞为意大利癌症研究协会捐款——"里拉最后的善举",将自己的一份爱心投到设在意大利全国各地的 13.5 万个募集箱中。该协会希望通过"里拉最后的善举",为攻克癌症的研究募集当时流通中的 7 万亿里拉的 1%,即 700 亿里拉(约合 2 700 万美元),这成为里拉告别历史的精彩一幕。

首批欧元区的 11 国中,比利时和卢森堡的法郎源于其与法国的历史渊源。西班牙货币名称比塞塔(peseta)虽不同于法郎,但第一枚比塞塔硬币也是 1808 年由当时在巴塞罗那的法国占领军铸造发行的。西班牙人思想开放,热情拥戴欧元,2002 年 1 月,已有高达 95% 的人用欧元来购物。当熟悉的货币离去时,西班牙人的心情是复杂的。不少西班牙人开始留恋币值很小的比塞塔。西班牙的慈善组织号召大家把币值很小的、不想兑换成欧元的比塞塔硬币收集起来,捐献给非洲的贫穷者。

荷兰盾从 13 世纪就在荷兰流通。"盾"(gulden)是中世纪荷兰语中的形容词,意思为"金的",与最初的硬币材料是金子有关。盾的货币符号来源于更为古老的"佛罗林"(florin)。中文译名为何是"盾"呢?据说这是因为英国 19 世纪的一种被称为"佛罗林"的硬币

— 20 终结的货币

的图案中有 4 个盾，结果译名"盾"被转用在荷兰货币上。1810—1814 年的拿破仑统治时期，荷兰附属于法国，曾停止使用荷兰盾，改用法郎。随着拿破仑战争的结束，强烈的货币主权意识使荷兰很快于 1817 年恢复使用荷兰盾。2001 年，具有 776 年历史的荷兰盾最终退出了流通。"最后的荷兰盾"纪念银币如图 20-9 所示。

图 20-9　荷兰"最后的荷兰盾"纪念银币

1840 年，俄芬卢布彻底取代原来的瑞典货币。1860 年，芬兰改用芬兰马克替代卢布，用日耳曼语替代斯拉夫语的货币名称，表达了芬兰对脱离沙皇统治并有自己的主权货币的期盼。芬兰马克上骄傲的西贝柳斯和飞向自由的天鹅图案，表达了他们热爱自由独立的心声。2002 年 3 月 1 日，芬兰马克 100 多年的历史结束。随着这一天的临近，芬兰人对芬兰马克的留恋之情越来越浓。2001 年年底，芬兰国家博物馆专门举行大规模纪念展，告别芬兰马克。许多人特地来到芬兰中央银行，购买上年发行的芬兰马克现钞及硬币来收藏。芬兰古城波尔沃的代表向市政府提出建议，希望为芬兰马克竖立一座纪念碑。

永久的告别吗

2012年1月1日是欧元正式流通10周年，在这个原本应该庆祝的日子里，一切却是低调和克制的。没有特别庆祝的焰火，没有专门定制的蛋糕，欧元区成员国的心情有点糟。与之形成鲜明对比的是10年前，绚丽的烟花在空中绽放，人们欢欣鼓舞地在ATM机前排起长队提取新欧元，政治家和银行家们憧憬着新时代和新希望。欧元进入了3亿欧洲人的日常生活，老欧洲的货币终于退出了流通。10年中，又有斯洛文尼亚、马耳他、塞浦路斯、斯洛伐克和爱沙尼亚5个国家加入了欧元区。曾经的美好岁月，拥有的时候并不在意，当它真正离去时，又会有多少惆怅涌上人们的心头？原本大家盼望迎来的是希望，是幸福，谁知却是危机，甚至是深渊。对于普通民众而言，在心中挥之不去的是超市、餐厅和酒吧上涨的价格，以及欧元区剧升的失业率。

10岁生日的欧元区，陷入了欧洲60年来最严重的衰退。危机源于欧元的"基因缺陷"——超国家货币联盟缺乏统一财政预算政策的配合。欧洲"主权债务危机"在内外因的激发下全面爆发，引发多米诺骨牌似的金融危机传导。17个欧元国中，希腊、爱尔兰、葡萄牙岌岌可危，意大利和西班牙亦摇摇欲坠，依赖救助才勉强渡过危机，克服危机之路仍布满荆棘。15个国家面临下调信用评级的危险。欧元兑美元汇率连续两年出现贬值，欧元区各国政府、市场等各种力量交汇、博弈，欧元的前途命运沉浮未定。

欧元正处于十字路口，如能成功化解欧债危机，将实现凤凰涅槃般的重生；危机若无法得到解决，个别国家退出欧元区会造成多米诺骨牌效应，欧洲将重陷于第二次世界大战前的四分五裂之中，欧元也将告别历史舞台。

10年的期限太短暂了，兑换本国老货币的限期来临了。告别昨日货币的情绪是伤感的，永远告别蕴含着国家和民族历史、文化及记忆的货币，同时身处许久不见太阳的漫漫寒冬，让欧洲人备感沮丧，而时不时传来的坏消息更使欧洲人恼怒不已。

2012年2月17日，距第一枚法郎被铸造出来已经超过650年了，法郎停止流通也已经10年了，而这一天，法兰西银行在营业正点结束前，可能还有人排队，或还需要接待最后一位匆忙赶来的客户，他们拿出几小时前在家中抽屉里或箱子下发现的法郎纸币或硬币要求兑换成欧元。汇率仍然是1999年的6.559 57法郎兑换1欧元。当银行下班的钟声响起后，所有的法郎成为废纸或收藏品。据估计，有价值5亿欧元的老法郎钞票将因过期兑换而作废。许多法国人对法郎仍依依不舍。根据一项调查显示，有近四成的法国人对法郎最终"退位"感到惋惜，还有几乎相同比例的法国人相信，欧元将在未来10年内"寿终正寝"。一些"怀旧派"人士专门成立了一个协会，计划兴建一座"法国法郎纪念堂"，以寄托他们对法郎的眷恋。

意大利于2011年12月停止了兑换里拉。自欧元取代里拉之后，意大利人最大的感受是"钱包越来越轻了"。首先是重量上的感觉，1欧元相当于1 936.27里拉，要抵一张1 000里拉的纸币和9个100里拉的硬币，大钱包可以换一个小钱包。意大利人多少年来习惯于使用几十万、几百万甚至几千万的数字。现在100欧元相当于原来的近20万里拉，他们心理感觉欧元不禁花。在意大利一些旅游城市中心的广场上，游人习惯买玉米吸引鸽子围在身旁，趁机照相留念。以前，一小包玉米只卖500里拉，现在至少卖1欧元，就相当于2 000里拉。加上意大利的经济不好，物价上涨，失业增加，因此过去每月收入都有几百万里拉的意大利人总想唱一首老歌"如果我每月能有1 000里拉"来自嘲。确实，歌中的货币单位如果换成欧元就好了。

当欧元区的财政部长们还在焦急地讨论对希腊的新救助计划，关于希腊可能因违约被退出欧元区的传说还不绝于耳时，心急的希腊赶忙于2012年3月1日停止了德拉克马的兑换。2012年2月月末，芬兰也停止了兑换芬兰马克。优哉游哉的倒是荷兰。荷兰盾的兑换截止期迟至2032年，他们是否想观察欧元能否挺过"不惑"之年？不少荷兰人至今仍怀念荷兰盾，他们研究放弃欧元、使用荷兰盾的利弊，还建议进行全民公决。有人提出新的欧元区概念，认为荷兰应该和法国、德国以及北欧一些信誉好的国家组建北欧元区，将南欧一些信誉差的国家踢出此区。2012年10月形成的荷兰新一届内阁，其政策主张之一，便是在国家之间彼此商议的前提下，寻求退出欧盟、欧元区或者申根区的可能性。

德国马克仍被亲切地称作"亲爱的老马克"。德国央行估计，有132亿马克（价值67.5亿欧元），还被人们藏在床垫下、旧祈祷书里、大衣口袋内，或者还在流通，其价值高于欧元区16种其他前货币的总额。爱储蓄、爱攒现金的德国人，常从洗衣机下、破唱片套里和旧钱包中找出马克来。德国没有为马克兑换欧元设定最后期限。如果零售商和其他企业决定使用马克，那么它们仍然可以在德国央行的分支机构进行兑换。随着欧洲债务危机的肆虐，许多人开始沉浸在怀旧情绪中，他们认为德国马克无论是在外观还是手感方面都更好。一些人使用停用的德国马克购物，而零售商也乐意收马克，它们通过收取马克获得了丰厚的利润，当然，前提是它们不怕清点成袋马克硬币带来的麻烦。德国电信 90% 左右的投币电话亭仍收德国马克硬币，国际服装连锁公司 C&A 在德国的近 500 家门店每月仍能收到多达 15 万马克。有民调显示，54% 的德国人希望重回德国马克时代。

　　货币是人类的一个伟大的发明。从粮食、牲畜、盐巴、贝壳到固定充当一般等价物的金、银，从硬币、纸币到电子货币，货币越来越抽象化和虚拟化。今天欧元纸币上的 7 种"欧洲桥"图案——分别体现了 7 种历史时期的不同建筑风格，包括古典式、罗马式、哥特式、文艺复兴时期、巴洛克与洛可可式、工业化时代风格以及现代主义的风格——表达了欧洲的团结联合之意。奥地利国家银行的职员罗伯特·卡里那（Robert Kalina）也以抽象桥的图案进行设计。一个虚拟的欧元理论在今天成为现实，就连欧元纸币上虚拟的"欧洲桥"也有人想把其变成现实。2009 年，荷兰青年罗宾·斯塔姆（Robin Stam）突发奇想，按纸币上桥的图案在鹿特丹某小镇仿造了一个景点。该景点不仅与原来的图案一样，而且把原来柔和的色彩都用彩色水泥"山寨"得惟妙惟肖。

　　被讽刺为"毫无生气的平庸之作"的欧元虚拟桥梁，已真实降临人间，不管你是否喜欢它。图 20-10 所示为 2011 年 10 月 15 日，抗议者在德国法兰克福欧洲央行总部大楼前举行示威活动时所举的示威旗帜。

图 20-10　2011 年 10 月 15 日，抗议者在德国法兰克福欧洲央行总部大楼前举行示威活动时所举的示威旗帜

后　记

欧元自诞生起已经走过了将近 20 个年头。欧洲上空的阴霾一直没有散去。2016 年，英国举行脱欧公投，成为自欧盟创立 23 年以来飞出去的最大"黑天鹅"。意大利修宪公投失败后，人们开始担忧意大利是否会在五星党的推动下"脱欧"。法国极右翼政党已经公开打出"脱欧"旗号。欧洲人越来越不忌讳地谈论"脱欧"之事。欧元能承受住这场严峻的考验吗？